VOZES NEGRAS EM COMUNICAÇÃO

Mídia, racismos, resistências

VOZES NEGRAS EM COMUNICAÇÃO

Mídia, racismos, resistências

Laura Guimarães Corrêa
Organizadora

Angélica M. Souza
Cristiano Rodrigues
Edilene Lopes
Elton Antunes
Francisco Leite
Laura Guimarães Corrêa
Lucianna Furtado
Márcia Maria Cruz
Maria Aparecida Moura
Mayra Bernardes
Pablo Moreno Fernandes
Rodrigo Ednilson de Jesus
Rosane Borges
Shakuntala Banaji
Viviane Gonçalves Freitas

Coleção Cultura Negra e Identidades

autêntica

COORDENADORA DA COLEÇÃO
Nilma Lino Gomes

CONSELHO EDITORIAL
Marta Araújo (Universidade de Coimbra); Petronilha Beatriz Gonçalves e Silva (UFSCAR); Renato Emerson dos Santos (UERJ); Maria Nazareth Soares Fonseca (PUC Minas); Kabengele Munanga (USP)

EDITORAS RESPONSÁVEIS
Rejane Dias
Cecília Martins

REVISÃO
Bruna Emanuele Fernandes
Mariana Faria

CAPA
Alberto Bittencourt
(Sobre imagem de Freepik)

DIAGRAMAÇÃO
Waldênia Alvarenga

Dados Internacionais de Catalogação na Publicação (CIP)
(Câmara Brasileira do Livro, SP, Brasil)

Vozes negras em comunicação : mídias, racismos, resistências / Laura Guimarães Corrêa, organizadora. -- 1. ed.-- Belo Horizonte : Autêntica, 2019. -- (Coleção Cultura Negra e Identidades)

Vários autores.
Bibliografia.
ISBN 978-85-513-0722-9

1. Brasil - Relações raciais 2. Comunicação - Aspectos sociais 3. Comunicação social 4. Feminismo - Brasil 5. Mídia 6. Negros - Brasil - Condições sociais 7. Negros - Brasil - Identidade racial 8. Racismo I. Corrêa, Laura Guimarães. II. Série.

19-31499 CDD-302.2381

Índices para catálogo sistemático:
1. Brasil : Vozes negras : Comunicação social : Sociologia 302.2381

Maria Alice Ferreira - Bibliotecária - CRB-8/7964

GRUPO **AUTÊNTICA**

Belo Horizonte
Rua Carlos Turner, 420
Silveira . 31140-520
Belo Horizonte . MG
Tel.: (55 31) 3465 4500

São Paulo
Av. Paulista, 2.073 . Conjunto Nacional
Horsa I . 23° andar . Conj. 2310-2312
Cerqueira César . 01311-940 . São Paulo . SP
Tel.: (55 11) 3034 4468

www.grupoautentica.com.br

SUMÁRIO

7 Prefácio
Claudia Bernard

9 Por um olhar opositor e um agir impedante
Laura Guimarães Corrêa

PARTE 1
APROXIMAÇÕES PARA O ESTUDO DE COMUNICAÇÃO E RAÇA

17 **Mídias, racismos e outras formas de destituição: elementos para o reposicionamento do campo da comunicação**
Rosane Borges

37 **Racismo e orientalismo: o papel da mídia**
Shakuntala Banaji

PARTE 2
TRANSVERSALIDADES ESTÉTICAS E POLÍTICAS

53 **Semioses decoloniais: afrofuturismo, performance e o colapso do privilégio branco**
Maria Aparecida Moura

75 **As vozes de mulheres negras em três tempos**
Cristiano Rodrigues e *Viviane Gonçalves Freitas*

93 **Jornalistas negros: como a experiência da negritude pauta a atuação nas redações em Minas Gerais**
Márcia Maria Cruz e *Edilene Lopes*

113 **O amor tem cor? O uso do Facebook como estratégia de letramento racial e de reexistência**
Rodrigo Ednilson de Jesus

PARTE 3
RACISMOS MIDIATIZADOS E POSSÍVEIS RESISTÊNCIAS

133 **"É a representação da miscigenação, parem de problematizar": o racismo na circulação midiática da campanha de natal Chester Perdigão**
Pablo Moreno Fernandes

153 **Publicidade "tombamento": entre as tentativas de refletir e refratar a realidade racial brasileira na mídia**
Francisco Leite e *Angélica M. Souza*

183 **"Feminismo das preta": tensões, conflitos e negociações nas enunciações do rap**
Lucianna Furtado e *Elton Antunes*

203 **"Quem tem um não tem nenhum": solidão e sub-representação de pessoas negras na mídia brasileira**
Laura Guimarães Corrêa e *Mayra Bernardes*

221 Sobre as autoras e os autores

Prefácio

Claudia Bernard

Tradução: *Cristiano Rodrigues e Laura Guimarães Corrêa*

Vozes negras em comunicação: mídia, racismos, resistências é um livro inovador que oferece uma exploração interdisciplinar da relevância da raça, do racismo e da hierarquia racial nos estudos de comunicação e mídia no Brasil. Este oportuno livro torna visíveis vozes e temas invisibilizados e marginalizados, propostos por acadêmicos(as) e pesquisadores(as) negros(as) no campo dos estudos de comunicação. A obra questiona aspectos amplos da comunicação através de lentes antirracistas e está ancorada no paradigma interseccional, convidando leitoras e leitores a interrogar como sistemas interligados de desigualdades se manifestam para uma compreensão mais complexa e matizada das práticas comunicacionais. A principal característica distintiva deste livro é que ele articula uma análise sobre raça e suas interseções com outros eixos de identidades, como classe social, gênero e sexualidade, para auxiliar a iluminar os debates sobre uma ampla gama de tópicos, incluindo feminismos negros e ativismo, o Oriente, raça e identidades, midiatização do consumo, imprensa negra, afrofuturismo, representação de pessoas negras na mídia brasileira – para citar apenas alguns. Cada capítulo oferece ricas fontes de conhecimento, que trazem *insights* críticos que poderão trazer contribuições para o trabalho de intelectuais, estudantes e profissionais da área de comunicação.

Ao enfatizar a importância das análises interseccionais, autoras e autores deste livro fornecem algumas ferramentas críticas que investigam o contexto social, cultural e político dos estudos de comunicação. Além disso, políticas de gênero, teorias e ativismos antirracistas são desvendados para ampliar o entendimento acerca das construções raciais no campo dos estudos da comunicação no Brasil. As contranarrativas desenvolvidas neste livro são dignas de nota por dar visibilidade a questões significativas que se manifestam nas realidades cotidianas das pessoas negras, que precisam percorrer um terreno desigual, no qual ou são representadas de maneira racialmente estereotipada ou definidas como o Outro. Este livro é importante e inspirador não apenas por abrir um espaço discursivo, mas também por propiciar que profissionais de mídia e comunicação desafiem e resistam, além de propor discussões sobre formas alternativas de produção de conhecimento e compreensão dos sistemas de desigualdades que estruturam as experiências vividas por negras e negros no Brasil.

Por fim, o mais importante: ao examinar vários fatores que são essenciais para o desenvolvimento de perspectivas críticas sobre raça e racismo nos estudos de comunicação, *Vozes negras em comunicação* subverte discursos dominantes e amplia o conhecimento acadêmico. Em suma, cumprimento os(as) autores(as) reunidos(as) neste livro por sua importante contribuição para a crescente literatura sobre essa temática, que desempenhará um papel fundamental para as análises e estudos de comunicação. Os(as) intelectuais presentes nesta obra certamente farão avançar a pesquisa na área, ao desempenhar um papel crítico e ao cultivar perspectivas interseccionais para os estudos de comunicação e mídia, o que é essencial para se descolonizar o currículo escolar e o ensino.

Por um olhar opositor e um agir impedante

Laura Guimarães Corrêa

A publicação deste livro busca fomentar e aprofundar discussões no campo da pesquisa em comunicação, raça e interseccionalidade, por meio de reflexões de intelectuais negras e negros envolvidos na investigação sobre questões raciais e práticas comunicativas midiatizadas. As autoras e os autores cujos textos compõem esta publicação vêm também de áreas próximas e afins à comunicação social, como a ciência política, a pedagogia, a sociologia, entre outras. Ao longo dos capítulos, esses(as) intelectuais e/ou profissionais nos apresentam perspectivas, teorias, estudos de caso e ferramentas conceituais para o pensamento sobre a mídia e as interações sociais contemporâneas, com foco nas questões raciais. Seus textos tratam de temas e conceitos diversos, como identidades e representações, pensamento decolonial, paradigma interseccional, racismos e antirracismos, táticas criativas, políticas e estéticas de resistência, imprensa negra, ambivalências das imagens e representações na mídia tradicional. Não só as perspectivas são diversas, mas também os lugares e as plataformas para onde esses(as) pesquisadores(as) olham são variados: as redes sociais on-line, como o Facebook, os noticiários televisivos, as redações da imprensa comercial, a cena artística global, a arte, a publicidade, a moda, a música, o clipe.

A discussão sobre comunicação e mídia tem figurado, há décadas, em reflexões de pioneiros(as) dos estudos sobre raça no Brasil; intelectuais e ativistas têm atuado fortemente na denúncia do racismo nas construções midiáticas. O pensamento de mulheres negras brasileiras sobre a sociedade, assim como a crítica às construções de sentido midiatizadas, não começa hoje: é anterior, inclusive, à invenção do conceito de interseccionalidade. Reconhecido esse legado, um olhar para o contemporâneo mostra um crescimento evidente do interesse em pesquisa sobre comunicação, racismo e antirracismo no Brasil, resultado de árduas batalhas e de políticas públicas no âmbito da educação. Cada vez mais, tem-se considerado a interseccionalidade das categorias de poder como articulação estruturante das desigualdades brasileiras. Podemos ver, nos últimos anos, sinais de que o interesse na relação entre comunicação e raça tem crescido: observamos com alegria que essa articulação, tão crucial para compreender a realidade brasileira, emerge com potência em eventos acadêmicos, em cursos de graduação e pós-graduação, nas discussões em sala de aula, em publicações recentes.

Há, no país, importantes autores, negros(as) e brancos(as), com trajetórias consolidadas e reflexões sobre raça, mas essas questões têm sido tratadas com certa timidez nos lugares estabelecidos para a pesquisa em comunicação, como as associações e os eventos da área. É importante lembrar que ainda não existem, por exemplo, grupos de trabalho nos principais congressos e eventos de comunicação que se dediquem de maneira mais específica às questões étnico-raciais. Ainda há muito a se fazer, pensar e produzir. A formalização, em 2018, no Diretório de Grupos de Pesquisa do CNPq, do Coragem (Grupo de Pesquisa em Comunicação, Raça e Gênero da UFMG), vem marcar um dos lugares dedicados à pesquisa das práticas comunicativas, principalmente as midiáticas, a partir do paradigma interseccional, de teorias e conceitos propostos por autores(as) pertencentes ou advindos(as) de grupos subalternizados da sociedade. A publicação deste livro, inclusive, é uma das ações do Coragem.

Para a escrita deste livro, que é uma das realizações do Coragem, os(as) autores(as) foram convidados(as) a pensar sobre questões raciais e sua relação com a comunicação em suas várias facetas. A diversidade de abordagens e temáticas é reveladora da riqueza epistemológica e da potência desse campo de conhecimento, ainda pouco explorado. Acreditamos que esta publicação irá contribuir para enriquecer a bibliografia de cursos de graduação em Comunicação, Jornalismo, Publicidade, Relações Públicas, Audiovisual, Pedagogia, Sociologia, Ciência Política, Ciência da Informação, Artes, entre outros. Este livro pretende trazer, também, contribuições para estudantes que empreendem pesquisas de pós-graduação relacionadas a questões raciais, além de dialogar com docentes interessados(as) nas reflexões sobre raça, racismo, sexismo e outras formas de opressão. Com esta publicação, queremos dialogar também com profissionais da área que desejem refletir sobre as práticas discursivas no campo da comunicação midiática. Nesse trabalho conjunto, pretendemos fomentar a observação de sentidos circulantes na sociedade, refletir sobre desigualdades, racismo, violências físicas e simbólicas; assim como olhar para as necessárias e potentes transformações.

O importante geógrafo e intelectual Milton Santos disse uma vez que a "luta dos negros só pode ter eficácia se envolver todos os brasileiros, inclusive os negros, mas não só os negros".[1] Nilma Lino Gomes, professora emérita da UFMG e figura de destaque na luta antirracista, afirma que "refletir sobre a questão racial brasileira não é algo particular que deve interessar somente às pessoas que pertencem ao grupo étnico/racial negro". Ela defende que a questão racial é social, política e cultural, de interesse de todos(as) os(as) brasileiros(as). Pensando de forma global, a questão é "[...] também mundial quando ampliamos a nossa reflexão sobre as relações entre negros e brancos, entre outros grupos étnico-raciais, nos diferentes contextos internacionais. Enfim, ela é uma questão da humanidade".[2]

Com abordagens e objetos variados e, ao mesmo tempo, convergentes, este conjunto de textos é dividido em três partes: 1) "Aproximações para o estudo de comunicação e raça"; 2) "Transversalidades estéticas e políticas"; e 3) "Racismos midiatizados e possíveis resistências". Menos do que uma divisão, essa organização tem o objetivo de traçar relações e sugerir conexões entre os capítulos que compõem essas partes, mas não constituem obrigatoriamente uma ordem de leitura. Seja por afinidade teórica, por referências em comum, seja pela proposta argumentativa, essas vozes negras estão em comunicação, em diálogo.

A Parte 1, "Aproximações para o estudo de comunicação e raça", traz discussões teórico-epistemológicas relacionadas ao campo da comunicação, que buscam refletir sobre as implicações e a importância de se pensar as conexões entre mídia e racismo. O primeiro texto da seção, "Mídias, racismos e outras formas de destituição: elementos para o reposicionamento do campo da comunicação", consiste numa instigante reflexão da pesquisadora Rosane Borges, que se/nos pergunta sobre a (im)possibilidade de pensarmos em vínculos na contemporaneidade sem a adoção de perspectivas plurais.

---

1 Palestra proferida pelo professor Milton Santos e transcrita por Cristiano das Neves Bodart. Sem data. Disponível em: <https://bit.ly/2KxYu6b>. Acesso em: 12 set. 2019.

2 GOMES, N. L. Alguns termos e conceitos presentes no debate sobre relações raciais no Brasil: uma breve discussão. In: BRASIL. Ministério da Educação – Secretaria de Educação Continuada (MEC/SECADI). *Educação anti-racista: caminhos abertos pela Lei Federal nº 10.639/03*. Brasília, MEC/SECADI, 2005. p. 39-62.

A autora entende raça e racismo como categorias que renovam as práticas midiáticas e questionam a comunicação em suas múltiplas faces.

No segundo capítulo, "Racismo e orientalismo: o papel da mídia", Shakuntala Banaji apresenta definições para os conceitos de racismo, orientalismo, estereótipos e auto-orientalismo. Adotando uma acepção abrangente de Oriente baseada em Edward Said e articulando aportes teóricos de importantes autores(as), como hooks, Gramsci, Fanon e Foucault, a pesquisadora reflete sobre as implicações e efeitos do racismo na mídia como força que legitima a discriminação e a violência raciais no contexto pós-colonial.

A Parte 2 do livro tem como título "Transversalidades estéticas e políticas" e conta com quatro capítulos de autoras e autores que dialogam de forma inter e transdisciplinar com o campo da comunicação, enriquecendo as reflexões sobre raça, gênero e práticas midiáticas. No primeiro texto da seção, o capítulo "Semioses decoloniais: afrofuturismo, performance e o colapso do privilégio branco", Maria Aparecida Moura, professora titular nas áreas de ciência da informação, semiótica, comunicação, entre outras, reflete sobre fenômenos estéticos de resistência. Ela entende que o esforço empreendido historicamente pelo ativismo negro em escala global permitiu a produção atual de conhecimento contra-hegemônico e a sua transformação em dispositivo reflexivo, dinâmico e decolonial.

No segundo capítulo da seção, "As vozes de mulheres negras em três tempos", Cristiano Rodrigues e Viviane Gonçalves Freitas, pesquisadores da ciência política, analisam os repertórios discursivos e os enquadramentos interpretativos sobre gênero e raça em três experiências e períodos distintos na imprensa feminista negra, discutindo suas continuidades, rupturas, semelhanças e diferenças a partir do paradigma interseccional.

O capítulo seguinte, "Jornalistas negros: como a experiência da negritude pauta a atuação nas redações em Minas Gerais", de autoria das jornalistas e pesquisadoras Márcia Maria Cruz e Edilene Lopes, surge da constatação da inexistência de dados oficiais sobre profissionais negros nas redações. Utilizando-se de entrevistas com profissionais, as autoras apresentam reflexões sobre as formas, desafios e espaços para se pautar a temática racial na imprensa comercial.

O capítulo que fecha a Parte 2 é de autoria do sociólogo e pesquisador da educação Rodrigo Ednilson de Jesus. Em "O amor tem cor? O uso do Facebook como estratégia de letramento racial e de reexistência", o autor utiliza o conceito e letramento racial e parte de um inventivo experimento didático com dados coletados no Facebook para discutir a tendência endogâmica das relações amorosas, que contradiz a ideia de uma "nação mestiça" apoiada no mito da democracia racial.

Já a Parte 3 do livro, "Racismos midiatizados e possíveis resistências", é composta por quatro capítulos que tematizam e investigam, a partir de material empírico, a relação entre a comunicação midiática e as desigualdades de raça e gênero. No primeiro deles, "'É a representação da miscigenação, parem de problematizar': o racismo na circulação midiática da campanha de natal Chester Perdigão", Pablo Moreno Fernandes, pesquisador da área da publicidade, apresenta um estudo de caso sobre as discussões que circularam em torno da representação de pessoas negras e brancas na publicidade brasileira, observando filmes publicitários, portais jornalísticos e sua reverberação no YouTube.

"Publicidade 'tombamento': entre as tentativas de refletir e refratar a realidade racial brasileira na mídia", segundo capítulo dessa seção, consiste em uma reflexão dos pesquisadores Francisco Leite e Angélica M. Souza, apoiada nos estudos teóricos da midiatização do consumo, sobre como a comunicação publicitária vem refletindo e refratando os discursos em circulação da chamada "geração tombamento", entendida como movimento de valorização da estética negra como ato político.

Em "'Feminismo das preta': tensões, conflitos e negociações nas enunciações do rap", Lucianna Furtado e Elton Antunes investigam e discutem, a partir de perspectiva interseccional, o videoclipe de "Mandume", de Emicida, compreendendo o rap como produção cultural articuladora da multilocalidade da diáspora negra. Furtado e Antunes elegem para análise o solo de Drik Barbosa na música, identificando, em suas falas, reivindicações políticas do feminismo negro.

No capítulo que fecha o livro, "'Quem tem um não tem nenhum': solidão e sub-representação de pessoas negras na mídia brasileira", Laura Guimarães Corrêa e Mayra Bernardes tratam do fenômeno da(o) Negra(o) Única(o) em produtos midiáticos, tensionando essa sub-representação com situações relatadas por pessoas negras em lugares geralmente ocupados pela branquitude. As autoras exploram as ideias de representação e representatividade, a fim de pensar práticas e processos discursivos na comunicação.

A perspectiva crítica deve considerar que a mídia não está descolada da sociedade, que a comunicação é instância constituinte e, ao mesmo tempo, constituída pela realidade social e, por isso, lugar de embates, de movimentos e de invenções. Essas práticas criativas surgem de um "olhar opositivo", expressão da feminista negra bell hooks, que afirma que aprendemos a olhar de certo modo como forma de resistência. Contra o racismo na sociedade, que se (re)produz na comunicação midiática, é preciso resistir ativamente, numa espécie de impedância, conceito ressignificado pelo colega pesquisador Pablo Saldanha, da física (UFMG), e que quer dizer "a propriedade de um circuito elétrico que impede uma tensão externa de produzir uma corrente devastadora no circuito, destruindo os seus elementos. A impedância total é uma combinação de suas partes resistiva e reativa".[3] Seguindo com essa apropriação conceitual, Rodrigo Ednilson de Jesus, um dos autores deste livro, diz que a "população negra no Brasil, assim como os grupos populares, o indígena, o quilombola, nunca foi um povo só de resistência, foi um povo de impedância. Porque, se não fosse essa força ativa para superar as desigualdades e para construir alternativas novas, ele não teria resistido".[4] Assim, em tempos de intolerância e de ameaças à humanidade das chamadas "minorias", propomos uma prática impedante. E esperamos que a leitura deste livro traga reflexões e subsídios para mais conversas e ações que incidam de forma positiva nas transformações das relações raciais, hierarquizadas na mídia e na sociedade, de modo mais abrangente.

Por último, mas não menos importante, agradeço a todas as pessoas que viabilizaram e apoiaram a realização deste livro, especialmente: à Lucianna Furtado e à Mayra Bernardes pela contribuição e a parceria de sempre; à Pâmela Guimarães-Silva, pelo auxílio no início do projeto; ao Pablo Moreno Fernandes e ao Cristiano Rodrigues, pelo apoio na leitura e na tradução, à Poliana Pinto. À Nilma Lino Gomes, pela confiança. Às autoras e aos autores, pelas ricas contribuições. E, principalmente, a quem veio antes de nós, abrindo caminhos para essas reflexões.

---

3 Trecho retirado de comunicação pessoal entre os pesquisadores Paulo Saldanha e Laura Guimarães Corrêa recebida por guimaraes.laura@gmail em 5 de dezembro de 2018.

4 Trecho da fala de Rodrigo Ednilson em: SER NEGRO NO BRASIL. Como é ser negro no Brasil. Belo Horizonte: TV Sinpro Minas, 24 maio 2019. (Programa de TV.). Disponível em: <https://bit.ly/37jggUL> Acesso em: 23 ago. 2019.

PARTE 1

Aproximações para o estudo de comunicação e raça

Mídias, racismos e outras formas de destituição: elementos para o reposicionamento do campo da comunicação

Rosane Borges

De que trata o campo da comunicação?

O fio condutor deste artigo nos leva a trilhar um caminho sinuoso, cheio de ramificações, em que somos provocados a pensar a reconfiguração do campo da comunicação, por definição heteróclito e multiforme, a partir da noção radical de vínculo que, por sua vez, nos endereça àquilo que ameaça a realização do vínculo, a exemplo das práticas racistas e de outras formas de destituição. Tais práticas tornaram-se uma das cifras de nossos tempos e se manifestam por meio de modalidades discursivas autorais que habitam as malhas digitais e os espaços materiais.

Para quem habita o território da comunicação, as incessantes discussões em torno do seu objeto e, consequentemente, dos aportes teórico-metodológicos que lhes dão suporte, tornaram-se a pedra de toque que vem mobilizando um conjunto expressivo de pesquisas e reflexões. Há de se reconhecer que pesquisadores(as) da área passaram um bom tempo lustrando a questão, que está longe de ser esgotada.

Entre as perspectivas que lograram um diagnóstico mais preciso, incluem-se as levantadas pelo teórico Muniz Sodré (2002; 2006; 2015) e pelas extrações da filosofia e das ciências da linguagem, para os quais a comunicação é uma prática do comum cujo objetivo é a criação e manutenção de vínculos.[1]

Em face desse postulado, podemos indagar: num mundo em que a midiatização recobre todas as esferas de nossa existência, como fazer dos

[1] Cf. SODRÉ, M. *A ciência do comum: notas para o método comunicacional.* Petrópolis: Vozes, 2015.

suportes comunicacionais uma ambiência de produção de vínculos? É possível pensar em vinculação sem adotar perspectivas plurais? Mas ainda: se as relações raciais dão visibilidade a subjetividades emergentes, como fazer dessas subjetividades um tópico incontornável para a reconfiguração do campo da comunicação?

Este artigo adotará o desafio de pôr em perspectiva essas questões, partindo do entendimento de que raça e racismo são categorias que renovam as práticas midiáticas e questionam a comunicação em suas múltiplas faces. O ponto de partida, entre os vários possíveis, é percorrer as reflexões em torno da constituição desse campo. O arco é assaz amplo. Comentários, *tweets*, telenovelas, textos e "textões" de redes sociais e digitais, vídeos, jornais impressos e televisivos, peças publicitárias, programas radiofônicos, todas essas modalidades discursivas prestam-se a estudos referentes à esfera na qual estão supostamente delimitadas: o campo da comunicação. Análises de discursos, estudos de análise de conteúdo, estudos de mediações e recepção, análises quantitativas, explorações sociológicas, teoria crítica, estudos dos efeitos dos meios, estudos das interações sociais, etnocomunicação, estudos culturais vêm se constituindo em disciplinas e aportes metodológicos que, para além das particularidades de cada um, compõem um quadro comum de pesquisa das mídias e de suas variações de enunciação. A despeito da relativa estabilidade deste quadro, o problema da comunicação é um problema de episteme, de precariedade de ferramentas teóricas e analíticas, conforme asseguram alguns pensadores da área, a exemplo de Muniz Sodré (2014).

Qual seria o denominador comum que possibilitaria que peças publicitárias, jornais impressos, programas de rádio, textos da internet, em geral, e das redes sociais, em particular, sejam analisados ou pesquisados sob o abrigo do mesmo guarda-chuva? Essa pergunta sugere a formulação de outras: considerando as convergências na produção midiática, da ascensão do universo transmídia, a partir do quê essa convergência é possível? O que indica ainda a pertinência de outros questionamentos: a teoria da comunicação é teoria do quê? Sobre o quê se fazem teorias da comunicação? Que campo as conforma mais adequadamente? Como operacionalizar estudos e pesquisas nas fronteiras desse campo? Que objeto demarca o fazer comunicativo? Para Sodré, a determinação de um objeto específico gera dúvidas. Indaga o autor: será que mereceria o nome de objeto, de ciência? É preciso enveredar por outros caminhos para se chegar a um solo ontológico firme.

> A trajetória desses esforços não tem sido isenta de obstáculos; esse campo de estudo vem sendo atravessado desde o início por uma série de tensões, contradições e dificuldades – decorrentes algumas da natureza de seu objeto, ou da relação por vezes conflituosa que se estabelece entre o campo da teoria e o campo da prática; outras, de ordem propriamente teórica (na acomodação dos diferentes tratamentos conceituais e na construção de seus próprios referenciais) (Sodré, 2001, p. 47).

Esses questionamentos frequentam de maneira assídua as discussões alusivas à epistemologia da comunicação. Aprendemos com os teóricos da metodologia científica que existem alguns critérios e requisitos para que essa ou aquela seção de pesquisa seja alçada à categoria de disciplina ou de ciência, ou seja,

> a ciência é um sistema empírico de atividade social que se define não somente por um certo tipo de discurso, mas também pelas condições concretas de sua elaboração, difusão e desenvolvimento cumulativo. São as condições de produção que definem o horizonte dentro do qual se movem as decisões que permitem falar de uma certa maneira sobre um certo objeto (Lopes, 1998, p. 2).

E como se fala sobre o objeto da comunicação? As vias são várias, mas o porto de chegada é praticamente o mesmo. Estudiosos insistem na situação incômoda do suposto objeto da comunicação, apontado como heteróclito e diversificado. Alguns pesquisadores, como França (2001), reiteram tal característica, colocando-a no centro das discussões metodológicas.

O caráter interdisciplinar seria, de acordo com esses pesquisadores, um inviabilizador ou, na melhor das hipóteses, um dificultador para a delimitação das fronteiras desse campo de estudo. Desafortunadamente, encaramos esse traço como algo que adia indefinidamente a realização do projeto de carimbarmos a comunicação como ciência ou correlata.

> A questão reside então na possibilidade de estabelecer a particularidade de um campo de análise de um saber que ora aparece como o fundamento das ciências do homem, ora aparece como uma síntese do produto dessas ciências. Em todo caso, o que se vê hoje em dia é a Comunicação passar diretamente do sentido filosófico para o sentido radicalmente interdisciplinar, sem espaço para a constituição de uma disciplina autônoma (Lopes, 1998, p. 29).

A afirmação a seguir está em acordo com o que foi esboçado anteriormente:

> Diremos que é, por princípio, difícil avaliar objetivamente os resultados de "uma operação de comunicação". Donde incessantes polêmicas (em torno da psicanálise, da arte, da mídia e, claro, da comunicação política). A comunicação política aparece, assim, como a parte maldita, ou mal dita, de nossas trocas, aquela que não se deixa quantificar, tecnicizar, nem descrever objetivamente. Onde relações pragmáticas aleatórias conseguiram fixar-lhe a objetos, a pontos fixos ou a rotinas bem conhecidas, elas perderam o nome de comunicação (Bougnoux, 1999, p. 18).

Ora, sabemos que a interdisciplinaridade não é virtude (ou problema?) exclusiva do saber comunicacional; disciplinas, ciências e teorias diversas têm a indisfarçável marca da interdisciplinaridade. Assim, a questão se dissolve como problema particular da comunicação. A ubiquidade da comunicação não corresponde a um postulado teórico do "tudo pode", o caos do objeto não supõe o caos da teoria. Levando em conta a noção de campo de Pierre Bourdieu (1989), considero que a forma específica de interesse do campo da comunicação está, a meu ver, no modo como ele se constitui, enquanto instituição discursiva, em meio a outros campos, igualmente revestidos de formas específicas próprias.

Sérias objeções poderão ser levantadas contra o nosso argumento, visto que as outras ciências produzem, igualmente, discursos. No entanto, a resposta para as contraposições repousa no fato de que não obstante as ditas ciências exatas (para usar exemplos aparentemente díspares), como a física e a matemática, ou as naturais, como a biologia e a química, valerem-se igualmente de discursos, eles não são o produto e o quesito fundante dessas ciências. Os discursos articulam resultados, que se fundam, sim, no próprio discurso, mas que se apresentam de outras formas (números transfinitos ou fórmulas químicas, por exemplo, que revelam uma veemente obscuridade, exceto se forem decodificados por matemáticos e químicos). Na comunicação, em sua feição midiática, o discurso é o elemento fundante e, ao mesmo tempo, o produto das mídias – fala-se, escreve-se, filma-se dentro de um código legível, cujo regimento é o discurso.

> O discurso não é uma das funções entre outras da instituição midiática; é o seu principal produto e o resultado final do seu funcionamento. A mídia produz discursos como os pintores pintam telas, os músicos compõem músicas, os arquitetos projetam edifícios. É claro que a mídia desempenha também outras funções, mas todas elas têm no discurso o seu objetivo e a sua expressão final (Rodrigues, 1996, p. 217).

Nesse quesito, concordo com Rodrigues (1996): os discursos da mídia são o objeto da própria mídia, componente de seu espaço, demarcador de seu campo, a armadura que lhe dá suporte. Pensar assim não significa que estamos desconsiderando as variáveis políticas, econômicas, culturais e sociais implicadas nos meios de comunicação. Concebemos discurso como encarnado no social, portanto, portador, *per si*, da dinâmica da qual somos sujeitos; sabemos que os discursos representam um modo de narrar o mundo, junto ao qual vem o mundo a ser vivido. Não há contexto de um lado e discurso de outro.

Do que nos fala Foucault quando nos diz que o discurso instala mecanismos de poder pela sua força fundacionista? Do que nos fala Peirce em seu conceito de signo, por excelência, mediador? Ou mesmo Bakhtin, com a sua noção de signo e discurso? Do que nos fala Taylor quando diz que discursos são intercâmbios que geram textos, entendendo por textos uma produção posicionada histórica e socialmente? Não vejo plausibilidade nas críticas que insurgem contra a centralidade do discurso em nome do político e do social. A tenaz resistência em considerar o discurso como estruturante dos meios de comunicação, portanto, o eixo central de sua análise, acontece por meio de uma rota em que a linguagem é vista como transporte. E sendo transporte, efetivamente, ela não tem estatura para explicar a capilaridade do fenômeno comunicacional – concepção da qual, há muito, renunciamos.

O campo da comunicação (mídias) e suas teorias

A tentativa, aqui, não é resenhar o conjunto das teorias da comunicação, mas observar esse campo que as engloba a partir de orientações disciplinares que o vêm, precariamente, determinando. Sodré perturba a constituição desse campo com questionamentos acerbos: levando em conta que a constituição dos campos disciplinares não é motivada apenas por interesses internos ao campo da comunicação, mas também por meio de pressões políticas, quem acaba respondendo ao rigor dos campos disciplinares é o poder, materializado seja nas instituições de pesquisa acadêmica, seja nas de mercado. Para ele, é preciso refazer a pergunta de Freud de "O que quer uma mulher?" (Freud, 2001), reformulando-a para a comunicação: o que quer um comunicólogo? O que ele deseja?[2]

---

[2] Observações extraídas da palestra ministrada pelo autor na Aula Magna do programa de Pós-Graduação da Escola de Comunicações e Artes (ECA), da Universidade de São Paulo, em 2007.

Sendo a comunicação ora considerada ciência, ora disciplina, ora prática, ora técnica, suas pesquisas navegaram sobre dois mares: o do mercado e o da academia, ambos se complementando, em alguns casos. É escusado dizer que a formação do que se convencionou chamar de campo das teorias da comunicação é relativamente recente, repousa no dorso da modernidade e emerge em um momento de vertiginoso crescimento e aperfeiçoamento dos meios de transmissão, etapa fulgurante da razão técnica.

Como atividade humana e social, a comunicação remonta a períodos bem mais longínquos ou, para ser mais precisa, institui-se à medida que o homem se constitui simbolicamente. Do latim *communicatio*, a palavra "comunicação" se constrói a partir de três elementos: uma raiz, *munis*, que significa "estar encarregado de", que é acrescida do prefixo *co*, o qual expressa simultaneidade, reunião, forma a ideia de uma "atividade realizada conjuntamente", e completada pela terminação *tio*, que, por sua vez, reforça a ideia de atividade.

Sob uma perspectiva ocidental, a história registra problemas de comunicação desde os gregos, mais precisamente, os sofistas. O empenho dos gregos esteve centrado no uso adequado da palavra e no exercício do discurso como técnica. Deve-se a Platão as distinções iniciais entre retórica e discurso. Aristóteles expandiu os estudos de Platão ao organizar o estudo da retórica, inspirando, muito tempo depois, o surgimento da famosa "análise de conteúdo" de Harold Lasswell.

Alguns autores, a exemplo de Armand e Michèle Mattelart, afirmam que foi no século X que a comunicação foi concebida como área fundamental de integração das sociedades humanas, como gestora das multidões (cf. Mattelart; Mattelart, 1999, p. 13). É a noção de sociedade como organismo que vai, portanto, impulsionar aquilo que mais tarde seria chamado de "ciência da comunicação". Alguns vetores são considerados basilares para a formação desse campo científico, entre eles, a *divisão do trabalho* (a comunicação consistiria, segundo esse aspecto, em uma contribuinte na organização do trabalho coletivo e na estruturação dos espaços econômicos) e a *formação de uma rede e da totalidade orgânica* (que tentava compreender o social a partir da metáfora do ser vivo), constituindo-se como o pensamento do "organismo-rede".

A fisiologia de Saint-Simon integra essa última vertente. É com Herbert Spencer que a noção da sociedade como sistema orgânico ganha consistência; ele defendia a tese de "uma sociedade-organismo cada vez mais coerente e integrada, onde as funções são cada vez mais definidas, e as partes, cada vez mais interdependentes" (Mattelart; Mattelart, 1999, p. 14). Para esse sistema, a comunicação é vista como componente essencial dos aparelhos orgânicos. Os autores dizem que Herbert Spencer compara a comunicação com o sistema vascular, o que torna possível a "gestão das relações complexas entre um centro dominante e sua periferia" por meio das informações (imprensa, petições, pesquisas) e dos meios de comunicação pelos quais o centro pode "propagar sua influência" (correio, telégrafo, agências noticiosas) (Mattelart; Mattelart, 1999, p. 23).

Essas considerações inspiraram as correntes consideradas fundadoras dos estudos da comunicação, formuladas nas décadas de 1930 e 1940 e bastante propaladas nas de 1950 e 1960. O trabalho de Harold Lasswell[3] sobre *propaganda política*, publicado em 1927, foi considerado referência obrigatória, influenciando um sem-número de pesquisas.

A fecunda produção em torno da comunicação terá no modelo cibernético um estágio essencial. Para esse modelo, a comunicação se constitui em mecanismos que "favorecem o desenvolvimento das relações humanas e, em particular, nos fenômenos de simbolização, assim como nos mecanismos de transmissão dos conteúdos. A comunicação é ao mesmo tempo um processo (para o qual contribuem meios diversificados) e o resultado desse processo" (Miège, 2000, p. 24-25).

A multiplicidade dos fenômenos advindos dos *mass media* e das telecomunicações exigiu que fossem criados modos de reduzir a diversidade das situações reais à unidade de um esquema básico: emissor-canal-mensagem-receptor. A comunicação tinha de se impor enquanto área do conhecimento, tinha de se curvar às cobranças do receituário técnico-científico. A saída encontrada para integrá-la no horizonte do saber contemporâneo foi a formalização behaviorista, expressa no esquema canônico *referente, emissor, mensagem, receptor, código.*

As influências do modelo cibernético podem ser detectadas em estudos como a *Teoria matemática da comunicação*, publicada em 1949 pelos engenheiros Claude Shannon e Warren Weaver. Esses dois pesquisadores intencionavam construir uma fórmula que permitisse passar da entropia à informação, criando, com isso, um *sistema geral de comunicação*. Na esteira da matriz cibernética, muitos estudos e teorias procuraram dar sua contribuição. A formação das chamadas "escola americana" e "escola europeia" possibilitou a realização de várias pesquisas, entre elas a análise de conteúdo pensada por Harold Lasswell. O modelo de Lasswell edificou-se sobre as perguntas: "Quem?" "Diz o quê?" "Através de que canal?" "Com que efeitos?".

---

[3] LASSWELL, H. *Propaganda Techniques in World War*. Massachusetts: MIT Press, 1971.

Esse modelo, base da abordagem empírico-funcionalista, durante muito tempo gozou do status de ser uma verdadeira comunicação, estando muito próximo à teoria da informação. Retomando as categorias esboçadas por Aristóteles no *Organon*, Lasswell procurou aglutinar, para os estudos vigentes, a totalidade das questões pertinentes à comunicação (análise de conteúdo e seus efeitos). Ele era partidário da seguinte ideia:

> O estudo científico do processo da comunicação tende a centrar-se numa ou noutra destas questões. O especialista do "quem" (o "comunicador") dedica-se ao estudo dos fatores que geram e dirigem a comunicação. Denominamos esta subdivisão "análise de regulação" [*control analysis*]. O especialista do "diz o quê" pratica a análise de conteúdo [*content analysis*]. Aquele que estuda, sobretudo, a rádio, a imprensa, o cinema e os outros canais de comunicação participa na "análise dos media" [*media analysis*]. Quando o centro de interesse é constituído pelas pessoas atingidas pelos media, falamos de "análise de audiência" [*audience analysis*]. Se o problema abordado for o do impacto sobre os receptores, tratar-se-á de uma "análise dos efeitos" [*effect analysis*] (Lasswell *apud* Wolf, 1993, p. 26).

Sodré aponta o viés mecanicista e unilateral das pesquisas funcionalistas, motivadas pela lógica do mercado, num momento em que a palavra "massa" substitui a noção de "público", antecedida pela de "multidão", no século XIX.

> Os momentos cientificamente mais estéreis, embora eventualmente frutíferos para agências de publicidade, jornais e estrategistas de consumo, têm a ver com o sociologismo funcionalista, ancorado no mecanicismo dos modelos industrialistas do processo comunicacional, que implicava um paradigma informacional: transmissão de uma mensagem, organizada por um código, através de um canal entre um emissor e um receptor (Sodré, 2001, p. 221-222).

O modelo norte-americano não ficou incólume a profundas revisões. A *teoria crítica* surge no painel exploratório, abordando outros aspectos desse universo multifacetado, tendo como principais representantes Max Horkheimer, Theodor Adorno, Herbert Marcuse e Walter Benjamin – pesquisadores da propalada Escola de Frankfurt –, firmando-se como uma construção analítica dos fenômenos sociais, mormente dos fenômenos de comunicação e dos desdobramentos da indústria cultural. A *teoria crítica* representa a corrente da *communication research*, da pesquisa social e se propõe ser uma teoria da sociedade. As denúncias de manipulação ideológica operada pelos meios de comunicação alicerçam os ideais dessa teoria.

Os estudos e pesquisas do campo da comunicação, obviamente, não se esgotaram nessas investigações. Centros de pesquisa vêm disponibilizando, para a comunidade acadêmica, escopos teórico-metodológicos aparentemente renovados. Não vale a pena compulsar todos, mas prosseguirei na apresentação do painel na tentativa de demonstrar que, a despeito de incessantes rotações de perspectiva, os tópicos do *vínculo* e do *comum* ficaram subsumidos nos postulados das teorias e escolas, o que justifica a tarefa aqui empreendida de tentar reposicionar o papel da comunicação nas suas raízes mais fundas.

As sociologias interpretativas, os estudos de mediações são inflexões relativamente recentes que surgem, em resumo superficial, para atestar que o receptor também é sujeito no jogo comunicativo. O esquema emissor-canal-mensagem-receptor passa por revisões substanciais, solapando a trajetória linear e unilateral do esquema E–C–M–R: o receptor passa a ser considerado em sua potência interativa.

Procedimento semelhante foi adotado pelos *estudos culturais*. Originários do Centro de Birmingham – Inglaterra, os estudos culturais também operam revisões no esquema canônico da comunicação e enfatizam que o receptor não é apenas um sujeito passivo, mas institui-se agenciando discursos e práticas. Ao invés de trabalhar com análises que procuram saber a intenção dos meios, os estudos culturais caminham em sentido contrário: trabalham na perspectiva do cotidiano – lugar no qual a cena social e a individual são protagonizadas na confluência entre a comunicação e a cultura. O marco teórico dos estudos culturais tem como referência os estudos de Richard Hoggart com *The Uses of Literacy* (1957), de Raymond Williams com *Culture and Society* (1958) e E. P. Thompson com *The Making of the English Working Class* (1963), com contribuições de Stuart Hall. A cultura é vista a partir do seu fazer diário, tecida nas tramas subjetivas, no mundo prosaico habitado por sujeitos históricos. Os receptores, de acordo com os estudos culturais, exercem, no campo dos discursos midiáticos, diferentes vínculos interpessoais, nos quais projetam fantasias, partilham valores semelhantes, compartilham expectativas e evocam projetos. Jesús Martín-Barbero (1997) assim sintetiza a carta de intenção dos estudos culturais: "quer resgatar a iniciativa, a criatividade dos sujeitos, a complexidade da vida cotidiana como espaço de produção de sentido, o caráter lúdico e libidinal na relação com os mesmos" (Martín-Barbero, 1997, p. 87). Segundo o Martín-Barbero, o estudo da "recepção,

> distintamente das propostas funcionalistas, não busca medir a distância entre a mensagem e seus efeitos, mas construir uma análise

integral do consumo – entendido como o conjunto dos processos sociais de apropriação dos produtos, inclusive os simbólicos. Outra *realidade* é "descortinada" quando se ouvem os relatos dos setores populares. É aí que se revelam a criatividade e a liberdade" (Martín-Barbero, 1999, p. 87, grifo do original).

A evolução dos estudos da comunicação até o estágio dos estudos culturais e das chamadas "sociologias interpretativas" permite visualizar que o receptor tem agência. É um ser que interfere na cena das trocas de informações, remodelando-a de acordo com suas vivências particulares e grupais, repletas de dobras paradoxais. A recepção será sempre diferente para diferentes pessoas, como sugerem tais estudos. Até aqui, nada de altissonante.

Não é, porém, para a contenda entre escolas e teorias que quero chamar a atenção com o percurso traçado anteriormente, mas para a desconsideração do fato de que o vínculo se dá pela linguagem e que esta é o "mistério que define o homem" (Steiner, 1988, p. 16). A despeito das diferenças e particularidades das correntes teóricas devotadas ao estudo das mídias, o pano de fundo dessas discussões foi e é constituído por uma concepção de linguagem usada para determinados fins. Conquanto não concebam o receptor como um ente passivo, indefeso às emissões das corporações midiáticas, iniciativas como os estudos culturais acabam bebendo da fonte da qual brota a instrumentalidade da linguagem. Transferir a dinâmica do processo da comunicação para o receptor não parece nos conduzir ao coração do estatuto da comunicação, por onde o simbólico institui o humano e articula o comum, por meio de vínculo. Qual seria, então, a saída?

Comunicação: construção de vínculos mediada pela linguagem

Na esteira de Sodré, a reivindicação não é pelo abandono da troca transferencial, mas pela admissão de que essa troca deve ser feita a partir da noção radical de vínculo, pois é a partir dela que se realiza a mediação, que se realiza a comunicação de um polo a outro desse processo. Para se vincular, considerar o autor, é preciso que cada um perca a si mesmo, pois ser é *ser com*; o vínculo não tem substância física ou institucional, é pura abertura na linguagem. A vinculação, completa Sodré, é condição originária do ser.[4]

[4] Observações extraídas da palestra ministrada pelo autor na Aula Magna do programa de Pós-Graduação da Escola de Comunicações e Artes (ECA), da Universidade de São Paulo, em 2007.

Em tempos conflagrados pelo ódio nas redes e nas ruas, em que o Outro é pisoteado pelo Eu hegemônico, como promover o vínculo? De que modo a reivindicação por novos estatutos da imagem, por novas formas de enquadramento nos leva a pensar a radicalidade da comunicação, uma vez que colocou em cena a "não semelhança", termo bem explorado por Achille Mbembe (2018), no processo de produção de imagens estereotipadas? De que maneira as relações raciais revelam, ao mesmo tempo que ocultam, os desafios e obstáculos para a produção efetiva de vínculos? A alterofobia, que no Brasil se materializa principalmente com o racismo antinegro, é parte integrante das formas de comunicação prevalentes nas malhas digitais e extensivas aos espaços materiais.

Trata-se de tipologias discursivas, em que o Eu se desprende raivosamente do Outro, pondo em xeque a possibilidade de realização de ambos. A sintética frase de Rimbaud, "Eu é um Outro", ecoa o postulado de Kant, segundo o qual existe o eu e o Eu:

> O Eu (*Je*) e o eu (*Moi*) estão, pois, separados pela linha do tempo, que os relaciona um ao outro sob a condição de uma diferença fundamental [...]. Eu não posso me constituir como um sujeito único e ativo, porém como um eu passivo que se representa somente a atividade de seu próprio pensamento, isto é, o Eu, como um Outro que o afeta. Eu estou separado de mim mesmo pela forma do tempo [...]. Assim, o tempo passa no interior do sujeito para distinguir nele o eu do Eu. Ele é a forma sob a qual o Eu afeta o eu, isto é, a maneira pela qual o espírito afeta a si mesmo (Kant *apud* Deleuze, 1986, p. 30).

Esses dois Eus, que nem sempre convivem pacificamente, dependem um do outro para que o afeto, no sentido espinoziano,[5] se efetive. O Eu como um Outro nos revela o quanto o eu é miserável e incapaz de autorrealizar-se; é imprescindível, assim, a fabricação contínua de vínculos. Ora, se vincular-se é perder a si mesmo, o sujeito do enunciado (o eu) é fragilíssimo para a consagração do vínculo. É preciso que se leve em conta o sujeito da enunciação (o Eu),

[5] Para Espinoza, "afeto compreende as afecções do corpo, pelas quais sua potência de agir é aumentada ou diminuída. Dessa forma, ele deduz que as *afecções* são o corpo sendo afetado pelo mundo. As *afecções* são este encontro pontual de um corpo com outro. Somos corpos que se relacionam com outros corpos, quando sofremos suas afecções, quando somos afetados pelos outros corpos, sofremos uma alteração, uma passagem, nossa potência aumenta ou diminui. Destas afecções, ocorrem os afetos, uma experiência vivida, é uma transição" (*Ética III*, grifos meus).

que se faz nas fendas e aberturas das estruturas. Há uma questão antecedente, que nos engloba e nos ultrapassa e que comanda os processos de comunicação. A relação Eu-Tu é uma relação na qual um terceiro vive e reina plenamente. O tema nos acompanha na constituição de nossa humanidade. Platão, Aristóteles, Bakhtin, Kristeva, entre vários, todos irmanados nas possibilidades e destinos dessa vinculação. Articulando essas questões, referindo-se ao Outro primeiro que nos habita, o inconsciente, Lacan (1998) questiona:

> Qual é esse outro a quem estou mais ligado do que a mim, visto que no seio mais consentido da minha identidade comigo mesmo, é ele quem me agita? A sua presença só pode ser entendida num segundo grau de alteridade que o situa desde logo em posição de mediação em relação ao meu desdobramento comigo como se fosse com um semelhante (LACAN, 1998, p. 32).

O filósofo Martin Buber (2006) considerou a palavra-princípio "Eu-Tu" como o primeiro modo de relação humana; a relação Eu-Tu seria anterior ao próprio Eu. Para Buber, "nós aprendemos a ser humanos sendo chamados para uma relação Eu-Tu – uma relação na qual um 'se abre totalmente com o outro'" (BUBER, 2006, p. 32). É pelo Tu que o Eu se descobre como consciência não objetivável, não coisificada, mas sim como projeção do Outro.

A noção de comunicação de Bakhtin, fundada no dialogismo, considera, igualmente, um sujeito que não se faz plenamente na superfície da linguagem. Esse princípio desafia a comunicação, visto que o problema crucial que o modelo do confronto entre linguagem e realidade acarreta é o de como transpor o abismo entre palavras e coisas que esse mesmo modelo cavou. Tal abismo faz das teorias anteriormente expostas aqui devedoras da linguagem, já que, como assegurou Kristeva (1980), não há comunicação sem linguagem, e todo sentido da linguagem é comunicação.

Urge, portanto, ampliar o escopo da comunicação para além da simples transmissão de informações, do diálogo verbal, da sua performatividade tecnológica, concebendo-a como "uma forma modeladora (organização de formas reais) e um processo (ação) de pôr diferenças em comum, sem que processo e ação possam ser considerados como arbitrários" (SODRÉ, 2015, p. 220). Embora a ideia de transmissão de informações tenha se imposto sobre o sentido de "ação comum" ou "ação do comum", é preciso, em tempos de "homens partidos", para evocar Carlos Drummond de Andrade, reiterar que a comunicação requer disposição para o acolhimento. Nas palavras de Sodré, é ela que reinterpreta o comum para a comunidade que vive sob o influxo da midiatização da vida.

A linguagem constitui-se em um horizonte de reciprocidade de cada homem com os outros no mundo. Falar é pôr um mundo em comum, é fazê-lo lugar de encontro; não há sujeito sem passar pelo desfiladeiro da palavra, adverte Jacques Lacan (1998). Que sujeitos e subjetividades são construídos quando, pela palavra e pela linguagem, evocamos aquilo que nos afasta do Outro (ou do Eu), e até mesmo decreta sua subalternidade e extinção?

Num contexto em que as mídias gestam todas as esferas de nossas vidas, é preciso redescobrir uma nova janela de análise. Doravante, é nela que nos debruçamos, a fim de descobrir paisagens em que possamos nos emaranhar. A irremediável dependência do homem em relação à linguagem, apontada por autores como Roland Barthes (2004) e Julia Kristeva (2005), nos obriga a enveredar no litoral entre o ser e o dizer, como disse Clarice Lispector (2005), onde o sujeito não está situado num lugar seguro de enunciação, mas em instâncias sempre precárias, em sua errância e transitoriedade.

Precariedade que se instala nas brechas por onde circula tanto o projeto de sacrifício quanto o de emancipação da condição humana, tanto o obscurantismo quanto a iluminação do mundo. As modalidades tecnológicas de expressão são a síntese dessa ambivalência. Com a ascensão do autoritarismo, do nacionalismo e do conservadorismo reacionário, testemunhamos um movimento pendular em direção ao sacrifício e ao obscurantismo, o que se reflete nos modos como agenciamos os nossos discursos.

A liberação, pela palavra e imagem, das formas de destituição adentrou o mundo da política, destituindo-a, nos instalando em ambiências de negação e morte do Outro. As práticas discriminatórias, com os racismos à frente, passaram a ser um dos escudos dos indivíduos para exercício da comunicação entre supostamente iguais, alimentando as bolhas que são alérgicas ao *vínculo*, à *produção e distribuição do comum*, finalidade última da comunicação.

Não é preciso nenhum "esforço de reportagem", como se diz no meio jornalístico, para que se perceba que a suspensão da civilidade, a inabilidade para o diálogo, as discussões que se movem ao sabor de escaramuças intermináveis tornaram-se marcas registradas dos dias que correm. Frente a esse argumento, sérias objeções poderão ser levantadas, considerando que a insolência e a agressão verbal não são matérias-primas exclusivas do debate público da nossa era.

Deslocando nosso olhar para outros tempos, veremos, por exemplo, que um longo cortejo de acusações diárias alimentou o jornalismo do século XIX. Lima Barreto, um *flâneur* de ocasião, um leitor da vida social na aurora do século XX, retrata bem o ambiente corrosivo da época. Em *Recordações do escrivão Isaías Caminha* (2010), ele diz: "[...] foi sempre coisa que me surpreendeu ver que amigos, homens que se abraçavam efusivamente, com as maiores mostras de amigos, vinham ao jornal denunciar-se uns aos outros. Nisso é que se alicerçou *O Globo*; foi nessa divisão infinitesimal de interesses, em uma forte diminuição de todos os laços morais [...]" (Barreto, 2010, p. 145).

Desafortunadamente, tivemos que encarar o fato de que a barbárie não se encontra nos dejetos da história humana, depositados seguramente em um tempo e lugar remotos, mas constitui uma presença altissonante, que torna odioso o rosto do Outro nos nossos tempos, no aqui e agora. Segundo o filósofo Theodor Adorno:

> Entendo por barbárie algo muito simples, ou seja, que estando na civilização do mais alto desenvolvimento tecnológico, as pessoas se encontram atrasadas de um modo particularmente disforme em relação a sua própria civilização e não apenas por não terem em sua arrasadora maioria experimentado a formação nos termos correspondentes ao conceito de civilização, mas também por se encontrarem tomadas por uma agressividade primitiva, um ódio primitivo ou, na terminologia culta, um impulso de destruição que contribui para aumentar ainda mais o perigo de que toda esta civilização venha a explodir, aliás, uma tendência imanente que a caracteriza [...] (Adorno, 1995, p. 67).

Mas onde mora o perigo que tanto preocupou Adorno e vem nos tirando o sono? Por que ele é uma constante em nossas vidas, nos projetos políticos que se desenham no horizonte da história?

Do campo da arte auscultamos comentários que dizem que no século XX o s espelhos voaram em pedaços, negando ao Eu qualquer abrigo seguro, o que se acentuou no XXI – Freud (1996) alertou: "o Eu não é mais senhor em sua própria casa". Uma reação perversa dessa ferida narcísica é sentida dramaticamente na saga da imigração africana e árabe nesses últimos meses. Como se tivéssemos em uma partida de futebol, estabelecemos uma linha divisória entre nós e eles para o caso em questão. A capa de chauvinistas raivosos não nos constrange a ponto de tentarmos a morte real desse Outro que nos ameaça em "nossa própria casa".

Tentando escapar do vácuo que as promessas da modernidade instalaram, decidimos apostar no indivíduo. Na ausência da grande política, fomos levados a crer que, enquanto indivíduos, desprovidos de um projeto coletivo, poderíamos nos emancipar e construir as bases para um mundo melhor. O neoliberalismo, numa lufada adicional de oxigênio, reforçou essa ideia. A era pós-industrial, a era dos serviços, do trabalho imaterial, em que o conhecimento seria a base de tudo, insistiu na propaganda também enganosa de que somos empreendedores de nós mesmos, autônomos e independentes. O conto da carochinha teve adesão imediata, mas já rolou ladeira abaixo.

A fragmentação da experiência e a dissolução do sujeito parecem ser o sintoma mais espesso do mal-estar generalizado. Para Marc Augé (2012), o grande paradoxo, a nossa grande ironia é que em tempos de dissolução do sujeito (substituímos o sujeito pelo indivíduo), vivemos "um excesso de ego". A perda da crença na "salvação" via coletividade nos motivou a investir na ideia de que somos capazes de resolver problemas, sem ter que adotar a política em sua complexidade.

Aprendemos, a duras penas, que a frágil e violenta condição humana não possui, por si só, estatura para oferecer as bases da emancipação social. Até onde a tradição política nos permite enxergar, deve-se desconfiar, para dizer o mínimo, de uma sociedade que abre mão de pensar coletivamente. Sem pensar o coletivo, coletivamente fracassamos, pois todo o projeto de emancipação humana encontra-se nesse processo doloroso de nos pensarmos mutuamente.

O revanchismo contra as classes pobres que foram beneficiadas por programas sociais na era do presidente Lula, o desagravo, o racismo de reação tornaram visíveis as cercas, sempre existentes, que separavam grupos privilegiados da escória do mundo, ainda que insistíssemos em não enxergá-las. Pela palavra que jorra em fluxo contínuo nas plataformas digitais, mantemos a linha divisória fortemente demarcada e passamos a (re)circunscrever o lugar do humano e do não humano.

Nos discursos de ódio, o Outro é sempre ameaça (os imigrantes serão a ruína inescapável da Europa – mas não nos esqueçamos de que Achille Mbembe (2018) chamou atenção para o fato de que a Europa não é mais o centro do mundo –; os haitianos são um indício de desagregação nas relações de trabalho no Brasil; árabes, palestinos e africanos provocam sérios riscos para a governança global etc.). Ameaças, gritadas ruidosamente por alguns, combatem-se. E o combate preenche o mundo das trocas comunicacionais em voga, redes sociais à frente.

"A odiolândia", como as redes sociais vêm sendo chamadas, principalmente o Facebook (FB), é um território em que podemos sentir o império do Eu, o excesso de ego. E isso sob diversos aspectos. Destaco, de passagem, dois, que se combinam e se interconectam: o predomínio da opinião e o fluxo ininterrupto de informações sobre a vida privada.

Opinião em excesso, em vez de reflexão, é um bom termômetro para se pensar nesse *Eu consciente* (tão discutido pela psicanálise) que se considera senhor absoluto do que diz, emitindo, de maneira vertiginosa, certezas graníticas. Geralmente, na terra do FB, falta mediação pela reflexão, pela informação abalizada pela dúvida. Nesse palco, em que as cortinas não se fecham, falamos prodigiosamente das nossas vidas privadas: à nossa frente, desfilam diários pessoais, declarações amorosas, discursos enviesados endereçados a antagonistas, exposição do nosso estado de humor. De acordo com Sodré,

> a selfie é só um pequeno índice dessa possibilidade infinita de reprodução no espelho em que, a pretexto de uma conexão com o outro, o indivíduo desfruta de si mesmo como um átomo isolado numa paisagem social de seres nômades ou dispersos. [...] vale atentar para a espetacularização ou gozo de estar-no-mundo em que o sujeito parece existir apenas quando reproduzido no espelho, à espera de uma conexão (Sodré, 2014, on-line).

Frise-se: o espelho em que o indivíduo se vê não comporta a projeção do Outro. Há uma perversa subversão do princípio de identificação, desenhado pela psicanálise, em que o Eu se faz no Outro. Ora, há muito sabemos que o narcisista não conhece alteridade. Encapsulado em suas próprias referências, carrega a seguinte certeza: tudo o que me leva para além de mim me faz sofrer, porque me leva a pensar, a me firmar como um sujeito relacional. O narcisista labora para criar cascas inquebrantáveis.

A propósito, o filósofo Peter Sloterdijk (2015) expõe uma ideia interessante: para ele, viver na época moderna significa pagar o preço da ausência de camadas protetoras, o que faz da civilização da alta tecnologia, do mercado global, da esfera midiática agentes capazes de emular a imaginária segurança das esferas, tornada impossível: "[...] redes e políticas de segurança devem, agora, ocupar o lugar das camadas celestiais, a telecomunicação deve fazer as vezes do abraço circundante. Envolto em uma pele midiática eletrônica, o corpo da humanidade deve criar para si uma nova composição imunitária." (Sloterdijk, 2015, p. 45).

Mas é preciso ressaltar que as pessoas não estão atomizadas nas redes sociais, conforme lembra o pesquisador em ciência de dados Fábio Malini (2018), mas organizadas em regime de coassociação, formando grupos de identidades políticas coesas. O ecossistema digital (sites, páginas em redes sociais) cria bolhas ideológicas que se nutrem da desinformação.

Eis os sintomas da crise: proliferam discursos que legitimam racismos, xenofobia, mixofobia, sexismo e múltiplas outras formas de discriminação. Não podemos ficar indiferentes ao fato de que os dizeres destituidores transmitidos em escala vertiginosa na internet e fora dela ganham eco na sociedade, de forma a constituir o agir comunicativo da esfera pública. É de admirar, por exemplo, que as palavras mal ditas do nosso atual presidente, Jair Bolsonaro, um falastrão contumaz, para além das implicações jurídicas que suscitam, não sejam vistas como algo que fira de morte o pacto de civilização, do qual emerge o humano.

Considerando que toda palavra, por definição, encerra uma palavra de ordem, como diz o filósofo Gilles Deleuze (2013), não temos como ignorar o primado segundo o qual os enunciados "operam como direcionamento, num processo educativo, a tomadas de posição e obrigações sociais" (Deleuze, 2013, p. 13). Essas tomadas de posição mostram que os enunciados não se reduzem a meros instrumentos do comunicar, mas, antes, configuram-se com dispositivos que vão delimitando campos, orientando práticas, definindo e ordenando a realidade.

Para que a comunicação não seja, efetivamente, reduzida a mera performatividade técnica, a um sistema de transmissão de informação, é preciso que recuperemos o seu sentido teleológico, a sua razão de existir. É fato que a *tecnologia* e a *magia* sempre andaram juntas. O pensador Roger Silverstone (1999) lembra que nosso envolvimento com as invenções tecnológicas é "impregnado pelo sagrado, mediado por ansiedade e, de quando em quando, arrebatado por alegria. Nossa dependência a elas é substancial" (Silverstone, 1999, p. 46).

O vazio de utopia que atravessou a política foi preenchido por um acúmulo de utopias advindas do campo tecnológico-informacional, e essas utopias logo se transformaram em distopias. Imaginar outro mundo e fazê-lo possível passa, necessariamente, por correções de rota na trajetória da comunicação e do campo que a abriga dos pontos de vista epistemológico e disciplinar. Nessa correção, é preciso que a dimensão veicular, sem dúvida uma instância fundamental, não seja vista como a finalidade do jogo enunciativo do qual fazemos parte. Faz-se necessário que o *vínculo* e o *comum* sejam efetivamente a plataforma pela qual transitamos rumo à busca de um consenso mínimo sobre a necessidade de manutenção do pacto civilizatório.

Quando investimos nesse jogo na condição de reféns de um encantamento técnico, ficamos presos à instância do Eu miserável e precário, do sujeito do enunciado que emula o projeto que sacrifica a condição humana, a nossa e a do Outro, asfixiados nas bolhas em que buscamos mantos de proteção.

Falar de racismos e outras formas de discriminação no âmbito da comunicação supõe, portanto, redefinir o campo de investigação da área de tal maneira que todas as prioridades dessa esfera de pesquisa sejam reescalonadas a partir da não realização do vínculo questão/problema que vem fraturando o mundo contemporâneo e solicitando a emergência de uma nova política das mídias – ou de uma política das novas mídias.

Referências

AUGÉ, M. *Não lugares: introdução a uma antropologia da supermodernidade.* São Paulo: Papirus, 2012.

ADORNO, T. *Educação e emancipação.* Tradução de Wolfgang Leo Maar. Rio de Janeiro: Paz e Terra, 1995.

BARRETO, L. *Recordações do escrivão Isaías Caminha.* São Paulo: Penguin & Companhia das Letras, 2010.

BARTHES, R. *Crítica e verdade.* São Paulo: Perspectiva, 1984.

BARTHES, R. *O rumor da língua.* Tradução de Mario Laranjeira. Revisão da tradução de Andréa Stahel M. da Silva. São Paulo: Martins Fontes, 2004.

BORGES, R. Ficção e realidade: as tramas do (tele)jornalismo e de outras produções televisivas. *Revista Cambiassu: Estudos em Comunicação*, São Luís, v. 15, n. 1, p. 33-49, jan./dez. 2005.

BORGES, R. Modos de pensar a imagem. In: BORGES, R. *Esboços de um tempo presente.* Rio de Janeiro: Malê, 2016.

BOUGNOUX, D. *Introdução às ciências da comunicação.* São Paulo: EDUSC, 1999.

BOURDIEU, P. *O poder simbólico.* Lisboa: Difel, 1989.

BUBER, M. *Do diálogo e do dialógico.* Tradução de Marta Ekstein de Souza Queiroz e Regina Weinberg. São Paulo: Perspectiva, 2006.

COELHO NETTO, J. T. *Semiótica, informação e comunicação.* São Paulo: Perspectiva, 1980.

DELEUZE, G. Sur quatre formules qui pourraient résumer La philosophie kantienne. *Philosophie*, Paris, n. 9, p. 30, 1986.

DELEUZE, G. *Crítica e clínica.* Tradução de Peter Pál Pelbart. São Paulo: Editora 34, 1997.

DELEUZE, G. *Conversações.* Tradução de Peter Pál Pelbart. 3. ed. São Paulo: Editora 34, 2013.

ESPINOSA, B. de. *Tratado teológico-político.* Tradução de Diogo Pires Aurélio. São Paulo: Martins Fontes, 2003.

FRANÇA, V. V. O objeto da comunicação/ a comunicação como objeto. In: HOHLFELDT, A. *et. al. Teorias da comunicação: conceitos, escolas e tendências.* Petrópolis: Vozes, 2001.

FREUD, S. *A interpretação dos sonhos.* Rio de Janeiro: Imago, 1999 [1900].

FREUD, S. *O futuro de uma ilusão, O mal-estar na civilização e outros ensaios (1927-1931).* Tradução de Christiano Monteiro Oiticica e Vera Ribeiro. Rio de Janeiro: Imago, 1996.

FREUD, S. A interpretação dos sonhos. Rio de Janeiro: Imago, 1999 [1900].

HOHLFELDT, A. *et al. Teorias da comunicação: conceitos, escolas e tendências.* Petrópolis: Vozes, 2001.

KRISTEVA, J. *A história da linguagem.* Tradução de Maria Margarida Barahona. Lisboa: Edições 70, 1980.

KRISTEVA, J. *Introdução à semanálise.* Tradução de Lucia Helena França Ferraz. São Paulo: Perspectiva, 2005. (Série Debates).

LACAN, J. *Escritos.* Tradução de Vera Ribeiro. Rio de Janeiro: Zahar, 1998.

LASSWELL, H. *Propaganda Techniques in World War.* Massachusetts: MIT Press, 1971.

LISPECTOR, C. *Aprendendo a viver.* Rio de Janeiro: Rocco, 2005.

LOPES, M. *Por um paradigma transdisciplinar para o campo da comunicação.* São Paulo: ECA/USP, 1998. [Mimeo].

MALINI, F. As fake news foram decisivas nestas eleições?. *Folha de S.Paulo,* São Paulo, 22 out. 2018. Opinião. Disponível em: <https://bit.ly/2qVdCUA>. Acesso em: 11 nov. 2019.

MARTÍN-BARBERO, J. *Dos meios às mediações: comunicação, cultura e hegemonia.* Tradução de Ronald Polito e Sérgio Alcides. Rio de Janeiro: Editora UFRJ, 1997.

MARTÍN-BARBERO, J.; REY, G. *Os exercícios do ver: hegemonia audiovisual e ficção televisiva.* Tradução de Jacob Gorender. São Paulo: SENAC, 2001.

MATTELART, A.; MATTELART, M. *História das teorias da comunicação.* Tradução de Luiz Paulo Rouanet. São Paulo: Loyola, 1999.

MBEMBE, A. *Crítica da razão negra.* Tradução de Sebastião Nascimento. São Paulo: N-1 Edições, 2018.

MIÈGE, B. *O pensamento comunicacional.* Petrópolis: Vozes, 2000.

RODRIGUES, A. D. *Estratégias da comunicação: questão comunicacional e formas de sociabilidade.* Lisboa: Editorial Presença, 1997.

SILVERSTONE, R. *Por que estudar a mídia?.* Tradução de Milton Camargo Mota. São Paulo: Loyola, 1999.

SLOTERDIJK, P. *Esferas I: bolhas.* Tradução de José Oscar de Almeida Marques. Rio de Janeiro: Estação Liberdade, 2015.

SODRÉ, M. *Antropológica do espelho: uma teoria da comunicação linear e em rede.* Petrópolis: Vozes, 2002.

SODRÉ, M. *As estratégias sensíveis: afeto, mídia e política*. Petrópolis: Vozes, 2006.

SODRÉ, M. Liberdade de viver no espelho. *Observatório da Imprensa*, 23 dez. 2014. Disponível em: <http://observatoriodaimprensa.com.br/jornal-de-debates/_ed830_liberdade_de_viver_no_espelho/>. Acesso em: nov. 2019.

SODRÉ, M. *A ciência do comum: notas para o método comunicacional*. Petrópolis: Vozes, 2015.

SODRÉ, M. A liberdade de viver no espelho. *Observatório da Imprensa*, São Paulo, 23 dez. 2015. Disponível em: <https://bit.ly/375Ajpy>. Acesso em: 11 nov. 2019.

STEINER, G. *Linguagem e silêncio: ensaios sobre a crise da palavra*. Tradução de Gilda Stuart e Felipe Rajabally. São Paulo: Companhia das Letras, 1988.

WOLF, M. *Teorias da comunicação*. Tradução de Maria Jorge Vilar de Figueiredo. Lisboa: Editorial Presença, 1993.

Racismo e orientalismo: o papel da mídia[1]

Shakuntala Banaji

Tradução: *Mayra Bernardes e Lucianna Furtado*

O que é racismo e orientalismo?

O racismo pode ser definido como uma forma de discriminação sistemática, ideologicamente motivada, nas dimensões material e discursiva, baseada em uma crença consciente ou inconsciente na superioridade dos membros de uma "raça" – geralmente caucasianos, de pele "branca" – sobre membros de outras "raças". O conceito de orientalismo proposto pelo pesquisador árabe-americano Edward Said (2003 [1978]) se distancia de uma tradição *hipodérmica*, que pressupõe uma conexão imediata de causalidade entre casos individuais de representações e comportamentos racistas, aproximando-se de uma tentativa de teorizar sobre o papel de legitimação social e as consequências históricas dos sistemas de produção de conhecimento racista sobre o Oriente – um lugar imaginado que englobaria a Ásia, a África, o Oriente Médio e a América do Sul, bem como as populações diaspóricas, nativas e indígenas da América do Norte, da Austrália, da Nova Zelândia e de partes da Europa. As localidades compreendidas pela palavra "Oriente" são descritas de diversas maneiras, como "o Leste", as "nações subdesenvolvidas", o "Terceiro Mundo ou mundo em desenvolvimento" e "o Sul global". A concepção de Said (2003 [1978]) é baseada em uma investigação do pensamento e do comportamento das regiões ocidentais coloniais, imperiais e contemporâneas em suas interações com o Islã, as regiões árabes e o Sul global de

---

[1] Texto publicado originalmente em inglês como verbete integrante da obra *The International Encyclopedia of Media Effects*, organizada por P. Rössler, C. A. Hoffner e L. Zoonen pela editora John Wiley & Sons, Malden, em 2017.

modo geral. O racismo e o orientalismo são frequentemente discutidos de forma conjunta, porque o racismo é uma das características definidoras do colonialismo e do orientalismo. A prática do orientalismo se ancora, segundo ele, em uma distinção ontológica e epistemológica (Said, 2003 [1978]) entre as raças ou populações que se originam no Oriente (Leste) e aquelas que se originam no Ocidente (Oeste). De maneira central, a continuidade do poder orientalista reside em sua disseminação sistemática, por meio da mídia, de "fatos" aparentemente racionais e científicos que corroboram a superioridade ocidental - por exemplo, nos campos da educação, dos direitos das mulheres, da medicina e da governança - para evocar o consentimento das populações ocidentais sobre as ações de seus governos em países não ocidentais (Ali, 2010). Intelectuais anticoloniais ou pós-coloniais, como Fanon, Said, Escobar e Mohanty, concordam, de modo geral, em relação a definições de orientalismo e racismo, embora ainda estejam em debate as formas como se deveria estudar e resistir ao racismo. Na visão desses autores, chamar atenção para o pensamento e a conduta orientalistas (inclusive da mídia) de várias eras é uma estratégia para resistir ao poder racista.

Embora exemplos do pensamento e da conduta orientalistas possam ser encontrados em registros de encontros entre o Oeste e o Islã nos séculos XV e XVI, Said (2013 [1978]) destaca que o orientalismo, em sua forma moderna, foi sistematizado nos séculos XVIII e XIX, quando os europeus e os americanos coloniais e imperialistas escravizaram, categorizaram, representaram e dominaram os "outros" em suas colônias na Ásia, na África e na América do Sul. Um profundo senso de superioridade racial estava enraizado nas práticas, nos hábitos e nas descrições orientalistas feitas pelos exploradores, cientistas, comerciantes, soldados, administradores, escritores, pintores, pesquisadores e professores ocidentais coloniais e imperiais. O controle sobre a representação e a produção de conhecimento é tanto uma ferramenta poderosa para a manutenção do controle sobre as ideias ou sistemas de pensamento como também um meio para obter ainda mais poder material e geopolítico. Os "outros" não europeus foram estudados e categorizados em uma variedade de campos disciplinares - literários, artísticos, científicos, militares, econômicos e administrativos - como diferentes, inferiores, exóticos, sexualmente permissivos, gananciosos, traiçoeiros, incapazes de raciocínio lógico, moralmente ignorantes, tradicionais, violentos, cruéis, irracionais e carentes de civilização. Cartas, folhetos, panfletos, desenhos, gravuras, sermões, palestras, jornais, propagandas e diários publicados são apenas algumas das mídias usadas para fazer circular tal "conhecimento". Paralelamente, pesquisadores e autores orientalistas categorizaram a si mesmos e a seus compatriotas de pele branca como fisicamente e psicologicamente esclarecidos em comparação com os "nativos" da África, da Ásia e da América Latina. As pessoas brancas também foram representadas como dotadas de gostos e trajes refinados, organizadas, científicas, dotadas de compaixão, lógicas, racionais, justas, economicamente empreendedoras e moral e tecnologicamente civilizadas. Said (2013 [1978]) cita uma série de trechos da literatura colonial escrita por administradores e estadistas britânicos, franceses, alemães e norte-americanos como prova de que os argumentos sobre uma diferença essencialista entre o avançado e ideal "self" ocidental e o bestial e exótico "outro" oriental forneceram às elites imperiais e neocoloniais as justificativas retóricas para a violência física e psíquica que elas já estavam utilizando para subjugar e escravizar as populações do Sul global.

Evidenciando as afirmações de Said (2013 [1978]), já colocadas aqui, e as de Fanon (1961) e hooks (1992), a serem enumeradas a seguir, uma série de registros detalham as representações midiáticas racistas durante a escravidão. Gravuras de navios de escravos e de torturas contra escravos, desenhos e cartazes divulgando leilões de escravos ou incentivando a captura de fugitivos enfatizam como a violência e as crenças racistas estavam profundamente entranhadas nas relações dos europeus com as populações da África, do Caribe e da Índia. Inicialmente, pelo menos, muito dessa brutalidade contra povos não brancos exigia pouca justificação retórica. Na verdade, retratações de crueldade e tortura contra povos não brancos eram celebradas como uma forma de criatividade magistral. No entanto, uma gravura da tortura e assassinato de uma jovem mulher negra escravizada em um navio também foi usada como prova em uma das primeiras (e fracassadas) tentativas dos abolicionistas de condenar o capitão de um navio pelo assassinato de escravos. Ironicamente, então, a necessidade de continuar conquistando consentimento hegemônico (como teorizado por Gramsci, 1971) entre as populações europeias para a violência e o sofrimento infligidos sobre as populações colonizadas era uma das forças motoras por trás da crescente sistematização do discurso orientalista.

O filósofo e psiquiatra revolucionário Frantz Fanon (1961) documentou e analisou a violência colonial e seu dano psíquico coletivo. Ele argumenta que a retórica orientalista do colonialismo tinha como objetivo oferecer apoio à imagem dos colonizadores entre seus compatriotas brancos. Eles não precisavam conquistar o consentimento das populações dominadas, já que “nos países coloniais [...] o policial e o soldado, por sua presença imediata e por suas intervenções diretas e frequentes, mantêm contato com o nativo e o aconselham, por meio de coronhadas de rifle e bombas do tipo napalm, a não se mexer. Fica evidente que [eles] falam uma linguagem de pura violência” (Fanon, 1961, p. 31). Um exemplo histórico mordaz de tal violência colonial é detalhado pelo diplomata irlandês Roger Casement, em seu relatório de 1904 ao parlamento britânico sobre o tratamento dos africanos no Congo Belga. O regime de Leopoldo II estava massacrando, sequestrando, decapitando, estuprando, chicoteando, mutilando e torturando os africanos que estavam construindo ferrovias e trabalhando nas plantações de seringueiras. As entrevistas de Casement com os habitantes locais e sua aproximação de intelectuais anti-imperialistas resultaram em um relatório sobre tais atrocidades. O documento teve uma influência significativa na opinião pública britânica sobre a Bélgica em seu papel de colonizadora, mas não foi suficiente para evitar o enforcamento de Casement por “traição” quando ele apoiou uma revolta irlandesa. Pensadores na esteira de Fanon e Foucault (por exemplo, Said, Escobar, Mohanty e Ali) chamam a atenção para um vínculo intelectualmente limitado, embora resiliente, entre as práticas e as crenças racistas codificadas na produção de conhecimento e no emprego de violência física, econômica e discursiva contra povos não ocidentais.

Quadros conceituais extraídos da historicidade do racismo e do orientalismo, como já teorizado aqui, podem ser aplicados para destrinchar *enquadramentos* da mídia no jornalismo, na literatura, em filmes, documentários e produções intelectuais acadêmicas ocidentais contemporâneas sobre, por exemplo, segurança “global”, imigração, assistência para desenvolvimento ou terrorismo, o uso dos véus e a ameaça de doenças. Práticas de orientalismo e racismo, portanto, articulam sua continuidade nos contextos sociopolíticos e nas formas textuais, apesar dos séculos de debate e das décadas de desafio explícito contra as ideologias do orientalismo e do racismo. Nesse sentido, em oposição àqueles que defendem *modelos hipodérmicos* dos efeitos da mídia (que, em geral, veem as representações racistas individuais como causas diretas e poderosas dos comportamentos individuais dos espectadores), os teóricos do orientalismo e do racismo discutidos anteriormente e nas próximas seções argumentam que a persistência das representações raciais deturpadas e dos estereótipos orientalistas apresentam um efeito de legitimação para práticas sociopolíticas de discriminação racial, desigualdade geopolítica racializada e intervenções militares violentas.

Racismo, estereótipos e "senso comum"

Atualmente, tem-se argumentado que mídias, como jornais, revistas, quadrinhos, televisão, filmes, sites da internet e redes sociais são os locais de grande produção e circulação de *discursos* na arena contemporânea (Van Dijk, 1991). De fato, discursos (como concebido por Foucault, 1970) – sistemas de ideias geralmente expressos por meio de gestos retóricos na linguagem –, práticas e rituais difundidos por uma geração são preservados, adaptados e reinventados por aqueles que têm acesso às mídias nas gerações posteriores. Muitas dessas ideias e rituais se apoiam em estereótipos – metáforas redutoras e essencialistas, mitos ou crenças sobre gênero, raça, sexualidade ou saúde mental – que categorizam e fixam alguns humanos como "normais" e outros como "anormais", categorizam alguns como civilizados e outros como incivilizados, e concedem a um grupo o poder de representar, constranger, excluir, disciplinar e punir aqueles definidos como "outros" (Hall, 1997, p. 257-258). Acadêmicos que estudam os processos sociais por meio da ótica gramsciana de *hegemonia* (a conquista do consentimento para a governança e a ideologia das elites por meio do controle cultural) e do *senso comum* argumentam que é por meio da repetição e da reafirmação em poderosos contextos culturais, como os sermões religiosos, os livros didáticos, os meios de comunicação de massa e até as conversações em cafeterias e bares, que essas ideias e estereótipos passam a parecer naturais e atemporais, mesmo para aqueles que sofrem com as consequências. Van Dijk (1991) afirma que "mais do que qualquer outra forma de comunicação pública ou discurso, as mídias [...] [fornecem] 'fatos', significados e opiniões preferidas e pré-formuladas que são especificamente selecionadas. Se a Imprensa endossa a ideologia que legitima o domínio branco, é de se esperar que ela irá ignorar, desacreditar, marginalizar ou problematizar posições e grupos antirracistas" (Van Dijk, 1991, p. 39).

Os debates tensos sobre a "permissão" do uso do véu na Europa Ocidental são um exemplo das teorias críticas discutidas até então, que sugerem que a mídia expresse e legitime a dominância branca e a transforme em uma forma de senso comum. Defensores, considerados como respeitáveis, da proibição do uso público do véu citam seu repúdio pelas práticas patriarcais "islâmicas" para embasar as próprias intolerância e violência praticadas contra mulheres que usam símbolos visíveis de sua fé. Enquanto mulheres islâmicas já se posicionaram tanto contra como a favor da proibição dos véus na Europa, o contexto midiático público desse debate contribui para a proliferação de estereótipos e dualismos orientalistas. Em sua pior faceta, os dualismos nesse tipo de discurso reforçam a representação dos muçulmanos barbados como terroristas e das mulheres que usam véu como vítimas de uma ordem islâmica patriarcal singular. O véu se torna um símbolo da alteridade racial, uma fronteira a ser cruzada na descoberta do "outro". Dualismos como esses são articulados pelo desejo da diferenciação: como exemplo, vemos que dezenas de capas de livros – de narrativas sociológicas de mulheres bangalesas a guias turísticos da Turquia – usam o véu como uma abreviação simbólica. O véu adquire o status de um fetiche racista exótico: por trás dele, o intrépido leitor/turista ocidental pode encontrar uma beleza atraente ou uma desfiguração miserável. A partir de Fanon e Mohanty, Macdonald (2006) defende que, desde o colonialismo, tem existido um intenso desejo por parte dos ocidentais de "desvelar" e "desnudar" a diferença dos outros, especialmente das mulheres.

Acadêmicos críticos do desenvolvimento fazem uma interseção entre o marxismo (os escritos de Marx; Gramsci, 1971), o discurso (Foucault, 1970) e a teoria pós-colonial (Fanon, 1961; Said, 2003 [1978]) para chamar a atenção para os diversos textos sobre pobreza no Sul global que negligenciam a discussão sobre a criação e a manutenção sistemática da pobreza por meio das práticas e estruturas coloniais, imperiais, militares, comerciais e midiáticas. Escobar (1995), um dos principais teóricos do orientalismo e do racismo em leituras modernas sobre desenvolvimento, aponta que a literatura convencional sobre o tema "universaliza e homogeneíza as culturas do Terceiro Mundo de uma maneira que nega sua historicidade", e demonstra que nela existe "uma subjetividade subdesenvolvida autêntica, dotada de características como a impotência, passividade, pobreza e ignorância, geralmente obscurecida e sem agência histórica, como se estivesse esperando pela mão (branca) do Ocidental para ajudar os sujeitos, que não raramente estão famintos, são analfabetos, necessitados e oprimidos pela sua própria teimosia, falta de iniciativa e tradição" (Escobar, 1995, p. 9). O orientalismo *como uma teoria* tem sido utilizado para compreender a representação dos eventos e processos da era pós-colonial, tais como a criação e a dizimação histórica da Palestina desde 1948, o paradigma da modernização em desenvolvimento, o comércio e o auxílio internacional e as leis de imigração. Os meios de comunicação de massa ocidentais, bem como a ideia midiática e transnacional de caridade, projetam (deliberadamente) ou autorizam (inconscientemente) as representações racistas e orientalistas. Tais representações reduzem e essencializam lugares, a exemplo das imagens do terrorismo, dos conflitos e do islamismo no Paquistão, as mulheres da Tailândia como "noivas" submissas e esbeltas e as crianças africanas como indigentes famintas. Uma discussão mais crítica (Ali, 2010) demonstra que essas representações sustentam o "militarismo humanitário" de governos ocidentais em sociedades não ocidentais; elas são, por si mesmas, discriminatórias, mas também justificam práticas discriminatórias contra migrantes e nativos de cor (hooks, 1992; Mohanty, 1991), além de disfarçarem os interesses econômicos e materiais e as motivações individuais e coletivas dos países ocidentais. Em resposta a essas críticas, algumas organizações não governamentais têm tentado se aproximar de representações aparentemente mais ativas de pessoas não ocidentais e incluíram, nos documentos detalhando suas políticas, supostas frases ditas por beneficiários gratos pela caridade.

O racismo e o orientalismo em textos midiatizados são, portanto, contestados conceitualmente por dois grupos: o daqueles que reconhecem que um de seus efeitos é a manutenção da injustiça e da desigualdade social e material e, portanto, desejam destacar novas e complexas articulações do orientalismo; e o daqueles comentaristas, geralmente brancos, como apontado por Mohanty e hooks, que ganham a vida chamando a atenção para exemplos de preconceito e de machismo, mas são incapazes de identificar o orientalismo e o racismo em seus próprios trabalhos, ignorando o sistema que mantém as desigualdades representacionais e de outras naturezas.

Públicos e contextos: contestando representações racistas

Embora o orientalismo e o racismo possam oferecer ferramentas precisas e pertinentes para a compreensão das representações da mídia ocidental contemporânea sobre a pobreza, a política, os desastres, as relações sociais e a vida cotidiana no Sul global, as formulações que tomam as representações midiáticas orientalistas como sistemas totalizantes e desconectados têm sido amplamente questionadas. A noção (implícita em apropriações equivocadas e preguiçosas da produção acadêmica de Fanon e Said) de que as populações do Sul global, mesmo quando colonizadas, não desempenharam qualquer papel em representar a si mesmas, em desafiar e obter lucros com as representações coloniais ou em libertar a si mesmas é uma noção agora considerada notoriamente falha. O orientalismo, construído por e constitutivo do poder imperial racista, jamais ocorreu sem ações de reconhecimento, apoio, crítica e resistência por parte do Sul global, e essa resistência também se manifestou frequentemente de maneira mediada.

Desde, aproximadamente, 2005, alguns autores até mesmo argumentam que, embora os discursos do racismo e do orientalismo brancos possam se mostrar resilientes nas representações midiáticas da política global, da diferença étnica e racial ou das minorias étnicas, o poder das representações midiáticas e seus efeitos nos públicos são reduzidos ou intensificados por outros aspectos dos contextos materiais e psíquicos nos quais tais públicos vivem. Fahmy (2004), Hall (1997), Said (2003 [1978]) e Van Dijk (1991) argumentam que, quaisquer que sejam os resultados pretendidos, essas representações frequentemente legitimam e contribuem para um clima político no qual os imigrantes são os culpados pela crise financeira ou a responsabilidade pela desordem política no Afeganistão, no Haiti e na República Democrática do Congo é negada pelos poderes ocidentais. Mesmo considerando esse ponto crítico, a amplitude de conotações possíveis poderia muito bem direcionar interpretações sobre essas mídias. Às vezes, os próprios diários antropológicos, tratados e cadernos que eram utilizados para justificar a escravização e subordinação das populações do Sul global na Era Colonial são, atualmente, exibidos em museus como exemplos da crueldade, da desumanidade ou do racismo anticientífico de gerações passadas; os filmes nazistas de Leni Riefenstahl, que beatificaram o racismo científico e as justificativas estéticas para o antissemitismo e o genocídio, agora são amplamente vistos com repulsa e raiva.

De maneira similar, Rheingold (2008) e outros autores afirmam que o aumento da participação cidadã nas novas mídias reduz o poder definidor das figuras de linguagem da mídia dominante: a paródia e a sátira se multiplicam, e públicos cada vez mais familiarizados com as mídias contestam a legitimidade de comentaristas anteriormente considerados respeitáveis. Portanto, é importante compreender como as práticas de representação relativas à raça podem mudar e também contribuir com as pautas da justiça social. Este otimismo defendido por Rheingold se baseia em uma suposição de que a maioria dos públicos está inclinada a ser crítica ao orientalismo e ao racismo, uma proposição contestada por outros autores (como HOOKS, 1992; MOHANTY, 1991) que afirmam que mesmo os críticos acadêmicos podem ser ingênuos e orientalistas em relação a representações de raça e geografia.

Existe um número considerável de pesquisas ligadas às teorias feminista negra e *queer* sobre reações do público e sobre resistência e subversão de estereótipos. A renomada teórica feminista bell hooks (1992) analisa a forma como a audiência feminina negra dos filmes de Hollywood precisa desenvolver um "olhar oposicional" que resista e rejeite os modos como os filmes estereotipam, reduzem, essencializam ou excluem a variedade de histórias, corpos, emoções, relacionamentos, o trabalho e as vidas desses públicos. Em sua obra pioneira sobre raça e representação, hooks critica não apenas as representações das mídias de massa sobre a negritude feminina, mas também os efeitos dos discursos usados pelas feministas brancas que pesquisam cinema em sua escrita no contexto acadêmico ocidental.

A autora afirma que, em seus esforços para apresentar uma crítica sistemática das formas visuais patriarcais no cinema, elas homogeneízam e generalizam toda a experiência feminina das narrativas cinematográficas como sendo primeiramente e principalmente subjugada ao prazer visual sexual dos homens. Nesse movimento, conforme argumentado pela autora, as teóricas feministas brancas e identificadas com a branquitude ofendem e apagam as experiências históricas e cotidianas das mulheres de cor e se recusam a questionar seu próprio privilégio. Utilizando um método auto-etnográfico e exemplos de filmes de sua adolescência, a pesquisa de hooks (1992) demonstra que um dos efeitos do racismo sistêmico nos regimes de representação contemporâneos é a redução das expectativas dos públicos não brancos; as mulheres com quem ela conversou "afirmaram de forma categórica que elas nunca foram ao cinema com a expectativa de ver representações convincentes da feminilidade negra. Todas elas estavam intensamente conscientes do racismo cinematográfico" (HOOKS, 1992, p. 119). Por meio de sua noção de *olhar oposicional*, hooks articula outra posição frente ao racismo e o orientalismo na mídia que aproxima prazer, dor e crítica nas vidas dos públicos excluídos e não intencionais, os "outros" da representação racista e orientalista.

Hall (1997) discute os modos como o racismo nas mídias de massa pode ser contestado ao longo do tempo por meio de abordagens como a representação positiva (em que os grupos raciais e étnicos que normalmente são submetidos a estereótipos negativos passam a ser representados mais positivamente) e a transcodificação (uma tentativa de retomar os significados de determinados discursos representacionais de raça do estereótipo hegemônico e atribuir significados diferentes a tais representações). No entanto, Hall e outros pesquisadores que abordam raça e mídia na interseção das tradições gramscianas e foucaultianas, que serão discutidas a seguir, também destacam os modos como as estratégias de contestação são apenas uma pequena parte de um contexto mais amplo, no qual os discursos racistas e orientalistas se reinventam em representações mais complexas e ambivalentes que permitem que os produtores e os públicos se sintam conscientes e antirracistas enquanto continuam o trabalho de classificação e estereotipização de formas mais sutis.

Auto-orientalismo

Como exposto pelos autores citados na seção anterior, os estereótipos racistas e orientalistas que emergem das histórias do colonialismo, do imperialismo e do "desenvolvimento" neocolonial não são homogêneos ou imutáveis. Eles podem ser desafiados, subvertidos e transformados ou, ainda, instrumentalizados por um conjunto de pessoas do Sul global contra outro. Os meios de massa ou as mídias alternativas podem também ser os veículos desses desafios, mas as ideias sobre diferença e alteridade permanecem profundamente implicadas em autoconstruções e identidades de grupos sociais e, por isso, dificilmente são apagadas (HALL, 1997). Baseando-se em sua pesquisa sobre discursos na mídia australiana, Simmons e Lecouteur (2008) argumentam que o racismo é sutil, contingenciado e flexível e não é evidente ou facilmente identificado como abuso ou como um estereótipo. Suas análises da cobertura de dois conjuntos de protestos violentos vinculados à ideia de mudança social demonstram que, enquanto os dois conjuntos de eventos foram enquadrados como "revoltas", as configurações, contextos e lógicas dos "revoltosos" foram representadas de maneiras distintas, dependendo de suas raças. Os aborígenes australianos que protestaram a favor da mudança social foram repetidamente representados como se estivessem buscando um resultado inalcançável. Em contrapartida, a mesma causa, quando defendida por comunidades não indígenas, foi representada como uma saída viável. De maneira semelhante, a pesquisa de Novo (2003) destacou o modo como as mulheres indígenas ambulantes em Tijuana, no México, são vistas por mexicanos não indígenas dentro de um espectro que vai do "amor paternalista" à desumanização abertamente racista, sendo ambas as visões completamente contrastantes com a autopercepção dessas mulheres como seres humanos criativos e que lutam ativamente pela sua subsistência.

O trabalho de Novo (2003) também destaca outras questões negligenciadas em algumas discussões gramscianas do orientalismo e do racismo nas representações: a vivacidade e a frequência com que essas representações têm sido produzidas pelas próprias populações do Sul global ao abordarem outras populações da mesma localidade. Um exemplo dessa tendência pode ser observado nos filmes de Bollywood, que estereotipam os indianos *adivasi* como povos primitivos que vivem na pobreza idílica. Consideremos, como proposto por Yan e Santos (2009), as mídias hegemônicas chinesas que excluem, exotizam e fetichizam pessoas de origem não *han*, ao mesmo tempo que vendem a imagem da China para os turistas a partir de uma articulação complexa da igualdade (A China é a Coca-Cola, trens de alta velocidade e internet super-rápida) e da diferença (A China tem mulheres bonitas, sedas, costumes antigos e monumentos). Classificando essas representações como *auto-orientalistas*, Yan e Santos (2009) sugerem que ambas são formas de "essencialismo estratégico", praticadas para manter economias nacionais e que evidenciam crenças orientalistas arraigadas. Tais crenças podem ser identificadas tanto nos encontros coloniais dos chineses com o Ocidente quanto nas práticas racistas pré-coloniais, como o sistema de castas.

Desde diários, fotografias de guerra e mapas a sites de ajuda humanitária e memes satíricos, textos midiáticos sobre o Sul global servem como arquivos e repositórios de crenças, valores, opiniões, ideologias e hierarquias dos grupos sociais que os produzem. Ao nomear coisas de maneiras específicas, eles contribuem para a hegemonia das narrativas dominantes sobre economia, raça e geografia (quais lugares são tradicionais e quais são subdesenvolvidos; quando algo é uma epidemia ou não; quais pessoas são primitivas e quais estão passando fome; quais mortes contam como genocídio e quais não). Como defendido nos estudos de Simmons e Lecouteur (2008) e Yan e Santos (2009), que Said (2003 [1978]) chama de "crescente e proveitosa dialética da informação e do controle" (Said, 2003 [1978], p. 36), as representações que circulam de maneira mais ampla na mídia desempenham um papel duplo. Elas evidenciam que o conhecimento canônico da elite e o poder de definir as culturas no Sul global são, também, marcadores da existência de um contínuo controle econômico, social e político por parte daqueles que produzem as representações. Estudos de autores mencionados neste capítulo enfatizam as conexões entre representação, discurso e prática. Associando-se a fatos aparentemente "científicos" e com as opiniões de produtores de conhecimento que conquistaram prestígio em instituições acadêmicas renomadas, as narrativas emocionais e metafóricas em torno de certas práticas – sejam elas a guerra motivada pelo petróleo, grupos em busca de asilo, a imigração, o infanticídio ou salários mínimos – e de conquistas militares são expandidas e legitimadas por meio de representações nas velhas e novas mídias. É possível dizer que representações orientalistas e auto-orientalistas tensionam os ânimos públicos para que apoiem causas, aparentemente, consistentes, que são enquadradas como prioridades humanitárias. Também é possível que os produtores de tais representações tenham como objetivo atuar como geradores econômicos ou como interlocutores morais. No entanto, Said (2003 [1978] – nas discussões de ataques ocidentais ao Iraque descritos no prefácio da edição de seu livro publicada em 2003) demonstrou que também é possível que essas representações, bem como o senso comum hegemônico que faz com que elas circulem, prejudiquem as pautas igualitárias e antirracistas e contribuam para as práticas contemporâneas de racismo e de orientalismo militarizado.

Este capítulo apresentou ao(à) leitor(a) os trabalhos de autores(as) de tradição fanoniana, gramsciana e/ou foucaultiana que teorizam o papel e os efeitos do racismo e do orientalismo na mídia como forças legitimadoras da discriminação e da violência raciais coloniais e pós-coloniais. Isso foi feito de modo a contrastar essa visão com a tradição da teoria dos *efeitos hipodérmicos*, que, em função de sua individualização dos efeitos representacionais, pode ser compreendida como conivente com a perpetuação da alteridade e da violência estrutural que a tradição crítica busca elucidar.

Referências

ALI, N. Books vs Bombs? Humanitarian Development and the Narrative of Terror in Northern Pakistan. *Third World Quarterly*, London, v. 31, n. 4, p. 541-559, 2010. DOI: 10.1080/01436591003701075.

CASEMENT, R. *The Casement Report*. 1904. Disponível em: <https://bit.ly/2pwGHFj>. Acesso em: 17 mar. 2016.

ESCOBAR, A. *Encountering Development: The Making and Unmaking of the Third World*. Princeton: Princeton University Press, 1995.

FAHMY, S. Picturing Afghan Women: A Content Analysis of AP Wire Photographs During the Taliban Regime and After the Fall of the Taliban Regime. *International Communication Gazette*, Nova York, v. 66, n. 2, p. 91-112, 2004. DOI: 10.1177/0016549204041472.

FANON, F. *The Wretched of the Earth*. New York: Grove Press, 1961.

FOUCAULT, M. The Order of Discourse. In: YOUNG, R. (Org.). *Untying the Text: A Poststructuralist Reader*. London: Routledge & Kegan Paul Ltd., 1981. p. 48-78.

GRAMSCI, A. *Selections from the Prison Notebooks*. Edited by Quentin Hoare; translated by Geoffrey Nowell Smith. London: Lawrence & Wishart, 1971.

HALL, S. The Spectacle of the Other. In: HALL, S. (Org.). *Representation: Cultural Representations and Signifying Practices*. London: Sage, 1997. p. 223-279.

hooks, b. *Black Looks: Race and Representation*. London: Turnaround, 1992.

MACDONALD, M. Muslim Women and the Veil: Problems of Image and Voice in Media Representations. *Feminist Media Studies*, [s. l.], v. 6, n. 1, p. 7-23, 2006. DOI: 10.1080/14680770500471004.

MOHANTY, C. Third World Women. In: MOHANTY, C. *Under Western Eyes: Feminist Scholarship and Colonial Discourses*. Durham: Duke University Press, 1991. p. 333-358.

NOVO, C. M. The "Culture" of Exclusion: Representations of Indigenous Women Street Vendors in Tijuana, Mexico. *Bulletin of Latin American Research*, [s. l.], v. 22, n. 3, p. 249-268, 2003. DOI: 10.1111/1470-9856.00077.

RHEINGOLD, H. Using Participatory Media and Public Voice to Encourage Civic Engagement. In: BENNETT, L. (Org.). *Civic Life Online: Learning How Digital Media Can Engage Youth*. Cambridge: MIT Press, 2008. p. 97-118.

SAID, E. *Orientalism*. London: Penguin, 2003 [1978].

SIMMONS, K.; LECOUTEUR, A. Modern Racism in the Media: Constructions of the Possibility of Change in Accounts of two Australian Riots. *Discourse & Society*, [s. l.], v. 19, n. 5, p. 667-687, 2008. DOI: 10.1177/0957926508092248.

VAN DIJK, T. A. *Racism and the Press*. New York: Routledge, 1991.

YAN, G.; SANTOS, C. A. "China Forever": Tourism Discourse and Self-Orientalism. *Annals of Tourism Research*, [s. l.], v. 36, n. 2, p. 295-315, 2009. DOI: 10.1016/j.annals.2009.01.003.

PARTE 2
Transversalidades estéticas e políticas

Semioses decoloniais: afrofuturismo, performance e o colapso do privilégio branco

Maria Aparecida Moura

Introdução

> *O branco não é uma cor. O branco é uma definição política que representa os privilégios históricos, políticos e sociais de um determinado grupo. Um grupo que tem acesso às estruturas e instituições dominantes da sociedade. Branquitude representa a realidade e a história de um determinado grupo.*
>
> (Kilomba, 2017, on-line)

O século XXI tem sido marcado pelo incisivo desvelamento do privilégio branco e da estrutura semiótica a ele associada para a manutenção do poder e da opressão.

Em diferentes domínios, observam-se atores sociais racializados e diaspóricos reivindicarem um lugar de fala não precarizado. Isso significa dizer que o esforço empreendido historicamente pelo ativismo negro, em escala global, foi capaz de produzir uma herança crítica, que atualmente permite a produção de conhecimento contra-hegemônico e a sua transformação em dispositivo reflexivo, dinâmico e decolonial.

A indústria da cultura e do infoentretenimento tem se surpreendido com a habilidade e a sagacidade das populações racializadas na manipulação e codificação dos sistemas de significação voltados à performatividade, até então reconhecidos como de uso exclusivo da cultura *mainstream*, proprietária e branca.

Conforme Kilomba (2017, p. 26), ser ouvido significa pertencer. Ao romperem com o projeto de silenciamento branco, nos últimos tempos, os sujeitos ditos subalternos enunciam verdades desconcertantes. Isso parece, aos olhos da branquitude *mainstream*, uma traição no uso do código, considerado prerrogativa pessoal e intransferível.

> A boca é um órgão muito especial, ela simboliza a fala e a enunciação. No âmbito do racismo a boca torna-se o órgão da opressão por excelência, ela representa o órgão que os(as) brancos(as) querem - e precisam - controlar e, consequentemente o órgão que, historicamente, tem sido severamente repreendido (KILOMBA, 2017, p. 26).

O longo silêncio, ao qual foram submetidos os povos não brancos em processos contínuos de planetarização do *apartheid*, tem sido interrompido pelo questionamento de que "não existe uma posição mais privilegiada do que ser apenas a norma e a normalidade" (KILOMBA, 2016, p. 19). Nesses termos, artistas vinculados às artes performativas têm indagado sobre a naturalização do branco como norma na indústria do espetáculo.

Mbembe (2018a) nos recorda que, sob a *plantation*, os escravos não se deixam fazer pela estrutura escravocrata. Assim,

> Tratado como se não existisse, exceto como mera ferramenta e instrumento de produção, o escravo, apesar disso, é capaz de extrair de quase qualquer objeto, instrumento, linguagem ou gesto uma representação, e estilizá-la. Rompendo com a sua condição de expatriado e com o puro mundo das coisas, do qual ele ou ela nada mais é do que fragmento, o escravo é capaz de demonstrar as capacidades polimorfas das relações humanas por meio da música e do corpo, que supostamente pertencia ao outro (MBEMBE, 2018, p. 30).

A fixação de *scripts* performativos, cada vez mais previsíveis, busca secularmente aprisionar o fluxo semiósico das corporeidades não brancas em redundâncias programadas, cujo propósito é reduzir ou fazer coincidir, paradoxalmente, o signo e objeto. Trata-se, pois, de uma semiótica manca, na medida em que é deliberadamente perdido o caráter fugidio e sempre projetado do signo. Se, em termos semióticos, "nada do que foi será de novo do jeito que já foi um dia", para os *gatekeepers* da branquitude torna-se fundamental apaziguar os desejos no circuito de uma semiótica sem semiose e colonialmente instituídas.

Em tais contextos, admite-se, não sem resistência, o enclausuramento à la "*black mirror*" de atores sociais, repertórios e processos de significação.

Em face dos trabalhos recentes envolvendo a desnaturalização e a ruptura com os circuitos semióticos coloniais de fixação de papéis e significados na indústria cultural, buscou-se, neste trabalho, discutir os conceitos de decolonialidade, semiose, afrofuturismo, performance e suas implicações na produção e circulação artística contemporânea racializada com o objetivo de indagar em que medida tais ações podem provocar rupturas no curso de homogeneização e colonialidade dos sentidos e significados. Em termos empíricos, são abordados projetos e iniciativas semiósicas afrocentradas e/ou diaspóricas recentes que, desde o centro, basculham e tensionam os modelos semiósicos coloniais em circulação na indústria do espetáculo.

Relações de poder, decolonialidade e semioses

As relações de poder e a colonialidade estão intimamente articuladas nas estruturas dos regimes de significação na sociedade, por meio da produção e da circulação de produtos e serviços oriundos da indústria global de informação, cultura e entretenimento. Há, certamente, nesses contextos um ressaibo atávico, que se pauta por um presumido biopoder.

Historicamente, a constituição do poder baseado em elementos biológicos estabelece o regime de partição dos privilégios. Conforme Foucault (2008), biopoder "é o conjunto dos mecanismos pelos quais aquilo que, na espécie humana, constitui suas características biológicas fundamentais, vai poder entrar numa política, numa estratégia política, numa estratégia geral do poder" (Foucault, 2008, p. 3).

Em seus estudos, Foucault dedicou especial atenção às relações de poder, com foco no entrelaçamento entre as práticas discursivas e não discursivas presentes na sociedade. Esse entrelaçamento se revela especialmente na articulação entre poder e saber, sendo necessário compreender, nesse contexto, os sistemas de diferenciação entre os sujeitos, os objetivos que os mobilizam, as modalidades instrumentais que adotam e o tipo de racionalidade que empreendem.

Em sua filosofia analítica do poder, o autor buscou enfrentar a questão do sujeito e das formas de subjetivação, a determinação dos saberes que acedem à condição de ciência, as práticas que dividem os sujeitos e a transformação do humano em sujeito. O autor então destaca que é importante estabelecermos uma nova economia do poder que

> Consiste em usar as formas de resistência contra as diferentes formas de poder como um ponto de partida. Para usar uma outra metáfora, ela consiste em usar esta resistência como um catalisador químico

> de modo a esclarecer as relações de poder, localizar sua posição, descobrir seu ponto de aplicação e os métodos utilizados. Mais do que analisar o poder do ponto de vista de sua racionalidade interna, ela consiste em analisar as relações de poder através do antagonismo das estratégias (Foucault, 1995, p. 234).

Para ele, as relações de poder são exercidas por meio da produção e da troca de signos e se estruturam no reconhecimento circunstancial ou permanente de uma alteridade sobre a qual são exercidas. O poder

> É um conjunto de ações sobre ações possíveis; ele opera sobre o campo de possibilidade onde se inscreve o comportamento dos sujeitos ativos; ele incita, induz, desvia, facilita ou torna mais difícil, amplia ou limita, torna mais ou menos provável; no limite, ele coage ou impede absolutamente, mas é sempre uma maneira de agir sobre um ou vários sujeitos ativos, e o quanto eles agem ou são suscetíveis de agir. Uma ação sobre ações (Foucault, 1995, p. 243).

Uma das tecnologias do poder explicitadas por Foucault é o uso político da biologização do conceito de raça na gênese do racismo moderno e de Estado. Nesse âmbito, a perspectiva de biopoder nutrida pelo Estado torna-se fundamental ao desenvolvimento do capitalismo e vai nortear a necropolítica, com o poder de determinação sobre o viver e o deixar morrer.

As estruturas materiais e simbólicas de poder constituem um elemento central para se observar os seus liames com a colonialidade do poder, do saber e do ser, notadamente exercida como diferença colonial (Mignolo, 2017), sobretudo nas relações de gênero e étnico-raciais.

A pós-colonialidade e a decolonialidade constituem um marco epistêmico e político que tem no enfrentamento das lógicas estruturantes da colonialidade sua questão fundamental. Ambos criticam o apagamento das questões regionais em vista do uso inadvertido de conceitos e formas universalistas abstratas.

O conceito de raça é um desses universais que, na perspectiva de Mbembe (2018b), funcionam, desde a colonização, como um dispositivo econômico.

> Longe de ser que um puro significante biológico, a raça assim entendida reenvia a um corpo sem mundo e fora do solo, um corpo de energia combustível, uma sorte de duplo da natureza que se podia, pelo trabalho, transformar em estoque ou fundos disponíveis. A colonização

> funcionava, quanto a ela, à excrescência daqueles que, sob muitos olhares, eram julgados como supérfluos, como excedentes no seio das nações colonizadoras (Mbembe, 2018b, p. 21, tradução minha).

A concepção de colonialidade do poder proposta por Quijano em 1989, conforme Ballestrin (2013, p. 99), parte do princípio de que as rupturas com a administração colonial não fez cessar o subjugamento econômico e político que, atualmente, é remodelado em um arranjo de colonialidade global. Nesse sentido, a colonialidade do poder se organiza, conforme Mignolo *apud* Ballestrin (2013, p. 100) como controle da economia, da autoridade, da natureza e dos recursos humanos, do gênero e da sexualidade, da subjetividade e do conhecimento.

Mbembe (2018a) assinala que,

> Qualquer relato histórico do surgimento do terror moderno precisa tratar da escravidão, que pode ser considerada uma das primeiras manifestações da experiência biopolítica. Em muitos aspectos, a própria estrutura do sistema *plantation* e suas consequências manifesta a figura emblemática e paradoxal do estado de exceção. Aqui, essa figura é paradoxal por duas razões. Em primeiro lugar, no contexto da *plantation*, a humanidade do escravo aparece como sombra personificada. De fato, a condição de escravo resulta de uma tripla perda: perda de um lar, perda de direitos sobre o seu corpo e perda de estatuto político. Essa tripla perda equivale a uma dominação absoluta, uma alienação de nascença e uma morte social (que é a expulsão fora da humanidade) (Mbembe, 2018a, p. 27).

A colonialidade do saber ou "diferença colonial e geopolítica do conhecimento" coloca em evidência e em marcha o racismo epistêmico, que é marcado fundamentalmente pelo eurocentrismo e o colonialismo. O centralismo epistêmico proposto se organizará em torno do sexismo, do racismo e do universalismo como modelo de totalização gnósica.

A decolonialidade insere-se em outra genealogia de pensamento, em que se propõe a pluriversalidade e a desobediência epistêmica em relação às feições totalizadoras do Norte global. Há, nessa formulação, a proposição, ainda não pacificada, de descentramento com a elite intelectual das antigas colônias na histórica divisão do trabalho em países ditos periféricos adotada nas ciências sociais. Sob tal perspectiva, espera-se promover maior equilíbrio na análise dos fenômenos sociais , o que pode contribuir para a redução do caráter periférico das experiências e do pensamento produzido no Sul articulado em torno de "horizontes de utopia política e radicalismo intelectual" (BALLESTRIN, 2013, p. 109).

No que se refere às contribuições dos teóricos do decolonial na América Latina, Ballestrin (2013) destaca:

> (a) a narrativa original que resgata e insere a América Latina como o continente fundacional do colonialismo, e, portanto, da modernidade; (b) a importância da América Latina como primeiro laboratório de teste para o racismo a serviço do colonialismo; (c) o reconhecimento da diferença colonial, uma diferença mais difícil de identificação empírica na atualidade, mas que fundamenta algumas origens de outras diferenças; (d) a verificação da estrutura opressora do tripé colonialidade do poder, saber e ser como forma de denunciar e atualizar a continuidade da colonização e do imperialismo, mesmo findados os marcos históricos de ambos os processos; (e) a perspectiva decolonial, que fornece novos horizontes utópicos e radicais para o pensamento da libertação humana, em diálogo com a produção de conhecimento (BALLESTRIN, 2013, p. 110).

Nesse âmbito, parece oportuno compreender o conceito de semiose. A semiose é o produto objetivo do processo de produção de sentido. Sendo um produto objetivo, articula-se à experiência colateral do intérprete em relação ao que o signo denota. O interpretante gerado nesse processo não é cabal e nem determinado desde a origem. Isso se deve à contínua projeção télica e autocorretiva do signo que, nesse movimento, é atualizado e transformado. Nesse sentido:

> Por semiose entende-se, estritamente, a produção de sentido, processo infinito pelo qual, através de sua relação com o objeto (v.), o signo (v.) produz um interpretante que, por sua vez, é um signo que produz um interpretante e assim por diante. Os termos gera, produz, cria, determina e análogos, que aparecem nas caracterizações do signo, indicam esse caráter causal e lógico que marca a cadeia semiótica. A semiose é comandada, em última análise, por uma causa final, constituindo, assim, um processo télico, na medida em que tende (sem nunca chegar) para uma representação perfeita do objeto (o que poderia ser chamado de verdade semiótica). Em outras palavras, haveria um estágio "final" nessa cadeia em que o signo seria idêntico ao objeto (tudo isso é dito no futuro do pretérito por ser uma possibilidade, como vimos) (PINTO, 1995, p. 49).

Os processos semiósicos humanos, embora abrangentes, contínuos e imprevisíveis, ocorrem em um contexto de disputa semiótica que se realiza no seio de sociedades verticalizadas. Tais disputas buscam, sem necessariamente alcançar, o encurtamento e, por vezes, a regulação do fluxo dos interpretantes e, por consequência, a ação dos sujeitos. Essas disputas são, na maior parte das vezes, norteadas por uma retórica colonial que orienta processos concretos de colonialidade do poder, do saber e do ser.

Nesse contexto, a semiótica decolonial tem a capacidade de produzir "totalidades como semioses potencialmente liberadoras" e pluriversais. Essa perspectiva de semiótica propõe uma abertura para a coexistência de outras semioses na compreensão e construção da realidade.

> Uma semiótica decolonial avançaria, de forma simultânea, em duas direções. A primeira, dirigida a derrubar a totalidade enquanto totalidade de sentidos, como horizonte (novamente no sentido grego) de significação que limita as possibilidades de ser/estar no mundo. Enquanto, por outro lado, segue o caminho da (re)significação do "real", não como a produção de novos significados perdidos em um passado construído essencialmente e idilicamente, mas sim como o (re)encontro com o Outro, com a alteridade, com o diverso, com essas múltiplas semioses que foram silenciadas pela retórica monotópica da modernidade e a lógica da colonialidade (Losacco, 2012, p. 690, tradução nossa).

O convite a discutir sobre a semiose decolonial se vincula à necessidade de identificarmos chaves de leitura que nos ajudem no enfrentamento de uma amnésia programada presente nas narrativas coloniais e que tendem a desconsiderar as mazelas provocadas pela colonização, sobretudo em sua forma sempre atualizada de "injustiça cultural e econômica". Percebe-se que o campo das artes tem sido capaz de confrontar esse projeto de violência simbólica e material evocando, no âmbito de suas narrativas, a força telúrica do imaginário decolonial. Acredito que

> As sensibilidades situadas dos(as) artistas racializados(as), seu ser no mundo, seu pertencimento a culturas misturadas, seu conhecimento íntimo da violência do racismo e da história colonial têm a potencialidade de alargar as possibilidades da arte, de fazer gerar narrativas alternativas. Elas têm o potencial de descentrar, de desestabilizar ou de transbordar o universalismo eurocentrado, possivelmente de dissolver as fronteiras. Para fazer acontecer um universal mais autêntico, mais efetivo – polifonia de todas as narrativas, cruzamento de vozes e corpos múltiplos,

soma infinita de subjetividades, de particularismos e de pontos de vista, emergência de narrativas novas (Nguyen, 2018, p. 18, tradução minha).

Evidentemente, é preciso estar sempre atento às artimanhas do fantasma colonial e suas representações rumo à globalização do imaginário que, sempre à espreita, atualiza o discurso, anexa atores racializados sem, contudo, discutir horizontalmente os termos da presumida aliança ou mesmo descer de nossas costas. Sob essa perspectiva, é preciso não perder de vista o poder emancipatório dos saberes e das sensibilidades situadas.

Afrofuturismo e o tensionamento do privilégio branco

Como a racionalidade burocrática e perversa ameaça invadir até mesmo aqueles recantos que não sabem viver sem espontaneidade, corremos o risco de assistir ao triunfo de uma ação sem pensamento sobre um pensamento desarmado
Santos, 1994, p. 10

O mito da democracia racial é fruto de uma ficção deliberadamente difundida. Há um desejo associado a esse mito de apaziguamento extemporâneo das feridas da colonialidade.

A intensificação da gestão do mundo da vida a partir de um espaço reticular digitalmente interconectado produziu um mal-estar generalizado em relação à circulação de narrativas alheias às marcas da espoliação neocolonial de bens e culturas nos últimos trinta anos.

O encurtamento do giro do capital e, por consequência, da informação pôs a nu e em um mesmo fluxo a densidade funcional, a circulação de informação pragmática e a interconexão entre atores baseadas na copresença e em redes produtivas transterritoriais. Para tanto, as especificidades locais têm sido unificadas simbolicamente para garantir a fluidez da elite e de sua estrutura simbólica, agora dinamizada tecnologicamente. Qual "água de enchente", os fluxos semiósicos da elite global solapa e sufoca as perspectivas dissidentes e as culturas locais.

Evidentemente, essa lógica estruturante não ocorre sem resistência, contato e contágio entre as culturas ditas periféricas. O afrofuturismo surge nesse contexto nos anos 1990, como uma resposta especulativa e orgânica das populações racializadas e diaspóricas às múltiplas facetas do racismo e da opressão.

Conforme questiona Dery,

> A noção de Afrofuturismo dá origem a uma antinomia perturbadora: como uma comunidade cujo passado foi deliberadamente apagado- e cujas energias foram, subsequentemente, consumidas pela busca de traços legíveis de sua história- pode imaginar futuros possíveis? Além disso, será que os tecnocratas, autores de ficção científica, futurólogos, diretores de arte e pioneiros, quase todos brancos - que construíram nossas fantasias coletivas já não têm a chave desse não lugar imaginário? (Dery, 2018, p. 99-101).

Em resposta à mudez e à cegueira deliberadas da indústria *mainstream* do imaginário global, diferentes coletivos criativos negros têm se esforçado para colocar em circulação um sofisticado sistema sígnico que põe em perspectiva a presença negra no imaginário coletivo como um projeto semiótico decolonial.

Kodwo Eshun *apud* Anderson (2016) assinala que

> O afrofuturismo pode ser caracterizado como um programa de recuperação das histórias num século hostil à projeção afrodiaspórica e como um espaço dentro do qual se pode empreender o trabalho crítico e a produção de ferramentas capazes de intervir na atual disputa política (Eshun *apud* Anderson, 2016, p. 230, tradução minha).

Conforme Anderson (2016, p. 230) esse corpo de pensamento tem por objetivo sedimentar e fortalecer a autodeterminação e a expressão criativa afrocentrada em âmbito global. Esse programa de fortalecimento político e do imaginário africano e diaspórico tem no movimento pan-africanista uma referência importante.

Em Paris, em 1919, foi realizado o primeiro Congresso Pan-Africano. Proposto pelo sociólogo, historiador e ativista estadunidense W. E. B Du Bois (William Edward Burghardt Du Bois, 1868-1963), o evento contou com a participação de 57 delegados e teve como propósito debater o protagonismo dos países africanos no contexto internacional e abrir espaço para se discutir a descolonização, a liberdade de expressão e o acesso à terra e à educação. O Congresso Pan-Africano foi inspirado pela primeira Conferência Pan-Africana, realizada em Londres em 1900 sob a liderança do advogado Henry Sylvester-Williams (1869-1911).

O movimento pan-africanista foi fundamental na formação do pensamento crítico das lideranças que, posteriormente, deram início ao movimento de independência em África, ao movimento dos direitos civis nos Estados Unidos e influenciou também a criação da atual União Africana.

Desdobramentos pan-africanistas podem ser observados na atuação de ativistas, intelectuais e artistas africanos e diaspóricos ao longo dos séculos XX e XXI. Certamente esse movimento tem sido restabelecido nas ações que compõem o afrofuturismo, uma "nova matriz criativa africanista". Essa matriz é

> influenciada pelo design especulativo e pela construção do mundo, bem como por uma renovada e radicalizada postura sociopolítica, e a física social da negritude (a interface dos povos africanos, as formas dos mitos, a tecnologia, a ciência comportamental, a ética e o mundo social) (Anderson, 2016, p. 233, tradução minha).

Atualmente, o chamado "afrofuturismo 2.0" busca atualizar as bases históricas do movimento. Nesse sentido, toma como foco a arte especulativa negra e, desde 2005, tenciona a naturalização do privilégio branco no campo das artes, das ciências e da tecnologia. Não se trata, efetivamente, de um movimento contemporâneo, na medida em que é tributário de diferentes iniciativas que datam do século XIX. Nesse sentido, Anderson *apud* Otieno (2018) assinala que

> As origens do atual pensamento afrofuturista na diáspora africana americana remonta às obras especulativas proto-negras de meados do século XIX e início do século XX de Martin Delany, Pauline Hopkins, W. E. B. Du Bois e outros. A tradição especulativa negra emergiu do nexo da Revolução Industrial, do racismo científico e do comércio transnacional de escravos ocidentais e árabes. O propósito dos criadores da tradição especulativa negra era projetar uma visão utópica da liberdade como um antídoto à supremacia branca, enquanto sua contraparte eurocêntrica, a ficção científica, promoveu o progresso (Anderson *apud* Otieno, 2018, on-line, tradução minha).

As atuais marcas do afrofuturismo são a organização reticular em escala global, a adoção de princípios éticos comuns e o uso intenso de tecnologias digitais com foco na produção criativa decolonial de caráter especulativo. Esses elementos constitutivos apoiam a geração de narrativas ficcionais que cerzem a historicidade dos sujeitos racializados e diaspóricos no mundo aos elementos oníricos futuristas.

A recente produção fílmica *Pantera Negra* (2018), a ficção científica feminista produzida por Octavia Butler (1947-2006), o trabalho do multiartista e filósofo Sun Ra (Herman Poole Blount, 1914-1993) e as pinturas de

Jean-Michel Basquiat (1960-1988) são exemplos da diversidade expressiva presente sob o guarda-chuva sociocultural do afrofuturismo.

Um aspecto central nos debates contemporâneos em torno da potencialidade do afrofuturismo refere-se à discussão sobre a branquitude e o privilégio branco como categorias de análise. A questão foi repertoriada em 1989 pela pesquisadora e ativista Peggy McIntosh no texto "White Privilege: Unpacking the Invisible Knapsack". Na ocasião, o conceito teve enorme repercussão por descortinar o privilégio branco a partir de um roteiro de questões que incidiram sobre uma taxonomia de privilégios que tende a naturalizar a vida dos brancos como moralmente neutra e normativa. Sob essa perspectiva, McIntosh (1989) destaca que chegou a ver o privilégio branco como um pacote invisível de bens não adquiridos, com os quais podia contar dia após dia, mas sobre os quais "pretendia" permanecer indiferente. Nesse sentido, afirma que:

> Privilégio branco é como uma mochila invisível e sem peso de disposições especiais, mapas, passaportes, livros de código, vistos, roupas, ferramentas e cheques em branco. [...] O fato de meu grupo racial ter se tornado confiante, confortável e esquecido fez com que outros grupos aparecessem sem confiança, conforto e alienados. A branquitude me protegeu de muitas hostilidades, angústia e violência às quais eu fui sutilmente treinado para infligir em resposta às pessoas racializadas (McIntosh, 1989, p. 11, tradução minha).

Conforme Benett (2012), a temática da branquitude tem se tornado frequente nos estudos atuais e toma como uma das principais referências o trabalho de W. E. B Du Bois sobre o significado de ser branco nos Estados Unidos, realizado em meados do século XX. Já o conceito de privilégio branco era, até os anos 1980, pouco utilizado. As discussões sobre o conceito foram reforçadas a partir desse período, com intensas variações na compreensão do fenômeno. Nessas circunstâncias, observa-se, como tendência, a estabilização de uma perspectiva psicologizante na compreensão acerca da ausência de consciência dos sujeitos do privilégio em relação a sua condição.

Por essa razão, embora tenha havido avanços no enfrentamento da questão, percebe-se uma espécie de constrangimento atávico no meio acadêmico branco em questionar de forma mais ampla e contundente a renitência do privilégio e a fluidez na agência da opressão. Nota-se, pois, uma disputa dos brancos pelo lugar de fala – pela "carta branca para falar de preto", nas palavras de Mombaça (2019), que chancela e naturaliza certas narrativas.

Conforme argumenta Mombaça (2019),

> A noção de saberes situados precisa começar a servir para que as pessoas brancas se situem de sua branquitude, pessoas cis de sua cisgeneridade, e por aí... Quero dizer: o modo como essa categoria entrou na nossa vida acadêmica e política acabou por refazer os mecanismos de hipervisibilização da experiência subalterna, criando um lastro para que a posição de politicamente oprimido fosse, enfim, narrável como forma de conhecimento. O problema fundamental disso é que, por meio dos saberes situados, aprendemos a falar de como o mundo nos fode, de como as relações de poder nos precarizam, mas não abrimos a possibilidade de situar-nos também em nossos privilégios, em nossos modos de estender a duração da ruína que é este mundo. Quero dizer: nos últimos anos temos tido a chance de aprender a falar sobre os efeitos de subalternidade que envolvem nossa experiência no mundo, mas infelizmente esse trabalho não foi coextensivo ao de revelação dessas posições de poder cujo sentido da existência é inseparável da reprodução dos regimes subalternizantes. Por isso o conceito de saberes situados acabou se limitando a reproduzir a hipervisibilidade da posição subalterna como objeto discursivo, sem criar condições para que, ao situar-se, os sujeitos posicionados em relação de privilégio perante a cisnormatividade, a heterossexualidade e a supremacia branca fossem capazes de perceber a própria posição (Mombaça, 2019, p. 85).

Há autores que sinalizam que já não estamos mais vivendo sob a égide do privilégio, mas em uma etapa posterior, demarcada simbólica e economicamente pela supremacia racial branca conectada em rede.

Quadro 1 – Os desvãos conceituais do privilégio branco

Período	**Privilégio branco**
Antes de 1980	• Ser cidadão; • Votar nas eleições; • Direito a propriedade; • Garantia legal e ilegal de privilégios estruturais para os brancos; • Uso da educação nacional para perpetuar a desigualdade econômica; • Inferiorização das populações negras.

1980	• Privilégios naturalizados; • Privilégio centrado fundamentalmente no homem branco; • Construção social invisibilizada em termos de sua naturalização entre os sujeitos do privilégio; • Conceito indescritível e fugidio; • Realidade psicológica invisibilizada, que acaba por perpetuar o preconceito e a discriminação na sociedade; • Risco de positivação da noção de privilégio (algo alheio à vontade do sujeito do privilégio); Violência simbólica (ausência de representação de outros grupos raciais na difusão de produtos culturais e serviços específicos); • Necessidade de contrapor o privilégio no que concerne a sua estrutura operacional.
Anos 2000	• Realidade psicológica invisibilizada, que acaba por perpetuar o preconceito e a discriminação na sociedade; • A branquitude não é discutida em termos raciais; • Violência epistêmica; • Uso político da inconsciência acerca do privilégio branco (Privilege Illiteracy); • Amplia-se o privilégio em direção à supremacia branca algorítmica e em rede; • Desserviço entre certos estudiosos do privilégio branco ao reiterar a ausência de consciência acerca do privilégio (dominação sem agentes); • Inicia-se uma discussão sobre a necessidade de promoção da diversidade; • Mudanças na escala dos privilégios, mas sem concertação com outros grupos ditos minoritários; • O privilégio branco acolhe algumas minorias, como os judeus; • Perpetuação de estereótipos; • Predominância de perspectiva liberal no entendimento do privilégio branco, com foco no elemento psicológico para a sua manutenção.

Fonte: Sistematização elaborada pela autora a partir dos apontamentos de Jacob Benett (2012).

Conforme constatamos, o tensionamento oriundo de nossa compreensão ampla sobre o *modus operandi* dos regimes de opressão e de suas políticas especulativas, além da sensação de habitarmos, na condição de inquilinos, um mundo demarcado pela "hospitalidade hostil" não nos deixam alternativas senão em direção a pluriepistemologias e à criação de projetos semiósicos racializados e utópicos em relação ao futuro e à permanência não contingente das populações negras no mundo.

Performances negras: hackear os códigos coloniais e cerzir utopias

> *[A] cosmologia africana do Bantu-Kongo não é uma coleta de alguns dados para algum exercício acadêmico, que, usualmente, consiste em transferir ossos de um cemitério para outro. Trata-se de um monte de matérias-primas que requerem, para trabalhar consigo, ferramentas afiadas e mentes treinadas.*
>
> (Fu-Kiau *apud* Santos 2019, p. 18.)

A cena artística negra contemporânea tem produzido, em proporções globais, enlaces e especulações utópicas que buscam recompor o tecido das alteridades esfaceladas por séculos de silenciamentos, raptos e pilhagens.

Partindo da perspectiva de Martins (2003, p. 64) de que o corpo é o portal da alteridade e da inscrição de saberes, observa-se nesses movimentos artísticos o entrecruzamento pluriepistêmico de estruturas profundas (Schechner *apud* Martins, 2003, p. 65) que tem permitido acessar utopias reparadoras. Conforme destaca Martins (2003),

> O corpo em performance é não apenas expressão ou representação de uma ação, que nos remete simbolicamente a um sentido, mas principalmente local de inscrição de conhecimento, conhecimento que se grafa no gesto, no movimento, na coreografia, nos solfejos da vocalidade, assim como nos adereços que performaticamente recobrem (Martins, 2003, p. 66).

Nesse âmbito, Martins (2003) recorre ao termo "encruzilhada" como chave teórica que nos parece potente para se pensar o reavivamento da arte negra como intermediação de saberes. Ele destaca que a encruzilhada

> Oferece-nos a possibilidade de interpretação dos trânsitos sistêmico e epistêmico que emergem dos processos inter e transculturais, nos quais confrontam e se entrecruzam, nem sempre amistosamente, práticas performáticas, concepções e cosmovisões, princípios filosóficos e metafísicos, saberes diversos, enfim. [...] A encruzilhada é o lugar radial de centramento e descentramento, interseções e desvios, texto e traduções, confluências e alterações, influências e divergências, fusões e rupturas,

> multiplicidade e convergência, unidade e pluralidade, origem e disseminação. Operadora de linguagens e de discursos, a encruzilhada, como lugar terceiro, é geratriz de produção sígnica diversificada e, portanto, de sentidos plurais. Nessa concepção de encruzilhada discursiva destaca-se a natureza cinética e deslizante dessa instância enunciativa e dos saberes ali instituídos (Martins, 2003, p. 69-70).

A observação das redes enunciativas que constituem essas produções realizadas na encruzilhada e em diálogo com os seus seres nos dizem do enfrentamento semiótico do enclausuramento colonial da imaginação. Nesse sentido, ao tentarmos produzir uma lista inicial de artistas (Quadro 2) que têm experimentado criar conexões com o futuro a partir dos diálogos plurais realizados na encruzilhada, tem-se a grata satisfação de, em que pesem as políticas especulativas brancas, sermos capazes de fazer face ao "extrativismo amigável", ir além dos repertórios prefigurados e restabelecer uma cosmovisão africanista de mundo.

A proposta de justapor, na lista a seguir, diferentes artistas, expressões e produtos culturais em torno da ideia de hackeamento do código colonial não pretende ser uma lista acabada e com representações múltiplas. Na realidade, tem como perspectiva delinear os pontos de contato de um projeto semiótico afrofuturista em curso. Os artistas que integram essa lista estão criando possibilidades artísticas de circulação utópica de discursos, agendas, sensibilidades e saberes situados no interior da indústria imaginativa global. E isso não nos parece trivial.

Quando, em 2018, Beyoncé coloca ao cuidado de dois atores negros seus cabelos crespos de costas para a *Mona Lisa* no Museu do Louvre, o rapper Djonga, em sua música "Ladrão", enuncia "Tiro onda, porque mudo paradigmas/ Meu melhor verso só serve se mudar vidas/ Pois construí um castelo vindo dos destroços". Baco Exu do Blues (2019), em "Bluesman", assinala: "Eu sou o primeiro ritmo a formar pretos ricos/ O primeiro ritmo que tornou pretos livres/ Anel no dedo em cada um dos cinco/ Vento na minha cara eu me sinto vivo". Kery James (2012) relembra:

> Para todos esses racistas da tolerância hipócrita/ Que suportaram sua nação com sangue/ Agora se levantam para dar lições/ Ladrões de riquezas, matadores de africanos/ Colonizadores e torturadores de algerianos/ Esse passado colonial é vosso/ Foram vocês que escolheram ligar a sua história a nossa/ Agora vocês devem assumir/ O cheiro de sangue vos persegue mesmo quando se perfumam (James, 2012, on-line, tradução minha).

Em 2016, na São Paulo Fashion Week (SPFW), Laboratório Fantasma, de Emicida e Evandro Fióti, colocou nas passarelas um desfile de moda em homenagem a Yasuke, o primeiro samurai negro. Na passarela, gays, negros, gordos, corpos improváveis para a indústria da moda global. Ao longo do desfile Emicida (2016) assinala: "'As pessoas são como as palavras, só têm sentido se junto das outras' [...] A rua é nós. Nós que ninguém desata. [...] Sonho de Clementina, sonho de Zumbi. Esse é o sonho de Malcolm".

Nessas encruzilhadas criativas, a perspectiva emancipatória de uma semiótica decolonial associada ao afrofuturismo e às apropriações sociotécnicas dele derivadas nos parecem alentadoras, pois ajudam a consolidar novas rotas de fuga para o nosso imaginário pelas quais seja possível cerzir utopias. Assim,

> Descolonizar é, talvez, produzir esse corpo que surge sem prevenir, dentro de um duplo movimento contraditório, afirmando sua presença e planejando, às vezes, a sua fuga, às vezes. Sua fuga na direção de um lugar seguro. E esse segundo movimento demanda que se leve em consideração a maneira de se instituir o lugar, onde se negocie sem cessar as condições. Fugir não é partir definitivamente. É rondar um pouco mais longe dos centros, na periferia, é deslocar a cena em direção a uma outra luz, como tiramos discretamente a manta do mestre e deixando os lugares através de uma janela quebrada. E assim toda a mesa, os pratos, os talheres e as boas maneiras, o suor e o conhecimento, os animais mortos e as plantas viajantes nos acompanham de sua música estrondosa até o endereço onde não circula mais nenhuma polícia. Assim, pode começar o banquete e o exame das tomadas dessa cena que perdeu sua ordem e sua autoridade (Marboeuf, 2018, p. 74, tradução minha).

É evidente que as possibilidades de religação, ainda que sob o olhar consumista e proprietário *mainstream*, não reserva ilusões de longo prazo, mas já permite, pelo hackeamento do código, questionar o "conforto ontológico" associado ao privilégio branco.

Quadro 2 – Cena afrofuturista negra na indústria do infoentretenimento (1980-2019)

Artista	**Expressão artística**	**Produção**	**País**
Beyoncé (Beyoncé Giselle Knowles-Carter)	Música Cinema	*Lemonade* (2016) "Formation" (2016) "Apeshit" (2018) *Homecoming* (2019)	Estados Unidos

Artista	Expressão artística	Produção	País
Childish Gambino (Donald Glover)	Música	"This is America" (2018)	Estados Unidos
Djonga (Gustavo Pereira Marques)	Música	*Ladrão* (2019)	Brasil
Laboratório Fantasma (Emicida e Evandro Fióti)	Musica Moda	Yasuke (2016) Avuá (2017) A rua é nóiz (2018)	Brasil
Blick Bassy	Música	*1958* (2019)	Camarões
Elza Soares (Elza Gomes da Conceição)	Música	*Elza negra, negra Elza* (1980) *Do cóccix até o pescoço* (2002) *A mulher do fim do mundo* (2015) *Deus é mulher* (2018) *Planeta Fome (2019)*	Brasil
Jordan Peele	Cinema	*Corra!* (2017) *Nós* (2019)	Estados Unidos
Spike Lee (Shelton Jackson Lee)	Cinema	*Faça a coisa certa* (1989) *Mais e melhores blues* (1990) *Febre da selva* (1991) *Malcolm X* (1992) *Ela quer tudo* (2017) *Infiltrado na Klan* (2018)	Estados Unidos
Barry Jenkins	Cinema	*Moonlight: sob a luz do luar* (2016) *Se a rua Beale falasse* (2018)	Estados Unidos
Kery James	Música	"Lettre à la République" (2012)	França
Ryan Coogler	Cinema	*Pantera Negra* (2018)	Estados Unidos
Ana Pi	Dança, Cinema Performance	*Noir Blue* (2018) *Coroa* (2018) O *banquete* (2019)	Brasil/França

Raoul Peck	Cinema	*Eu não sou seu negro* (2016)	Estados Unidos/França
Baco Exu do Blues (Diogo Álvaro Ferreira Moncorvo)	Música	*Esú* (2017) *Bluesman* (2018)	Brasil
Karol Conka (Karoline dos Santos Oliveira)	Música	*Batuk Freak* (2013) *Ambulante* (2018)	Brasil
Liniker (de Barros Ferreira Campos)	Música	*Remonta* (2016) *Goela Abaixo* (2019)	Brasil
Luedji Luna	Música	*Um corpo no mundo* (2018)	Brasil
Tiganá Santana	Música	*Maçalê* (2010) *The Invention of Colour* (2012) *Tempo & Magma* (2015)	Brasil

Fonte: Elaborado pela autora.

Considerações Sankofas

À guisa de conclusão deste texto, me inspirei na denominação proposta por Goés (2017), que estabelece, em sua dissertação de mestrado, uma relação entre caráter rizomático e inacabado dos textos com o signo do *sankofa*.

"Sankofa" é um termo *akan* (2017, p. 11) que se baseia no provérbio "e wo were fi na wosankofa a yenky", ou seja, "não é errado voltar atrás e buscar aquilo que foi esquecido". A tradição *akan*, nesse caso, associa o ideograma *adikra* ao pássaro mítico que volta a cabeça à cauda representando o passado como um polo de conhecimento, ao mesmo tempo que incorpora o provérbio para assinalar a necessária correção de rota na construção do presente e do futuro em diálogo com o passado.

Neste trabalho, buscou-se uma aproximação da tradição *akan* em relação ao conhecimento. Assim, articularam-se as concepções de semiótica, decolonialidade e afrofuturismo em diálogo com o trabalho de um grupo de artistas racializados presentes na cena afrofuturista da indústria do infoentretenimento brasileira e internacional, no período compreendido entre 1980 e 2019. Nesse período, foi cunhada a expressão "privilégio branco" e intensificaram-se os debates e questionamentos acerca da sua naturalização como norma difusa e psicologicamente assimilada na sociedade.

Nesse exercício, observou-se que o elemento tecnológico digital em rede tem papel significativo no agenciamento dos atores sociais e funciona como uma encruzilhada criativa, de onde os sujeitos racializados e diaspóricos constroem utopias especulativas orientadas para a solidariedade, a troca de saberes e a ruptura radical com a naturalização do conforto ontológico branco.

Acreditamos que consolidar repertórios semióticos decoloniais no mundo das artes, da ciência e da tecnologia significa cerzir um futuro em que as corporeidades racializadas e diaspóricas possam habitar o vasto imaginário coletivo que constitui a nossa herança cultural. Significa também uma aposta na possibilidade de as novas gerações racializadas poderem transitar mais livremente pelo mundo, indo além das fronteiras imaginárias e físicas estabelecidas, pactuadas e atualizadas como privilégio da elite planetária branca.

Agradecimentos

Agradecimentos são devidos ao CNPq, à Fapemig e à Capes, pelo apoio dado nas diferentes etapas do desenvolvimento deste trabalho.

Agradeço também a Ana Pi e Jota Mombaça pela delicadeza, projeção e potência de nossas trocas.

Referências

ANDERSON, R. *Afrofuturism 2.0 & the Black Speculative Art Movement: Notes on a Manifesto.* 2016. Disponível em: <https://bit.ly/2MrjQ6S>. Acesso em: 21 jun. 2019.

BALLESTRIN, L. América Latina e o giro decolonial. *Revista Brasileira de Ciência Política*, Brasília, n. 11, p. 89-117, maio/ago. 2013. Disponível em: <https://bit.ly/2tO9Qb3>. Acesso em: 22 jun. 2019.

BENNETT, J. *White Privilege: A History of the Concept.* 2012. 92 f. Dissertação (Mestrado em Artes) – Faculdade de Artes e Ciências, Departamento de História, Georgia State University, Atlanta, 2012. Disponível em: <https://bit.ly/2J2QfhL>. Acesso em: 21 jun. 2019.

BLACK Speculative Art Movement. Disponível em: <https://www.bsam-art.com/>. Acesso em: 25 jul. 2019.

DERY M. Black to the future: afrofuturism1.0. In: LAIA, J. *Uma comunidade múltipla: Panorama do sul.* São Paulo: Edições Sesc, 2018. p. 90-111.

DRAVET, F. M.; OLIVEIRA, A. S. Relações entre oralidade e escrita na comunicação: Sankofa, um provérbio africano. *Miscelânea*, Assis, v. 21, p. 11-30, jan./jun.

2017. Disponível em: <http://seer.assis.unesp.br/index.php/miscelanea/article/view/8>. Acesso em: 5 nov. 2019.

EMICIDA. Yasuke. Bendito, Louvado Seja. Disponível em: <https://www.letras.com/emicida/yasuke-bendito-louvado-seja/> Acesso em: 25 jun. 2019.

FOUCAULT, M. O sujeito e o poder. In: DREYFUS, H.; RABINOW, P. *Michel Foucault: uma trajetória filosófica. Para além do estruturalismo e da hermenêutica.* Tradução de Vera Portocarrero e Gilda Gomes Carneiro. Rio de Janeiro: Forense Universitária, 1995.

FOUCAULT, M. *Segurança, território, população: curso dado no Collège de France (1977-1978).* Tradução de Eduardo Brandão. Revisão da tradução de Claudia Berliner. São Paulo: Martins Fontes, 2008.

FU-KIAU, K. K. B. Algumas palavras para a segunda edição. In: SANTOS, T. S. N. *A cosmologia africana dos bantu-kongo por Bunseki Fu-Kiau: tradução negra, reflexões e diálogos a partir do Brasil.* 2019. 234 f. Tese (Doutorado em Letras) - Faculdade de Filosofia Letras e Ciências Humanas, Programa de Pós-Graduação em Estudos da Tradução do Departamento de Letras Modernas, Universidade de São Paulo, São Paulo, 2019.

FURTADO, R. N.; CAMILO, J. A. de O. O conceito de biopoder no pensamento de Michel Foucault. *Revista Subjetividades.*, Fortaleza, v. 16, n. 3, p. 34-44, dez. 2016. Disponível em <http://pepsic.bvsalud.org/scielo.php?script=sci_arttext&pid=S2359-07692016000300003&lng=pt&nrm=iso>. Acesso em: 26 jul. 2019.

GOES, J. T. *Afrociborgue: performances negro-diaspóricas e próteses digitais do Hip-Hop brasileiro.* 2017. 130 f. Dissertação (Mestrado em Letras) –Instituto de Letras, Programa de Pós-Graduação em Literatura e Cultura, Universidade Federal da Bahia, Salvador, 2017.

JAMES, K. Lettre à la république. Disponível em: <https://www.musixmatch.com/pt-br/letras/Kery-James/Lettre-%C3%A0-la-R%C3%A9publique>. Acesso em: 23 jun. 2019.

KILOMBA, G. A máscara. Tradução de Jéssica Oliveira de Jesus. *PISEAGRAMA*, Belo Horizonte, n. 11, p. 26-31, 2017.

KILOMBA, G. Descolonizando o conhecimento: uma palestra performance. Tradução de Jéssica Oliveira de Jesus. 2016. Disponível em: <http://www.goethe.de/mmo/priv/15259710-STANDARD.pdf>. Acesso em: 26 jul. 2019.

LOSACCO, J. de J. R. El giro decolonial: aportes para una semiótica decolonial transmoderna. In: WORLD CONGRESS OF THE INTERNATIONAL ASSOCIATION FOR SEMIOTIC STUDIES (IASS/AIS), 10., 2012, Coruña. *Proceedings...* Coruña: Universidade da Coruña, 2012. p. 679-694.

MARBOEUF, O. Décoloniser c'est être là, décoloniser c'est fuir: marronnage depuis l'hospitalité toxique et alliances dans les Mangroves. In: CUKIERMAN, L.; DAMBURY, G.; VERGÈS, F. *Décolonisons les arts!.* Paris: L'Arche, 2018. p. 73-76.

MARTINS, L. Performances da oralitura: corpo, lugar da memória. *Revista do Programa de Pós-Graduação em Letras*, Santa Maria, n. 26, p. 63-81, 2003.

MBEMBE, A. *Necropolítica: biopoder, soberania, estado de exceção, políticas de morte*. São Paulo: N-1 Edições, 2018a.

MBEMBE, A. *Politiques de l'inimitié.* Paris: La Découverte, 2018b.

MCINTOSH, P. White Privilege: Unpacking the Invisible Knapsack. *Peace and Freedom Magazine*, p. 10-12, jul./ago. 1989. Disponível em: <https://psychology.umbc.edu/files/2016/10/White-Privilege_McIntosh-1989.pdf>. Acesso em: 25 jun. 2019.

MOMBAÇA, J. *Não vão nos matar agora*. Lisboa: Galerias Municipais, 2019.

NGUYEN, M. B. Façons indigènes?. In: CUKIERMAN, L.; DAMBURY, G., VERGÈS, F. *Décolonisons les arts!*. Paris: L'Arche, 2018. p. 15-19.

OTIENO, E. The Black Speculative Arts Movement & Afrofuturism as an Afrocentric, Technocultural Social Philosophy. 2018. Disponível em: <https://bit.ly/35LfPS9>. Acesso em: 30 jun. 2019.

PINTO, J. *1,2,3 da Semiótica*. Belo Horizonte: Editora UFMG, 1995.

QUIJANO, A. Colonialidade do poder, eurocentrismo e América Latina. 2005. Disponível em: <https://bit.ly/2ksBQQP>. Acesso em: 30 jun. 2019.

SANTOS, M. Por uma geografia das redes. In: SANTOS, M. *A natureza do espaço: técnica e tempo. Razão e emoção*. 4. ed. São Paulo: Edusp, 2006.

SANTOS, M. *Técnica, espaço, tempo: globalização e meio técnico-científico informacional.* São Paulo: Hucitec, 1994.

SANTOS, T. S. N. *A cosmologia africana dos bantu-kongo por Bunseki Fu-Kiau: tradução negra, reflexões e diálogos a partir do Brasil.* 2019. 234 f. Tese (Doutorado em Letras) – Faculdade de Filosofia Letras e Ciências Humanas, Programa de Pós-Graduação em Estudos da Tradução do Departamento de Letras Modernas, Universidade de São Paulo, São Paulo, 2019.

As vozes de mulheres negras em três tempos

Cristiano Rodrigues
Viviane Gonçalves Freitas

Introdução

Ao revisitar a história do movimento de mulheres negras brasileiras, principalmente, a partir dos anos 1970, somos brindados com uma efervescência de debates e ideias que revolucionaram as relações entre ativistas da época e que ainda nos são imprescindíveis para entender como as lutas por direitos, autonomia e cidadania se configuram. Numa coletânea na qual o mote é a multiplicidade das vozes negras na comunicação, este capítulo traz em si a importante missão de registrar o repertório discursivo de três distintas experiências de veículos de comunicação, inseridos na imprensa alternativa brasileira e produzidos por mulheres, em sua maioria negras, mas com o objetivo de que as discussões ali apresentadas reverberassem por toda a sociedade, independentemente se quem as recebesse fosse homem ou mulher, branco(a) ou negro(a).

Quando escolhemos trabalhar com o *Nzinga Informativo* (1985-1989),[1] os *Cadernos Geledés* (1991-1993)[2] e o *Blogueiras Negras* (2012–),[3] tínhamos em mente que essas três experiências comunicacionais descontinuadas no tempo representavam a relevância do que Abers *et al.* (2018) nomeiam como "estrutura relacional", ou seja, as ações dos coletivos responsáveis por elas refletem "o 'ambiente' em que os movimentos atuam", não sendo "externo a

[1] Foram consultados os acervos do Arquivo Edgard Leuenroth (Unicamp) e do Centro Informação da Mulher (CIM).

[2] Foi consultado o acervo do Geledés – Instituto da Mulher Negra.

[3] Disponível em: <http://blogueirasnegras.org/>.

eles e sim um conjunto de outros atores com os quais eles interagem" (Abers *et al.*, 2018, p. 17-18). Além disso, entendemos a imprensa alternativa como um espaço da esfera pública em que a articulação e a visibilidade políticas da agenda de movimentos sociais ganham amplitude, sob perspectiva democrática e de transformação social (Rios; Freitas, 2018). Ao analisar essas produções discursivas, também consideramos, portanto, a formação dos coletivos, os contextos nos quais a constituição de cada grupo se deu, o impacto na academia e na sociedade, a relação intramovimentos, além do próprio veículo de comunicação em si e suas estratégias discursivas.

Nosso percurso se inicia com as primeiras manifestações de autonomização do movimento de mulheres negras, tanto em relação ao movimento negro quanto ao movimento feminista, até chegar ao formato de organização não governamental (ONG). A partir dos anos 1980, surgem grupos como o Nzinga - Coletivo de Mulheres Negras (Rio de Janeiro, 1983), o Criola (Rio de Janeiro, 1992), o Geledés - Instituto da Mulher Negra (São Paulo, 1988) e o Fala PRETA (São Paulo, 1997), tendo como lideranças mulheres na faixa etária de 50 anos e com grau de escolaridade superior, em áreas das ciências humanas ou das biológicas, com mestrado e doutorado (Roland, 2000; Damasco *et al.*, 2012). Entre elas, destaque para a filósofa e historiadora Lélia Gonzalez, referência como ativista e intelectual tanto para o movimento negro quanto para as feministas negras, além de integrante da diretoria do Movimento Negro Unificado (MNU) e primeira coordenadora do coletivo carioca Nzinga.

Também há uma interface importante entre as mulheres negras e as ações governamentais, com atuação em conselhos, o que oportuniza aprendizados, parcerias nacionais e internacionais, propiciando a capacitação e a profissionalização dessas mulheres para o trabalho nas ONGs, como é o caso de Sueli Carneiro e Edna Roland. Já o *Blogueiras Negras* surge em 2012, num momento do ativismo cuja perspectiva era mais jovem e de fortes interações por meio das plataformas digitais, com uma agenda política focada na estética, na identidade, na autoestima, no questionamento e na ruptura de padrões socialmente impostos. Fiquemos, pois, com os ensinamentos de Sueli Carneiro (2017):

> [...] nenhum movimento social se renova tanto quanto o movimento negro. [...] nunca tivemos um ativismo tão vibrante e tão capaz de vocalização como neste momento, sobretudo das mulheres negras. Esse conjunto diverso de gente negra em movimento é algo novo que

> me faz ter esperança na resistência. Essa multiplicidade de agentes, vozes e iniciativas vai ser capaz de engendrar um campo organizado de ação política e resistência que haverá de conter essa ação genocida do Estado, em cumplicidade com grande parte da sociedade brasileira, contra nós (Carneiro, 2017, p. 17).

Entendemos que essa necessidade de traduções múltiplas do que tange à trajetória do movimento de mulheres negras no Brasil significa dizer que "as *mulheres negras* têm existência própria e devem autodeterminar-se como sujeito político" (Roland, 2000, p. 253, grifo nosso). Especificamente sobre a expressão das vozes negras via imprensa alternativa, Paulina Alberto (2011) ressalta que, contra o silenciamento das questões raciais imposto pelo jugo da ditadura militar por meio da propagação do "mito da democracia racial", a intelectualidade negra fazia de seus jornais, principalmente a partir de 1985, espaços de denúncia e de reverberação dos debates antirracistas e contrários à discriminação racial. Afinal, a reconstrução da democracia brasileira também passava pelo desenvolvimento da cultura e de organizações políticas negras.

Nzinga Informativo (1985-1989)[4]

O *Nzinga Informativo* é fruto do "talvez mais antigo grupo autônomo de mulheres negras 'dos tempos modernos'" (Roland, 2000, p. 240). Fundado em 16 de junho de 1983, o Nzinga – Coletivo de Mulheres Negras, com sede na Associação do Morro dos Cabritos, Zona Oeste do Rio de Janeiro (Gonzalez, 1985; Bairros, 2000; Ratts; Rios, 2010; Viana, 2010), ganha a cena no momento em que se ampliava a intervenção dos grupos organizados de mulheres negras no cenário político nacional. As fundadoras e principais participantes eram originárias principalmente do movimento de favelas (MF) e do movimento negro (MN): Lélia Gonzalez (MN); Elizabeth Viana (MN); Rosália Lemos (MN); Jurema Batista (MF); Geralda Alcântara (MF);

---

[4] As reflexões desta seção são parte da tese de doutorado *De qual feminismo estamos falando? Desconstruções e reconstruções das mulheres, via imprensa feminista brasileira, nas décadas de 1970 a 2010*, de Viviane Gonçalves Freitas, defendida em março de 2017, no Programa de Pós-Graduação em Ciência Política da Universidade de Brasília (UnB), sob a orientação da professora Flávia Biroli. A pesquisa foi desenvolvida com o apoio da Coordenação de Aperfeiçoamento de Pessoal de Nível Superior (CAPES), por meio da concessão de bolsa de doutorado Demanda Social. A tese foi publicada em forma de livro, com o título de *Feminismos na imprensa alternativa brasileira: quatro décadas de lutas por direitos*, pela Paco Editorial, em 2018.

Miramar da Costa Correia (movimento de bairros – MB); Sonia C. da Silva (MF); Sandra Helena (MF); Bernadete Veiga de Souza (MF); Victoria Mary dos Santos (MN), entre outras (Gonzalez, 1985; Viana, 2010).

Tal iniciativa faz coro ao que Matilde Ribeiro (1995) destaca: as mulheres negras foram consideradas como "sujeito implícitos", tanto nos movimentos feministas quanto no movimento negro, ao ressurgirem em meados da década de 1970, tendo como instigação a luta pela democracia, a extinção das desigualdades sociais e a conquista da cidadania. Essa suposta igualdade entre as mulheres, de um lado, e entre os negros, de outro, fez com que as mulheres negras buscassem desmascarar situações de conflito e exclusão.

Os primeiros grupos organizados de mulheres negras surgiram também na efervescência dos movimentos sociais das décadas de 1970 e 1980, no interior do movimento negro. De acordo com Gonzalez (1985), isso se explica, em parte, devido ao fato de os setores médios da população negra conseguirem entrar no processo competitivo do mercado de trabalho, nos campos mais expostos às práticas discriminatórias de mão de obra. A autora destaca também que o desempenho das mulheres negras na formação do movimento negro, no Rio de Janeiro, por exemplo, foi muito importante, tanto para sua fundação quanto para seu desenvolvimento e expansão pelo país.

Assim, o coletivo Nzinga tinha como objetivo trabalhar com mulheres negras de baixa renda, a começar pelo local escolhido para sediar as atividades, uma demanda latente dos movimentos negro e feminista da época, articulando a discussão sobre gênero e raça. Segundo Raquel Barreto (2005), as atividades a serem desenvolvidas pelas militantes eram definidas como frentes de trabalho, nas quais cada uma fazia o que se sentia mais preparada e livre. Segundo Gonzalez (1985), a preocupação primeira era incentivar a participação das mulheres negras, principalmente aquelas que atuavam no movimento negro. As atividades no coletivo eram complementadas pelo trabalho desenvolvido pelas mulheres negras nas associações de moradores, tanto de favelas quanto de bairros da periferia, registrando "uma história de lutas heroicas", o que também era refletido na coluna "Mulheres negras e guerreiras", publicada no *Nzinga Informativo* em homenagem à Rainha Nzinga (número 1, 1985), Winnie e Zindzi Mandela (número 2, 1985) e Benedita da Silva (número 4, 1988). Essa última, então vereadora do Rio de Janeiro, foi uma importante apoiadora, ajudando a fortalecer esse espaço, mobilizando recursos necessários para a realização de eventos e encontros de mulheres negras, principalmente os voltados para mulheres das favelas e da periferia. Assim, a experiência do coletivo Nzinga ganha importância na história do movimento de mulheres negras por ter buscado desenvolver na prática as categorias de raça, classe e gênero (Ratts; Rios, 2010).

A linha de atuação do coletivo foi divulgada em um panfleto distribuído, no dia 25 de março de 1984 no Morro do Andaraí, onde foi organizado um evento para comemorar duas datas importantes: o Dia Internacional da Mulher (8 de março) e o Dia Internacional de Luta pela Eliminação da Discriminação Racial (21 de março). Na peça de divulgação, também se explicava o significado das datas festejadas. O sentido que as expressões "coletivo", "coletivo de mulheres" e "coletivo de mulheres negras" tinham para aquele grupo foi novamente explicitado na primeira edição do informativo, lançado em junho de 1985.

> Somos um *Coletivo*: não aceitamos que a arbitrariedade de uma hierarquia autoritária determine nossas decisões, mas que elas sejam o resultado de discussões democráticas. Somos um Coletivo de *Mulheres* porque lutamos contra todas as formas de violência, ou seja, lutamos contra o sexismo e a discriminação sexual. Somos um Coletivo de Mulheres *Negras*: além do sexismo, lutamos contra o racismo e a discriminação racial que fazem de nós o setor mais explorado e mais oprimido da sociedade brasileira [...] Nosso objetivo é trabalhar *com* as mulheres negras de baixa renda (mais de 80% das trabalhadoras negras), que vivem principalmente nas favelas e nos bairros de periferia. E por quê? Porque são discriminadas pelo fato de serem *mulheres*, *negras* e *pobres* (Gonzalez, 1985, p. 103-104, grifos nossos).

Na busca pelo exercício de poder, o Nzinga constituía-se como "uma briga por espaço", seja com o movimento negro, seja com o movimento feminista, sendo pensado, sobretudo, como um instrumento contra a opressão de gênero, raça e classe que afeta as mulheres negras. Seu nome vincula-se à preocupação do grupo em resgatar o passado, homenageando a rainha africana homônima e sua luta para enfrentar o colonialismo português em Angola. Além disso, as referências simbólicas continuam nas cores da logomarca adotada pelo grupo, que fazem alusão à cosmologia religiosa afro-brasileira e ao movimento feminista: o amarelo de Oxum e o roxo do movimento internacional de mulheres. O pássaro presente na logomarca representava a ancestralidade feminina na tradição nagô (Gonzalez, 1985; Ratts; Rios, 2010). O nome foi uma sugestão de Gonzalez, a partir de pesquisas que realizou sobre a história das mulheres africanas e o poder exercido por elas (Viana, 2006). A rainha Nzinga se transformou, ao longo dos séculos, em símbolo de luta, como guerreira e estrategista. A escolha da simbologia da organização refletia as relações que definiam o coletivo – o movimento negro e o feminista, embora houvesse a predominância das mulheres negras, por meio da representação da rainha angolana (Barreto, 2005). Essas iconografias foram reproduzidas no *Nzinga Informativo*, criado dois anos após a fundação do coletivo.

O jornal, concebido como um espaço de diálogo e divulgação da agenda política entre as mulheres negras[5] no momento da redemocratização do Brasil após o fim da ditadura militar, começou a ser produzido a partir da aprovação do projeto "História contemporânea das lutas das mulheres negras", que obteve um apoio financeiro da instituição norte-americana Global Ministries (agência especializada da United Methodist Church), de Nova York, no valor de US$ 40 mil. O aporte foi utilizado tanto para a elaboração do informativo quanto para outras atividades do grupo. Mesmo tendo como prioridade e ponto de partida as mulheres negras, a publicação, de linguagem simples e acessível, tinha como propósito alcançar um número cada vez maior de mulheres e homens, negros(as) e brancos(as), preocupados(as) com as questões que embasavam a agenda do grupo e, consequentemente, do veículo (Apresentação, 1985, p. 1). Com periodicidade bastante irregular, o *Nzinga Informativo* teve apenas cinco edições, conforme arquivos aos quais tivemos acesso:[6] em junho de 1985, julho de 1985, fevereiro/março de 1986, julho/agosto de 1988 e março de 1989. As quatro primeiras edições tiveram de seis a oito páginas, sendo que eram raros os textos assinados. São encontradas poucas referências aos debates quanto à classe, como na página 2 do número 2 (Apartheid..., 1985, p. 2), na qual as mulheres negras e pobres são citadas como a parcela da população sul-africana que mais sofria com o *apartheid*. Além disso, o racismo era colocado como uma discriminação sofrida por negras e negros, independentemente de classe social ou renda. As referências ao continente africano foram muito frequentes nas quatro primeiras edições, seja quanto à cultura, às manifestações religiosas ou à política do *apartheid*.

---

[5] Como a maioria dos textos do jornal não era assinado, sendo possível a identificação apenas pelo expediente ou pelos relatos das participantes do grupo, acredita-se que seja provável que não tenha havido homens como redatores da publicação. No entanto, nos números 1 (jun. 1985) e 5 (mar. 1989), são reproduzidos trabalhos – um poema e uma ilustração – de Oubi Inaê Kibuko, nome africano do escritor paulista Aparecido Tadeu dos Santos (RIOS; FREITAS, 2018, p. 33).

[6] Edna Roland (2000), no texto "O movimento de mulheres negras brasileiras: desafios e perspectivas", afirma que o jornal publicou seu sexto número em novembro de 1989, o que não pôde ser confirmado por nós.

A edição número 5 se diferencia das anteriores, não apenas por ter mais do que o dobro de páginas – da média de seis passa para dezesseis –, mas porque o I Encontro Nacional de Mulheres Negras, realizado em Valença (RJ) em 1988, com a participação de 450 mulheres de dezessete estados das cinco regiões do país, foi registrado por meio de "textos-depoimento assinados por representantes de diversos coletivos de mulheres negras de vários estados brasileiros, o que demonstra a ramificação atingida pelo informativo e o diálogo existente entre os grupos em atuação naquele momento" (Rios; Freitas, 2018, p. 32). Os 22 depoimentos refletem o que essas mulheres e tantas outras levaram daqueles dias e o que esperavam da força daquela união.

A valorização da população negra e, em especial, das mulheres negras é o ponto central do *Nzinga Informativo*, que acaba tendo como as três principais categorias temáticas *comunidade negra* (62%), *organizações de mulheres* (8%) e *política institucional* (4%). A predominância que pode ser observada de assuntos relacionados à comunidade negra, que engloba temas como discriminação racial, movimentos negros, mulheres negras, cultura negra e escritoras(es) negras(os), é justificada por ter sido um jornal que prezava pela divulgação e valorização dos ritos e costumes dessa comunidade. Um dos temas de debate mais significativos trazidos pelo jornal nesse sentido é a discriminação racial que avançava na África do Sul, por meio do *apartheid*, na época de sua circulação. As críticas à política racial existiam não somente para chamar a atenção para o que acontecia no país africano como também serviam de alerta para a segregação interseccional – de raça, classe e gênero – que ocorria (e ainda ocorre) no Brasil e que restringe o acesso à cidadania plena.

Cadernos Geledés (1991-1993)

Com caráter mais reflexivo e textos mais longos e densos, os *Cadernos Geledés* começaram a circular três anos depois da fundação do Geledés – Instituto da Mulher Negra, em 30 de abril de 1988. Na bagagem, Sueli Carneiro, Edna Roland e várias outras companheiras traziam a experiência de atuação no Conselho Estadual da Condição Feminina de São Paulo e no Coletivo de Mulheres Negras de São Paulo – primeira organização paulista de mulheres negras. Segundo Roland (2000), o Geledés foi o primeiro grupo de mulheres negras brasileiras a criar um programa de saúde, com atividades no campo da saúde reprodutiva e de prevenção à aids, a organização não governamental (ONG), influenciando vários outros grupos a atuarem nessa agenda. Suas ações estavam, inicialmente, estruturadas em três programas – direitos humanos, saúde e comunicação.

Como no caso do coletivo Nzinga, a origem do nome "Geledés" vem da tradição africana: *geledè* remete a uma forma de sociedade secreta feminina de caráter religioso, das sociedades tradicionais iorubás – consideradas hoje patrimônio da humanidade; expressa o culto ao poder feminino sobre a fertilidade da terra, a procriação e o bem-estar da comunidade. Também se vincula à reapropriação das tradições culturais negras, reafirmando diante do feminismo de ideário judaico-cristão o patrimônio cultural e simbólico próprio das mulheres negras. É a demarcação da identidade de um feminismo de mulheres negras, que se sustenta na própria experiência histórica e em suas tradições (Borges, 2009; Carneiro, 2017).

> Geledés foi uma organização criada precisamente da avaliação crítica que pudemos empreender das contradições que marcam a relação das organizações do movimento social da sociedade civil com o Estado. A experiência do Coletivo de Mulheres Negras de São Paulo, embora tivesse sido muito exitosa no cumprimento de seus propósitos iniciais, ao longo do tempo, foi deixando clara a necessidade de construir um novo espaço político de organização autônoma e independente das mulheres negras, que pudesse estabelecer com o Estado uma relação absolutamente crítica, eventualmente, propositiva e colaborativa. Mas o essencial era resgatar a autonomia, a independência que nós havíamos perdido com o envolvimento extremamente forte que tivemos na vigência do Coletivo. Tal envolvimento se justificava no contexto em que o Coletivo foi criado, mas não respondia mais às necessidades de uma prática política em sentido um pouco mais ortodoxo, de ser uma esfera independente de vínculos funcionais com partidos, com o Estado (Carneiro *apud* Borges, 2009, p. 72).

Assim, a ONG definia sua missão institucional, segundo Borges (2009, p. 76), como "ser uma expressão política das mulheres negras, em luta pela igualdade, cidadania, equidade, autonomia", não apenas quanto a governos e partidos, mas também em relação aos movimentos feminista e negro. Nas palavras de Carneiro (2018, p. 172), buscava-se "a promoção e valorização política da temática da mulher negra, em especial, e combate às diversas manifestações de racismo, sexismo e exclusão social presentes em nossa sociedade". Na perspectiva do que era o contexto da "onguização" dos coletivos feministas nos anos 1990, Moreira (2018, p. 123) destaca que, no interior do campo feminista, as representantes das mulheres negras traziam as diferenças como "constituintes e organizadas em sistemáticas relações por meio de discursos políticos, econômicos e culturais de práticas institucionais".

A experiência em espaços institucionais, como o Conselho da Condição Feminina de São Paulo e o Coletivo de Mulheres Negras de São Paulo, a partir da qual se reivindicava legitimação da agenda das mulheres negras junto a temáticas consideradas universais, possibilitou às fundadoras do Geledés um trânsito muito frutífero entre organizações internacionais. Segundo Edna Roland (2006), o capital político e social acumulado possibilitou que a ONG já nascesse internacionalizada, tendo a Fundação Ford, a Universidade de São Paulo (USP) e a Ordem dos Advogados do Brasil (OAB) como parceiros do projeto SOS Racismo, que deu origem ao Programa de Direitos Humanos e Igualdade Racial do Geledés, já nos primeiros momentos de sua constituição. Como a ativista ressalta, nos anos 1990 havia interesse de diversas instituições internacionais, como a norte-americana International Women's Coalition, em financiar projetos com foco na temática da saúde. Nesse contexto, em 1990, o problema da esterilização cirúrgica de mulheres no Brasil ganha dimensão política dentro do Programa de Saúde da Mulher Negra do Geledés, uma vez que milhões de mulheres eram esterilizadas, principalmente durante partos cesáreos, e o movimento negro via esses procedimentos como um mecanismo de genocídio da população negra, o que culmina na criação da Comissão Parlamentar de Inquérito (CPI) da Esterilização (1992-1993), presidida pela deputada federal Benedita da Silva (Roland, 2000; Freitas, 2018a).

Em 1991, compreendendo a envergadura que tal debate teria na sociedade brasileira, o instituto lança a série *Cadernos Geledés*, com o objetivo de "divulgar informações, reflexões, estudos e propostas relativas às questões da saúde da mulher negra e dos direitos de cidadania da população negra em geral e da mulher negra em particular", baseando as discussões nos programas estruturantes da instituição: o Programa de Direitos Humanos e Igualdade Racial e o Programa de Saúde da Mulher Negra (Mulher Negra, 1993, p. 4). Sempre com um dossiê temático que orientava os textos da publicação, com colaborações assinadas e com média de 35 páginas, as quatro edições foram publicadas em 1991 – "Mulher negra e saúde" (maio) e "Esterilização: impunidade ou regulamentação?" (junho) – e 1993 – "Não à pena de morte" (mês não informado) e "Mulher negra" (novembro).[7]

---

7 Em 2011, todos os cadernos foram reeditados, mantendo o conteúdo original, em comemoração aos 23 anos de fundação do Geledés.

Roland (2000; 2006) destaca que a posição política defendida pelo Programa de Saúde da Mulher Negra do Geledés, coordenado por ela até 1997,[8] foi alvo de inúmeras críticas, tanto internas quanto externas, em razão de não seguir a visão tradicional defendida pelo movimento negro, que considerava a esterilização em si como um instrumento de genocídio do povo negro. Em outras palavras, o Programa de Saúde da Mulher Negra do Geledés recusava a posição que entendia que era uma tarefa política das mulheres negras terem filhos, uma vez que compreendia que tal perspectiva considerava resultados demográficos das práticas contraceptivas em detrimento das necessidades e desejos das mulheres negras em relação a sua prole. Na edição de maio de 1991, por exemplo, a autora, no artigo intitulado "A saúde da mulher negra no Brasil", denuncia a inexistência de dados oficiais, como censos e estatísticas sobre mortalidade e morbidade, que possibilitassem precisar a realidade de mulheres e homens negros, de forma desagregada da população como um todo. A não preocupação com as informações específicas sobre a população negra, para Roland, ressaltava o racismo institucional e impedia que políticas públicas fossem implementadas de modo direcionado para essa parcela, num contexto em que a esterilização (44,4%) e a pílula (41%) se constituíam praticamente como as únicas opções disponíveis para as mulheres brasileiras.

A terceira edição – "Não à pena de morte" – trazia o dossiê sobre a pena capital e se apresentava como uma compilação das discussões coordenadas pelo advogado norte-americano Bryan Stevenson, que atuava em defesa de presos condenados à morte nos estados do Alabama e da Geórgia do Sul. A proposta do Geledés era frisar a importância de se debater a questão entre a comunidade negra particularmente, visto que, como nos Estados Unidos, a maior parcela da população brasileira encarcerada é negra.

Do quarto número – "Mulher negra" –, destacamos o artigo "Resposta da sociedade civil à violência racial e de gênero", de Sueli Carneiro (1993), no qual a descriminalização do aborto é citada entre as principais bandeiras de luta dos movimentos de mulheres, junto ao combate à violência contra a mulher, pela igualdade no mercado de trabalho, pelo direito à creche, pela regulamentação do emprego doméstico, pela paridade de direitos trabalhistas

---

[8] Devido a desavenças internas, a equipe que integrava o Programa de Saúde da Mulher Negra do Geledés funda, em 1997, o grupo Fala PRETA!, com o objetivo de lutar "contra todas as formas de violência e [pel]a promoção da qualidade de vida e do desenvolvimento humano sustentável" (ROLAND, 2000, p. 243).

e previdenciários entre trabalhadores rurais e urbanos, pela igualdade legal no âmbito da família, pelo combate ao racismo e pela implantação do Programa de Atenção Integral à Saúde da Mulher (PAISM). A dupla militância das mulheres negras é apontada como necessária para se romper com silenciamentos, tanto dentro do movimento negro quanto no movimento de mulheres, que privilegiem os homens e as mulheres brancos(as) e de classe média e alta.

Cabe destacar que o Seminário Nacional Políticas e Direitos das Mulheres Negras, realizado em 1993, em Itapecerica da Serra, com a presença de 55 lideranças de mulheres negras oriundas de universidades, serviços de saúde, organizações feministas, parlamento, organizações, entre outros setores da sociedade, foi uma iniciativa do Programa de Saúde da Mulher do Geledés. Desse evento resultou a Declaração de Itapecerica,[9] marco da defesa da liberdade reprodutiva como fundamental para as mulheres negras e etnias discriminadas (Roland, 2000; 2006).

Blogueiras Negras (2012–)[10]

Em 2010, foi criado o *Blogueiras Feministas* (BF),[11] uma das principais plataformas contemporâneas de debate e divulgação de temas relativos ao feminismo do início do século XXI. Porém, apesar de reunir postagens de centenas de mulheres desde sua criação, o BF foi bastante criticado por invisibilizar mulheres negras. Em 25 de agosto de 2011, Luana Tolentino, que naquele momento era uma das articulistas do blog, escreveu um post afirmando que, entre os 282 textos ali publicados até aquele dia, apenas 3 discutiam o binômio gênero e raça, sendo que 2 eram de autoria dela mesma (Tolentino, 2011).

O *Blogueiras Negras* (BN)[12] foi criado em 2012 a partir do *Blogagem Coletiva Mulher Negra*, como resposta à invisibilização observada por jovens feministas negras no BF e em outras plataformas virtuais de debate

---

9 Roland (2000, p. 246) considera "sintomático" que o único documento político próprio do movimento de mulheres negras até então – a Declaração de Itapecerica – tenha tido como temas centrais a saúde e os direitos reprodutivos.

10 As reflexões desta seção são parte do Projeto "Mulheres Negras em Movimento(s): trajetórias, intersecções e novos cenários para a teoria e práxis feminista negra no Brasil", financiado pelo Conselho Nacional de Desenvolvimento Científico e Tecnológico (CNPq), processo 432980/2016-4.

11 Plataforma disponível em: <https://blogueirasfeministas.com/>. Acesso em: 27 mar. 2019.

12 Disponível em: <http://blogueirasnegras.org/>. Acesso em: 27 mar. 2019.

feminista, conforme descreve a pesquisadora Inaldete Pinheiro de Andrade na seção "Quem somos" do blog:

> [...] temos em nossa origem a *Blogagem Coletiva Mulher Negra*, cujo objetivo foi a aproximação de discussões acerca do Dia da Consciência Negra e do Dia Internacional da Não Violência Contra a Mulher. O sucesso do projeto revelou não somente a existência de um grupo de blogueiras negras e afrodescendentes escrevendo muito bem e muito, mas também a necessidade de criarmos espaços de visibilidade para produção tão significativa (Andrade, 2012).

O BN é uma plataforma coletiva e colaborativa, coordenada por Charô Nunes e Larissa Santiago, que, em conjunto com uma equipe de editoras, seleciona os textos que serão publicados no blog e se dedicam à manutenção da plataforma. Até o início de 2019, o blog contava com a participação de aproximadamente 200 mulheres negras entre suas autoras, eventuais ou fixas. O BN também disponibiliza hiperlinks em outras redes sociais, especialmente no Facebook e no Twitter. Em 5 de agosto de 2019, o coletivo contava com 222.329 seguidores no Facebook e 30.600 no Twitter.

O BN se apresenta como uma plataforma que prioriza o feminismo negro e interseccional, conforme podemos observar no texto de apresentação do blog:

> Somos uma comunidade muito produtiva de blogueiras [...] dispostas a tornar a escrita uma ferramenta contra opressões incidentes sobre a mulher negra como racismo, sexismo, lesbofobia, transfobia, homofobia, classismo e gordofobia. Nós também somos uma comunidade, área de recepção, de energia, de reabilitação e visibilidade, além de espaço para perguntas, palavras e pedidos de mulheres negras. Acreditamos que a troca de experiências e de questões através do ativismo compartilhado não é apenas desejável, mas imprescindível. Nós celebramos quem fomos, quem somos e quem queremos ser.
>
> O Blogueiras Negras é construído por uma comunidade de mulheres negras comprometidas com gênero e raça. Este grupo reuniu-se e institucionalizou-se em um site [...], que reúne e estimula a produção para veículos de comunicação independentes produzidos por e para mulheres negras. Estamos trabalhando com histórias de vida e interesses diversos: juntando esforços em torno de questões da negritude, do feminismo e da produção de conteúdo. Nós fazemos nossa própria história através de nossa própria escrita, uma ferramenta de luz e resistência. Viemos para contar nossas histórias, nos

exercitarmos numa atividade que é continuamente negada em uma sociedade estruturalmente desigual e discriminatória.

Somos uma comunidade online e offline, um coletivo de mulheres negras que escrevem, falam e produzem conhecimento a partir de suas vivências e experiências como mulher negra. Temos o feminismo negro como plano de fundo e assim nos alimentamos dele, nos esforçamos e tentamos construir para que possamos alimentá-lo com nossas histórias, nossas experiências e nossa prática (Andrade, 2012).

Os repertórios discursivos do BN revelam pautas menos institucionais, voltadas frequentemente para dimensões estéticas e de representação/empoderamento individuais. Nesse sentido, as temáticas priorizadas pelo *Blogueiras Negras* são bastante diferentes daquelas defendidas pelo *Nzinga Informativo* e pelos *Cadernos Geledés*, conforme podemos observar no Quadro 1:

Quadro 1 – Dez categorias temáticas principais nas publicações analisadas

***Nzinga Informativo* (1985-1989)**	***Cadernos Geledés* (1991-1993)**	***Blogueiras Negras* (2012-2019)**
Categoria temática	Categoria temática	Categoria temática
1ª) Comunidade negra	1ª) Direitos sexuais e reprodutivos	1ª) Lugar de Fala
2ª) Organizações de mulheres	2ª) Organizações de mulheres	2ª) Representatividade
3ª) Política institucional	3ª) Discriminação racial	3ª) Interseccionalidade
4ª) Histórias de mulheres	4ª) Saúde	4ª) Empoderamento
5ª) Educação	5ª) Encarceramento da população negra	5ª) Solidão da Mulher Negra
6ª) Direitos sexuais e reprodutivos	6ª) Pena de morte	6ª) Identidade
7ª) Violências contra mulheres	7ª) Movimento negro	7ª) Estética, autoestima e autocuidado
8ª) Trabalho	8ª) Violências contra mulheres	8ª) Genocídio da Juventude Negra
9ª) Saúde	9ª) Religiões de matriz africana	9ª) Saúde Mental da População Negra
10ª) Pobreza/Periferia	10ª) Histórias de mulheres	10ª) Sexualidade

Fonte: Elaborada pelos autores.

As quatro categorias temáticas que apareceram com maior frequência no *Blogueiras Negras* no período analisado para este artigo revelam dois aspectos importantes do ativismo contemporâneo de mulheres negras: a contínua disputa em torno do sujeito do feminismo e a crescente incorporação e popularização de aportes teóricos vindos do feminismo negro norte-americano no Brasil. Os usos do paradigma interseccional, conforme discutiremos nos próximos parágrafos, exemplificam de maneira ímpar a justaposição entre os debates sobre o sujeito do feminismo no Brasil e a incorporação crescente de um modelo de análise feminista negro de forte inspiração norte-americana.

O conceito de interseccionalidade foi originalmente cunhado para dar significado à luta e à experiência de mulheres negras, cujas especificidades não encontravam espaço de discussão nem no debate feminista nem no debate antirracista (Crenshaw, 1989). Para Crenshaw, gênero e raça interagem com outras categorias de diferença e, desse modo, determinam as experiências vividas por mulheres negras. Lançar mão do conceito de interseccionalidade é, neste cenário, fundamental para fugir de interpretações reducionistas e/ou essencialistas. No contexto brasileiro, Luiza Bairros (1995) partilha de opinião semelhante à de Crenshaw, ao afirmar que:

> Raça, gênero, classe social e orientação sexual reconfiguram-se mutualmente, formando [...] um mosaico que só pode ser entendido em sua multidimensionalidade. [...] Considero essa formulação particularmente importante não apenas pelo que ela nos ajuda a entender [os] diferentes feminismos, mas pelo que ela permite pensar em termos dos movimentos negro e de mulheres negras no Brasil. Este seria fruto da necessidade de dar expressão a diferentes formas da experiência de ser negro (vivida através do gênero) e de ser mulher (vivida através da raça), o que torna supérfluas discussões a respeito de qual seria a prioridade do movimento de mulheres negras: luta contra o sexismo ou contra o racismo? – já que as duas dimensões não podem ser separadas. Do ponto de vista da reflexão e da ação políticas uma não existe sem a outra (Bairros, 1995, p. 461).

A recepção, bastante positiva, do conceito de interseccionalidade no Brasil vem contribuindo para uma maior incorporação da questão racial nos estudos feministas e a consequente ampliação do seu campo de interesse. Por conseguir englobar em uma única palavra a experiência simultânea das múltiplas opressões enfrentadas por mulheres negras, o termo "interseccionalidade" passou a ser amplamente adotado por feministas dos mais diferentes matizes. Não por acaso, pesquisadoras feministas de diferentes disciplinas, abordagens teóricas e perspectivas políticas passaram a considerar a interseccionalidade em seus estudos.

No *Blogueiras Negras*, o termo "interseccionalidade" ganhou destaque logo nos primeiros posts publicados pela plataforma e é frequentemente revisitado por diferentes autoras. O uso dessa categoria no contexto do BN se assemelha ao que Hirata (2014) conceitua como sendo o interesse político em se articular gênero e raça no debate feminista, haja vista serem elementos indissociáveis de uma luta política unitária. Hirata se refere ainda à possibilidade de se pensar em termos de uma "interseccionalidade de geometria-variável", podendo incluir, além de gênero, raça e classe, outras categorias sociais, como geração, sexualidade e religião, entre outras.

O uso que diferentes autoras do *Blogueiras Negras* fazem da categoria interseccionalidade demonstra ainda uma profunda alteração nos termos de uma certa gramática política sobre hierarquias e formas de opressão. Entre os anos 1970 e meados dos anos 1990, o debate hegemônico dentro do feminismo brasileiro tinha como eixos centrais classe e sexo/gênero. Outros temas, inclusive raça, eram considerados secundários em uma agenda política em prol da igualdade das mulheres em relação aos homens, do retorno da democracia no Brasil e de mecanismos para mitigar desigualdades socioeconômicas. O aumento das disputas internas no feminismo, o processo de ressignificação do papel desempenhado por mulheres não brancas como sujeitos do feminismo, o aumento de estudos sobre a permanência de padrões históricos de desigualdade entre mulheres brancas e não brancas e a democratização do acesso ao ensino superior na primeira década do século XXI lançaram as bases para a popularização do paradigma interseccional que vemos bastante presente nas postagens do *Blogueiras Negras*. Ainda que esse uso do paradigma interseccional precise de melhor operacionalização, visto que, muitas vezes, ainda é utilizado apenas como palavra de ordem em diferentes espaços de tensionamento político, já podemos notar seu adensamento no tecido social, para além das fronteiras acadêmicas. Assim, é possível também perceber sua contribuição para estabelecer nexos entre diferentes eixos de hierarquização social.

Considerações finais

Este trabalho procurou analisar os repertórios discursivos e enquadramentos interpretativos sobre gênero, raça e suas intersecções em três veículos da imprensa feminista negra: o *Nzinga Informativo* (1985-1989), os *Cadernos Geledés* (1991-1993) e o *Blogueiras Negras* (2012–). Partimos da ideia, defendida por Sueli Carneiro, de que há uma grande vivacidade nas formas organizativas e nos repertórios discursivos do ativismo de mulheres negras ao longo das últimas décadas. Verificamos ainda que as ações dos coletivos de mulheres negras analisados neste artigo refletem o ambiente e o contexto nos quais atuam, o que justifica as alterações nos discursos e as temáticas priorizadas em diferentes épocas.

Poucos estudos se dedicam a analisar os repertórios discursivos empregados por diferentes coletivos de mulheres negras longitudinalmente, discutindo de forma aprofundada suas continuidades, rupturas, semelhanças e diferenças. Por essa razão, nosso trabalho, de caráter exploratório, pode contribuir para complexificar a forma como o movimento social interage com o contexto político e outros atores sociais num dado momento histórico. Além disso, o aprofundamento de estudos dessa natureza contribuirá enormemente para a compreensão de como e em quais circunstâncias o ativismo de mulheres negras tem se constituído como importante produtor de conhecimento interseccional e gerado impacto significativo na vida sociopolítica brasileira.

Referências

ABERS, R. *et al.* Movimentos sociais e políticas públicas: repensando atores e oportunidades políticas. *Lua Nova*, São Paulo, n. 105, p. 15-46, 2018.

ALBERTO, P. L. *Terms of Inclusion: Black Intellectuals in Twentieth-Century Brazil.* Chapel Hill: University of North Carolina Press, 2011.

ANDRADE, I. P. de. Quem somos. *Blogueiras Negras*, 2012. Disponível em: <http://blogueirasnegras.org/quem-somos/>. Acesso em: 27 mar. 2019.

APARTHEID: mulher, a maior vítima. *Nzinga Informativo*, Rio de Janeiro, n. 2, p. 2, jul. 1985.

APRESENTAÇÃO. *Nzinga Informativo*, Rio de Janeiro, n. 1, p. 1, jun. 1985.

BAIRROS, L. Nossos feminismos revisitados. *Revista Estudos Feministas*, Florianópolis, v. 3, n. 2, p. 458-463, 1995.

BAIRROS, L. Lembrando Lélia Gonzalez. In: WERNECK, J.; MENDONÇA, M.; WHITE, E. C. (Orgs.). *O livro da saúde das mulheres negras: nossos passos vêm de longe.* Rio de Janeiro: Pallas: Criola, 2000. p. 42-61.

BARRETO, R. de A. *Enegrecendo o feminismo ou feminizando a raça: narrativas de libertação em Angela Davis e Lélia Gonzalez*. 2005. 128 f. Dissertação (Mestrado) - Departamento de História, Centro de Ciências Sociais, Programa de Pós-Graduação em História Social da Cultura, Pontifícia Universidade Católica do Rio de Janeiro, Rio de Janeiro, 2005.

BORGES, R. *Sueli Carneiro*. São Paulo: Selo Negro, 2009.

CARNEIRO, S. Resposta da sociedade civil à violência racial e de gênero. *Cadernos Geledés*, São Paulo, n. 4, p. 37-41, nov. 1993.

CARNEIRO, S. Sobrevivente, testemunha, porta-voz. Entrevista concedida a Bianca Santana. *Cult*, São Paulo, p. 12-20, maio 2017.

CARNEIRO, S. Gênero e raça na sociedade brasileira. In: CARNEIRO, S. *Escritos de uma vida*. Belo Horizonte: Letramento, 2018. p. 153-185.

CRENSHAW, K. Demarginalizing the Intersection of Race and Sex: A Black Feminist Critique of Antidiscrimination Doctrine, Feminist Theory and Antiracist Politics. *The University of Chicago Legal Forum*, Chicago, p. 139-167, 1989.

DAMASCO, M. S. *et al*. Feminismo negro: raça, identidade e saúde reprodutiva no Brasil (1975-1993). *Revista Estudos Feministas*, Florianópolis, v. 20, n. 1, p. 133-151, jan./abr. 2012.

FREITAS, V. G. *De qual feminismo estamos falando? Desconstruções e reconstruções das mulheres, via imprensa feminista brasileira, nas décadas de 1970 a 2010*. 2017. 198 f. Tese (Doutorado em Ciência Política) - Instituto de Ciência Política, Programa de Pós-Graduação em Ciência Política, Universidade de Brasília, Brasília, 2017.

FREITAS, V. G. Mulheres negras, direitos reprodutivos e direito à maternidade. In: ENCONTRO DA ABCP, 11., 2018a, Curitiba. *Anais*... Curitiba: Associação Brasileira de Ciência Política (ABCP), 2018. Disponível em: <https://cienciapolitica.org.br/__arquivos/encontro-abcp-2018/arquivos/BYRW.pdf>. Acesso em: 17 abr. 2019.

FREITAS, V. G. *Feminismos na imprensa alternativa brasileira: quatro décadas de lutas por direitos*. Jundiaí: Paco, 2018b.

GONZALEZ, L. Mulher negra. *Afrodiáspora*, Brasília, v. 6 e 7, n. 19, p. 94-106, 1985.

HIRATA, H. Gênero, classe e raça: interseccionalidade e consubstancialidade das relações sociais. *Tempo Social*, São Paulo, v. 26, n. 1, p. 61-73, 2014.

MOREIRA, N. R. *A organização das feministas negras no Brasil*. 2. ed. rev. e atual. Vitória da Conquista: Edições UESB, 2018.

MULHER NEGRA. *Cadernos Geledés*, São Paulo, n. 4, p. 4, nov. 1993.

MULHERES negras e guerreiras: Nzinga (1582-1663). *Nzinga Informativo*, Rio de Janeiro, n. 1, p. 2-3, jun. 1985.

MULHERES negras e guerreiras: Winnie e Zindzi Mandela. *Nzinga Informativo*, Rio de Janeiro, n. 2, p. 2-3, jul. 1985.

MULHERES negras e guerreiras: Benedita da Silva. *Nzinga Informativo*, Rio de Janeiro, n. 4, p. 2, jul./ago. 1988.

RATTS, A.; RIOS, F. *Lélia Gonzalez: retratos do Brasil negro*. São Paulo: Selo Negro, 2010.

RIBEIRO, M. Mulheres negras brasileiras: de Bertioga a Beijing. *Revista Estudos Feministas*, Florianópolis, v. 2, n. 2, p. 446-457, 1995.

RIOS, F.; FREITAS, V. G. Nzinga Informativo: redes comunicativas e organizacionais na formação do feminismo negro brasileiro. *Cadernos Adenauer*, Rio de Janeiro, n. 19, p. 25-45, 2018.

ROLAND, E. A saúde da mulher negra no Brasil. *Cadernos Geledés*, São Paulo, v. 1, p. 9-16, maio 1991.

ROLAND, E. O movimento de mulheres negras brasileiras: desafios e perspectivas: In: GUIMARÃES, A. S. A.; HUNTLEY, L. (Orgs.). *Tirando a máscara: ensaios sobre o racismo no Brasil*. São Paulo: Paz e Terra, 2000. p. 237-256.

ROLAND, E. Entrevista concedida ao pesquisador Cristiano Rodrigues, em 7 jan. 2006, durante pesquisa de campo para tese de doutoramento.

TOLENTINO, L. Mulheres negras, cadê?. *Blogueiras Feministas*, 25 ago. 2011. Disponível em: <https://bit.ly/2MUlnRH>. Acesso em: 27 mar. 2019.

VIANA, E. do E. S. *Relações raciais, gênero e movimentos sociais: o pensamento de Lélia Gonzalez (1970-1990)*. 2006. 247 f. Dissertação (Mestrado em História Comparada) – Instituto de Filosofia e Ciências Sociais, Departamento de História, Programa de Pós-Graduação em História Comparada, Universidade Federal do Rio de Janeiro, Rio de Janeiro, 2006.

VIANA, E. do E. S. Lélia Gonzalez e outras mulheres: pensamento feminista negro, antirracismo e antissexismo. *Revista da ABPN*, Rio de Janeiro, v. 1, n. 1, p. 52-63, mar./jun. 2010.

Jornalistas negros: como a experiência da negritude pauta a atuação nas redações em Minas Gerais

Márcia Maria Cruz
Edilene Lopes

O primeiro periódico negro do Brasil, *O Mulato*, editado em 1833 no Rio de Janeiro, inaugurando a linhagem da imprensa negra brasileira. De lá para cá, podemos identificar silenciamentos e apagamentos acerca da atuação de comunicadores negros, mas também a atuação desses profissionais, que encontram fissuras na imprensa comercial ou criam espaços na imprensa alternativa, promovendo, dessa forma, disputa sobre enquadramentos da questão racial, trincheira fundamental na luta pela igualdade de direitos e oportunidades da população negra, historicamente alijada na sociedade brasileira.

Este capítulo tem o objetivo de mapear a atuação de jornalistas negros em Minas Gerais na contemporaneidade, no século XXI. A proposta se justifica diante da constatação da inexistência de dados oficiais sobre o percentual de profissionais negros nas redações mineiras e também sobre uma análise da atuação deles. A partir da identificação desses profissionais, buscamos entender como a temática racial tem sido pautada, a maneira como essa temática é abordada pela imprensa mineira e como a experiência de cada um desses profissionais se reflete nas narrativas produzidas. Empregamos a técnica de *snowball*, "bola de neve", para identificar esses profissionais e construir nossa amostra. Os dados foram levantados por meio de entrevistas imersivas com jornalistas que se autodefinem como negros com atuação em redações em 2019.

Lima Barreto esmaece as fronteiras entre literatura e jornalismo, dando conta de levar para a literatura a temporalidade dos fatos, e para o jornalismo, a complexidade de personagens que revelam na ficção o que ainda não foi prontamente elaborado na realidade. Em 2017, o escritor foi homenageado pela 15ª Festa Literária Internacional de Paraty (Flip). A vida e a obra do carioca Afonso Henriques de Lima Barreto (1881-1922) foram exaustivamente debatidas, ganhando força por meio da sua biografia escrita por Lilia Schwarcz, *Lima Barreto: triste visionário* (Companhia das Letras, 2017).

Embora haja diferenças sensíveis entre o jornalismo produzido por Barreto, no início do século XX, e o que se constitui como jornalismo no século XXI, o literato inspira tanto do ponto de vista da linguagem que empregou nos seus textos quanto pela maneira como ser negro perpassou toda sua escrita. Nesse sentido, assumimo-nos como devedoras desse legado, por sermos jornalistas e negras. Ambas concordamos que o fato de sermos negras direciona nossos olhares sobre o mundo, portanto, não é possível dissociar esse fato de nossa atuação profissional.

Ressaltamos, porém, que, embora de lá para cá, tanto do ponto de vista de campo de atuação profissional quanto do de discurso especializado sobre o mundo, o jornalismo tenha se transformado, parece ainda ser um dilema associar as palavras "jornalismo" e "ser negro". Ocorre, também, de o tema sequer ser tratado. Não há, por exemplo, estatísticas elaboradas por instituições de representação da profissão, sobre o número de profissionais negros em redações. O assunto é tratado com certa reserva, como se falar sobre o tema fosse adotar postura de militância, maculando, dessa forma, princípios de isenção do jornalismo profissional.

Há, no entanto, sensível aumento de pautas que tratam de denúncias de racismo ou das chamadas "pautas identitárias", com discussões sobre empoderamento, autoestima e representatividade, tratando de temas como a transição capilar, que, inicialmente, pode até parecer algo de ordem simplesmente estética, mas se apresentou como uma janela para discussões sobre temas variados, que vão desde a falta de produtos de beleza para essa parcela da população até representatividade nas propagandas, no cinema, na TV e no próprio jornalismo.

Diante desse cenário, gostaríamos de contribuir com o debate, obviamente cientes das múltiplas possibilidades de abordagem do tema, partindo do nosso lugar de vivência e experiência nessa profissão, de uma reflexão sobre o que é esse fazer. No entanto, não gostaríamos que essa reflexão ficasse restrita apenas a nossa experiência, o que poderia, certamente, trazer conclusões enviesadas. Temos como ponto de partida a tarefa de mapear os jornalistas autodeclarados negros nas redações de Minas Gerais e a busca por identificar como a experiência de cada um conforma a atuação profissional de toda a parcela.

Se o jornalismo é um dos modos de dizer sobre o mundo, como a experiência de ser negro e negra pode trazer elementos a esse dizer? A técnica, pautada na suposta objetividade, daria conta de apagar tal experiência? Mais ainda: até que ponto esses profissionais permitem que as marcas dessa experiência transbordem para suas matérias e reportagens?

A imprensa negra se apresenta como lócus de disputa discursiva do movimento negro brasileiro desde o século XIX, quando foi publicado *O Mulato*, ou *O Homem de Côr*, editado em 1833 por Francisco de Paula Brito (1809-1861). De lá para cá, são quase dois séculos de atuação de jornalistas negros. Interessa-nos abordar a atuação de profissionais negros nas redações de Minas no século XXI, tendo em vista a inexistência de dados oficiais sobre a questão racial na imprensa mineira.

Partimos dessa reflexão sobre a imprensa negra por entendermos como premissa que a tematização das questões raciais nas mídias informativas dessa imprensa é de fundamental importância para a atuação dos jornalistas negros em mídias informativas comerciais.

Para chegar aos nossos entrevistados, elaboramos uma lista a partir da técnica de *snowball*, "bola de neve", com a indicação de profissionais negros reconhecidos por outros jornalistas. Depois de chegarmos a uma lista com 27 deles (sendo 13 homens cisgênero, 13 mulheres cisgênero e um homem transgênero), definimos ser importante termos jornalistas de ambos os sexos e que trabalhem em diferentes mídias – conseguimos entrevistar profissionais de rádio, TV, impresso e internet. A idade dos entrevistados varia entre 27 e 50 anos, sendo o menor tempo de exercício da profissão relatado de 3 anos, e o maior, de 23 anos. Consideramos relevante para este artigo entrevistar também a jornalista Etiene Pereira Martins, de 35 anos, que atua na imprensa negra há 9 anos. Ela respondeu à pesquisa na condição de editora do jornal *Afronta*. Embora não atue em uma mídia informativa comercial, consideramos importante trazer o depoimento de Etiene, uma vez que, em diferentes momentos, sua militância contribuiu para pautar o debate da questão racial na mídia comercial.

Antes de responderem às perguntas, os entrevistados foram questionados sobre autodeclaração étnica, de modo que só seguimos com as entrevistas com os jornalistas que se autodeclararam negros. A base de dados do Sindicato dos Jornalistas Profissionais de Minas Gerais (SJPMG) conta com o registro de 3.073 profissionais, mas não há especificações de quantos atuam em redações ou em outros âmbitos, como assessoria de imprensa.

Quadro 1 – Perfil dos entrevistados

Gênero	Idade	Tempo de exercício do jornalismo	Função
Mulher Cisgênero	25 anos	3 anos e 6 meses	Produtora
Mulher Cisgênero	50 anos	23 anos	Repórter
Mulher Cisgênero	27 anos	6 anos	Repórter e produtora
Homem Cisgênero	34 anos	12 anos	Âncora
Homem Cisgênero	27 anos	5 anos	Editor
Mulher Cisgênero	36 anos	9 anos	Analista de conteúdo de redes sociais
Mulher Cisgênero	30 anos	10 anos	Repórter
Mulher Cisgênero	33 anos	9 anos	Repórter
Mulher Cisgênero	35 anos	12 anos	Repórter
Homem Cisgênero	33 anos	12 anos	Repórter

Fonte: Elaborado pelas autoras.

Fazemos, na seção "De onde parte a atuação de jornalistas negros: a imprensa negra brasileira", uma breve apresentação da imprensa negra brasileira, incluindo a mineira. Na sequência, na seção "Jornalismo em Minas: o dizer negro", traçamos um panorama do ecossistema midiático de Belo Horizonte, capital que reúne a maior parte das mídias informativas de Minas, e buscamos elementos do dizer negro. Na seção "A cobertura: foco na questão racial?", trazemos as percepções dos dez jornalistas entrevistados sob como ser negro afeta as narrativas produzidas por eles. Já na seção "Apontamentos sobre a atuação de jornalistas negros em Minas", fazemos a nossa análise.

De onde parte a atuação de jornalistas negros: a imprensa negra brasileira

Embora o foco deste capítulo seja a atuação de jornalistas negros em redações de mídias informativas do século XXI, consideramos necessário mirar o passado por duas razões: primeiro, mostrar que, embora possa parecer algo novo, a atuação de jornalistas negros, tanto na imprensa negra como nas mídias informativas comerciais, vem de longa data, desde a fundação da imprensa brasileira; segundo, pela relevância de tornar a atuação de tais profissionais (tanto os jornalistas do passado como os do presente) mais conhecida, em especial entre os jovens que estão nas redações.

Lançamos nossos olhares sobre a historiografia oficial da imprensa brasileira e mineira, partindo, no entanto, do esforço de pesquisa de outra pesquisadora negra, a professora Ana Flávia Magalhães Pinto, da Universidade de Brasília (UnB), que se dedica a essa agenda de pesquisa há mais de uma década. Jornalista por formação, ela buscou nas publicações dos séculos XVIII e XIX elementos para caracterizar a imprensa negra brasileira, apresentando seu marco inaugural, mas, sobretudo, ressaltando a contribuição de jornalistas e literatos negros para o campo do jornalismo brasileiro.

Trata-se, além de esforço de pesquisa, de reparação da relevância dessas publicações para a luta abolicionista e por direitos da população negra, bem como da importância dessas publicações na história do jornalismo brasileiro – dois aspectos que nem sempre são considerados pela historiografia oficial. Retomando esses trabalhos, faremos uma breve apresentação da imprensa negra no Brasil.

A pedra fundamental da constituição da imprensa negra é o jornal *O Mulato*, ou *O Homem de Côr*, cujo primeiro número foi editado por Francisco de Paula Brito no Rio de Janeiro, a capital do Brasil Império, em 14 de setembro de 1833. A publicação ganha forma na Tipografia Fluminense, de propriedade dele. Nos cinco números que circularam de setembro a novembro daquele ano, a publicação traz, por exemplo, o debate sobre o direito dos "homens de côr" de ocuparem cargos públicos.

O periódico *O Bahiano: pela constituição e pela lei* foi publicado pelo jurista Antonio Pereira Rebouças (1798-1880). "*O Bahiano* foi difusor de opiniões simpáticas a uma ordem liberal, de respeito ao texto constitucional e anti-restauração lusitana. Muitas dessas ideias – e a defesa perene da parte de Rebouças – se chocavam com os interesses da gente graúda da região, alguns até de tendências absolutistas" (Pinto, 2006, p. 21). Outros títulos circularam na Corte, entre setembro e novembro de 1833: *Brasileiro Pardo*, *O Cabrito*, *O Crioulinho* e *O Lafuente*, periódicos que abrigavam os protestos e a luta por direitos da população negra da época.

Pinto (2006) destaca publicações da imprensa negra de Recife e de Porto Alegre. Em 1876, em Recife, é publicado o jornal *O Homem: realidade constitucional ou dissolução social*; tempos depois, *A Pátria: orgam dos homens de côr* (1889) e *O Progresso: orgam dos homens de côr* (1899). Em Porto Alegre, *O Exemplo* foi publicado em 1892.

> Esses momentos iniciais da imprensa negra no Brasil demonstram que, a despeito de inúmeros contratempos – entre os quais o próprio escravismo e seus instrumentos afins –, negros aqui formularam uma fala própria e tornaram-na pública. Ainda que não tenham alcançado simultaneamente todo [o] território nacional, esses impressos são parte do esforço coletivo de controlar os códigos da dominação e subvertê-los (Pinto, 2006, p. 27).

A pesquisadora demonstra o desenvolvimento concomitante da imprensa brasileira e da imprensa negra e propõe questionamentos acerca do adjetivo "negro", que qualifica tanto a temática, quanto quem produz os textos jornalísticos e o público a que se dirigem.

> A par das questões que definem a chamada imprensa negra brasileira, no que concerne a seu conteúdo e sua linha de atuação, pode-se, então, dizer que essa corresponde aos jornais que se inserem na luta contra a discriminação racial no Brasil. De maneira distorcida, costuma-se indicar o "engajamento" de parte da imprensa dominante no processo abolicionista como momento inaugural dessa refrega (Pinto, 2006, p. 28).

Paralelamente à produção de publicações, voltadas principalmente para questões referentes ao abolicionismo, Pinto (2006) demonstra que houve a criação de redes de solidariedade, que possibilitaram a impressão das publicações especializadas e também criaram condições para que jornalistas e literatos negros pudessem atuar na imprensa comercial. Ela destaca três importantes nomes: José Carlos do Patrocínio (1853-1905), Luiz Gama (1830-1882) e Machado de Assis (1839-1908).

Do período do Brasil Império, também encontramos publicações da imprensa negra (Cota; Vasconcelos, 2010). Os autores apontam que a cidade contava com cinco sociedades abolicionistas: a Sociedade Abolicionista Ouropretana (1881), o Clube Abolicionista Mineiro Visconde do Rio Branco e a Sociedade Libertadora Mineira (ambas fundadas em 1883), o Clube de Libertos Viscondessa do Rio Novo (1884) e a Sociedade Libertadora Ouropretana (1886). Essas entidades publicavam jornais com informações sobre estatutos, reuniões e a libertação de escravos. Também foram fundados outros três jornais dedicados à causa da abolição: *O Trabalho,* periódico literário, instrutivo e abolicionista (1883), *A Vela do Jangadeiro,* periódico abolicionista

(1884), e *Ordem e Progresso*, órgão do Clube Abolicionista Mineiro Visconde do Rio Branco (1884). A reflexão acerca do termo "imprensa negra" nos ajuda a pensar a atuação de jornalistas negros nas redações de Minas.

Jornalismo em Minas: o dizer negro

O que quer dizer o termo "negro" quando aparece para adjetivar as palavras "imprensa", "jornalismo", "jornalista"? Quais as implicações dessa qualificação? Não se trata de uma pergunta banal, mas central, principalmente para o posicionamento de jornalistas negros na atuação profissional, mais ainda na produção de narrativas. O que essa adjetivação traz ao fazer jornalístico?

Se partirmos da compreensão do jornalismo como uma maneira distinta de dizer, uma das modulações da palavra social (França, 1998), os aspectos referentes aos pertencimentos (de gênero, de etnia, de classe social, entre outros) dos profissionais da notícia não são informações secundárias. O jornalismo resulta de um fenômeno de linguagem, de uma construção discursiva que se materializa em diferentes suportes. Utilizando múltiplos suportes, fazer jornalismo é falar sobre o mundo, e esse falar pode ser mais ou menos complexo, tendo em vista a pluralidade das vozes que o compõem.

> O jornalismo nasce da pulsão de falar o mundo, falar o outro, falar ao outro; da atração pela diferença, pela novidade, pelo distante; do enraizamento no mesmo, no próximo e em si que marcam a palavra humana desde sempre. Em síntese, o jornalismo faz parte do dizer social (França, 1998, p. 25).

"Jornalismo" é um termo polissêmico, que encampa a linguagem, os aparatos sociotécnicos, as múltiplas narrativas, um campo profissional, uma arena discursiva (Carvalho, 2014; uma *arena de visibilidade pública* (Gomes, 2014). Trata-se de um "dispositivo simbólico, como um mediador social, que transforma em narrativas os acontecimentos cotidianos" (Carvalho, 2014, p. 125). Nas teorias do jornalismo, busca-se a desconstrução da ideia de jornalismo como espelho da realidade para dar ênfase à ideia de arena discursiva, que se constitui pela e na disputa de sentidos. Nessa direção, Leal (2014) problematiza o termo "veículo", usado para se referir a jornal, revista, emissoras de rádio e TV e portais da web. Torna-se mais frutífero entender essas diferentes mídias informativas sob uma perspectiva relacional, tendo em vista que o conjunto de relações não só diz o que cada uma dessas mídias é como conforma as narrativas por elas construídas.

A partir dessa compreensão de imprensa como arena discursiva e também como conjunto de mídias informativas, cada uma delas com identidade e histórias próprias, nosso passo seguinte é olhar para a imprensa mineira.

Cada mídia informativa é uma, mas integra um ecossistema midiático. Vamos circunscrever territorialmente nosso recorte por efeitos didáticos, uma vez que esse ecossistema midiático, com as redes telemáticas, está interligado de forma global. Vamos falar da imprensa mineira, que conta com um vasto leque de mídias informativas: os jornais *Estado de Minas*, *Hoje em Dia*, *O Tempo*, *Aqui*, *Metro*, *Super Notícia* e *Diário do Comércio*; as emissoras de rádio voltadas para o noticiário, como a Itatiaia, a CBN, a Band News, a Rádio Super Notícia, e as com programações mistas de jornalismo e entretenimento, como a Inconfidência, a 98 FM, a CDL e a Alvorada.

Também temos a emissora de rádio educativa Rádio UFMG Educativa. Entre as emissoras de TV, a Globo Minas, a Record Minas, a TV Alterosa, a Rede Minas e a Band. Entre as mídias informativas nascidas na era digital, temos o BHaZ. As mídias informativas têm passado por um processo de transição das redações analógicas do século XX para as redações multimídia do século XXI.

Esse cenário representa mudanças de diversas ordens: de modelo de negócio, linguagens, práticas, rotinas, perfis dos profissionais e maneiras de interação com o público (Jenkins, 2008). Trata-se de um campo profissional cujos procedimentos e rotinas que estão de acordo com as múltiplas plataformas e a convergência têm sido reinventados. Pode-se dizer que as mídias informativas buscam soluções frente à crise do modelo de negócio e também à da economia mineira.

A diversidade de aparatos técnicos se conjuga em diferentes gêneros para dar conta de narrativas variadas. É dentro desse emaranhado complexo que o jornalista negro procura se posicionar, tendo ainda, muitas vezes, que lidar com as dificuldades de acesso a esses postos de trabalho em função da discriminação racial.

Em 1996, o jornal *O Tempo* lançou a página "Blequitude" dentro do caderno de cultura "Magazine", uma proposta do jornalista Marco Antônio Lacerda, com o objetivo de "quebrar a barreira da invisibilidade do negro na mídia". A coluna foi extinta em fevereiro de 2012, depois de 15 anos de circulação. Em matéria que anunciava o fim da página, o jornal informou:

> Os anos se passaram, o panorama mudou e, com a edição de hoje, a página "Blequitude" deixa de ser publicada. Os assuntos relacionados, que sempre encontraram espaço aqui, seguem pautando a edição de *O Tempo*, só que, agora, sem limitação de página temática, com dia específico para sair.

Qual a melhor maneira de tratar das questões que envolvem a população negra brasileira? Há diversos temas que são tratados de maneira especializada pelo jornalismo. Tavares (2007) mostra como o jornalismo especializado pontua temas de relevância.

> No jornalismo especializado, a lógica da tematização aproxima-se de algumas considerações da "Teoria da Tematização". Apesar de não referir-se ao jornalismo especializado propriamente dito, tal teoria reflete sobre uma nova ideia de opinião pública (e de público), observando que essa última é resultado não de consensos no interior da sociedade, mas de uma seleção contingente e orientada pelo jornalismo de temas que busquem atender ou solucionar os muitos interesses – diferentes e divergentes – dos vários grupos sociais da sociedade contemporânea. Nessa ótica, os conteúdos apresentados ganham relevância de acordo com a complexidade dos processos que envolvem a vida social (Tavares, 2007, p. 13).

No sentido proposto de procurar "temas que busquem atender ou solucionar os muitos interesses dos vários grupos sociais", observamos iniciativas como a "Blequitude" no jornal *O Tempo*. No mesmo período, surge, em âmbito nacional, a *Revista Raça Brasil*, uma referência nacional de publicação voltada para o público negro.

A cobertura: foco na questão racial?

No século XXI, a imprensa negra atua em Minas. Nesse contexto, destacamos duas publicações editadas em Belo Horizonte: o jornal *Afronta* e a revista *Canjerê*.

Projeto independente criado pelo Instituto Cultural Casarão das Artes, a revista *Canjerê* é produzida por ativistas e colaboradores do Brasil e da África. O projeto tem como objetivo a valorização e a promoção da cultura africana e afro-brasileira. O *Afronta* também objetiva a valorização da cultura negra.

> *Afronta* é uma publicação que coloca em foco a importância singular do negro no desenvolvimento da cultura, do esporte, da moda, da economia, contribuindo com sua força de trabalho ao longo dos séculos. Nas entrelinhas desse trabalho ficarão evidenciados relatos de protestos, beleza e virtudes do negro, mostrando que, mesmo a despeito das vicissitudes a que foram submetidos, sua cultura não só substituiu, mas se arraigou e se fundiu à cultura mineira, sobrepondo-a a ponto de criar o que chamamos de uma identidade afro-brasileira (Martins, 2019).

Etiene Martins atua na imprensa negra mineira, contribuindo para pautar as mídias informativas comerciais sobre temáticas negras. Ela defende que o tema seja pautado nas mídias informativas comerciais.

> É muito importante sempre frisar a questão racial em uma sociedade em que a maioria da população é negra e o enfoque midiático é pautado na íntegra na supremacia da branquitude. Os jornalistas colocados no mercado de trabalho em sua maioria são brancos, em um país dito mestiço, e tentam reforçar o mito da democracia racial sem pautar cultura, política, saúde, educação, mercado de trabalho para as crianças, homens e mulheres negras. Pode ser feito da mesma forma como é feito com a população não negra, com apreço, cuidado e atenção às peculiaridades dessa parcela da população (Martins, 2019).

A imprensa negra, em geral, denuncia o racismo e aborda temáticas voltadas para questões relacionadas à beleza negra, à produção cultural, ao resgate de nomes relegados pela historiografia oficial, à desconstrução de enquadramentos e a disputas discursivas. Já os jornalistas negros estão sob a orientação da linha editorial das mídias informativas para as quais trabalham. Em geral, as mídias informativas não trazem definição clara de como as questões raciais devem ser abordadas. Isso implica em ações pessoais dos profissionais negros na imprensa comercial para propor os temas e disputar com os outros assuntos da ordem do dia espaço para aprovar as pautas referentes às questões raciais. O que as entrevistas demonstram é que, de acordo com o grau de engajamento com as questões raciais, os jornalistas negros têm maior ou menor grau de envolvimento na sugestão e na execução das pautas.

Os jornalistas negros entrevistados consideram importante a cobertura voltada para as questões raciais. As razões para que haja uma cobertura com esse foco têm relação com o extenso período em que vigorou a escravidão no Brasil, bem como o reflexo do fim da escravidão sem que houvesse, naquela época, políticas públicas para inserção dos negros libertos em sociedade. O entrevistado 10 defende que o jornalismo como dispositivo simbólico é um campo para debater questões fundamentais para se alcançar a igualdade racial.

> Acho fundamental pautar a questão racial no jornalismo, porque vivemos em um país que tem essa como uma das questões mais mal resolvidas. O racismo está entranhado na história do Brasil, na forma como o país moldou sua identidade e destinou as pessoas a ocuparem determinados espaços. A escravidão nunca foi bem resolvida depois da Lei Áurea, muito pouco foi feito para tentar uma reparação

> e buscar essa igualdade. Isso precisa ser feito a partir de uma visão e entendimento de que o Brasil funciona dessa forma, tudo funciona em uma estrutura racista, que separa negros e brancos de uma forma econômica, separa de forma simbólica. De várias maneiras o racismo está operando e o jornalista precisa ter essa visão para entender e saber o que pautar, trazer esse filtro junto. Entender a questão do genocídio da população negra; que jovens negros têm menos oportunidade que os jovens brancos; que a mulher negra é mais atingida pela violência; que falta de oportunidade de emprego. Tem que trazer essa interseccionalidade, pensar como essas formas de opressão de minorias se interpenetram uma nas outras. Uma luta para quem precisa pautar, tem visão predominante, hegemônica branca. Furar essa bolha é muito complicado (Entrevistado 10).

Os profissionais listam maneiras de a temática ser abordada que podem ser levadas em conta ao se fazer uma cobertura: a temática racial perpassa todas as matérias; na escolha de fontes e especialistas levando-se em conta a questão étnica; a escolha de temas de interesse da população negra.

A entrevistada 4 questiona como o assunto deve ser tratado do ponto de vista das escolhas editoriais. Se o assunto deve ser diluído nas pautas do dia com uma postura de atenção por parte dos jornalistas ou se o tema deve ser tratado de maneira mais explícita, com a apresentação das questões que concernem à temática. A entrevistada 4 percebe a necessidade de o tema ser pautado, mas tem dúvidas se deveria haver uma seção ou editoria voltada a ele. Entende que o assunto deve aparecer de maneira transversal aos temas abordados nas pautas.

> [A questão racial] está subjacente dentro das pautas que são cobertas, quer dizer: as abordagens policiais, tudo que é feito de alguma maneira na cobertura diária do jornalismo, precisa conter esse aspecto, precisa levar isso em conta, porque afinal de contas os casos de racismo, os casos relacionados a injúria racial, são parte disso. Acho que até do ponto de vista do trabalho jornalístico de escrita, de se representar a figura do negro associado, muitas vezes, ao roubo, à periferia, ao ladrão, ela está muito condicionada à cobertura jornalística, então eu acho que é relevante incluir a questão racial dentro da cobertura jornalística, mas não tenho convicção se isso deve ser feito em um espaço específico em separado, por exemplo, pra tratar esses temas. Me parece que esse tema ainda não tem lá muito espaço para ser discutido dentro do jornalismo como setorializado ou editorializado para se discutir apenas a questão racial (Entrevistada 4).

Há um entendimento de que a cobertura poderia trazer temas de interesse dessa comunidade, com assuntos que seriam pertinentes a esse grupo e que afetam a sociedade como um todo. A entrevistada 2 enumera assuntos que poderiam ser de interesse da população negra, como doenças com maior incidência sobre essa população, como a anemia falciforme e a hipertensão. Nessa direção, poderíamos questionar em que medida, ao se falar da cobertura da questão racial, não se poderia propor algo sobre o que chamamos "jornalismo especializado".

> Como pode ser feito? Por meio de temas que interessam aos negros e que se refletem na sociedade de uma forma geral. Introduzindo também temas específicos, mas sem caráter segregacionista. Exemplo: as doenças que têm maior incidência entre pessoas da raça negra e que não têm a devida abordagem em postos de saúde ou nos programas sociais dos governos, como: a anemia falciforme; a pressão alta, que tem maior índice de ocorrência entre negros e que tem explicação para isso; entre outras que devem ser reportadas. Essas pautas poderiam entrar na editoria de saúde (Entrevistada 2).

O entrevistado 8 propõe maior atenção na definição das fontes dos e entrevistados, procurando dar destaque a profissionais negros, que seria uma forma também de combater representações baseadas em estereótipos.

> Extremamente importante a gente pautar questões raciais na cobertura jornalística. E eu tenho, é uma das minhas maiores preocupações como jornalista, como profissional da comunicação, que trazer sim questões raciais, propor pautas que tratem da temática. Porém hoje também uma das coisas que eu mais tenho me preocupado e que eu mais e que eu acho que é um dos maiores desafios nossos, dos de comunicação e também dessa frente de nós repórteres negros, jornalistas negros, que é colocar mesmo o negro como fonte, como especialista, que nosso caso jornal impresso veja mais foto de pessoas negras lá falando sobre determinados temas que elas dominam e fazer com que isso se torne uma coisa rotineira. É nesse passo que a gente precisa chegar (Entrevistado 8).

Outro ponto apresentado pela fala do entrevistado está relacionado às imagens das matérias e reportagens. Ele aponta para a necessidade de olhar de maneira mais reflexiva para essa questão.

Percepções sobre os enquadramentos das temáticas negras

A percepção dos entrevistados é variada quanto ao enquadramento dado à população negra nas mídias informativas. Parte deles revela que não havia refletido anteriormente sobre como os negros aparecem nessas mídias. Dos que apresentam uma avaliação sobre a questão, a maior parte aponta os enquadramentos negativos. A entrevistada 2 destaca que os negros costumam estar associados ao crime e à violência.

> Geralmente vemos os negros representados em personagens ligados à marginalidade. São os presos, envolvidos com o tráfico, com roubos, furtos e homicídios em geral. Claro que não há homicidas apenas negros, mas como a maioria da população de periferia é negra ou descendente [os negros] acabam sendo maioria entre os detidos. Raramente vemos um advogado negro entrevistado, um juiz, um médico (Entrevistada 2).

Diante dessa constatação, outros enquadramentos são propostos. A entrevistada sugere que a cobertura apresente negros que se destacam em suas áreas de atuação. Ela destaca a importância de essa imagem positiva dos negros ser construída na imprensa e na propaganda.

> Porque não falamos, por exemplo, de Luís Gama? Alguém sabe da importância dele no contexto social do século passado para a nossa trajetória? Advogado, negro livre e abolicionista? Nós, como personagens formadores de opinião, rompemos fronteiras, mas ainda há muito o que fazer para nos livrarmos dessas associações tristes e comuns. Há muito pouco tempo vemos propagandas com negros consumidores de bancos, cultura, roupas. Mas isso só veio por exigência da lei e não por consciência social. Apresentadores de TV negros, há alguns. Mas ainda são minoria. O racismo está tão inerente à nossa sociedade que até a fala de alguns revela isso. Recentemente um apresentador de TV usou a frase infeliz: "Eu sei muita coisa. Sei que se é Montenegro não pode ser bom porque se fosse bom seria monte branco" (Entrevistada 2).

Há a percepção de que houve um aumento nas matérias relacionadas à questão racial. No entanto, a entrevistada 3 aponta que, da mesma maneira que enquadramentos colocam a imagem do negro ligada ao crime e à violência, trazê-lo como fonte apenas em matérias de temáticas raciais pode ser outro enquadramento limitador.

> Acho que é completamente estereotipada ainda a presença do negro. Eu falei disso ao longo das minhas respostas, que é o desafio que a gente tem de botar o negro como personagem no dia a dia e fazer com que isso se torne... [Vamos] usar a palavra "natural", [...] com que isso seja rotineiro, de forma que ele seja personagem para todos os assuntos e não só casos relacionados a questões raciais, enfim,

> algum tipo de tema que já é muito estereotipado mesmo pra questão do negro e a gente está sempre ligado à pobreza, o negro está sempre ligado à pobreza, a lutas sociais, enfim (Entrevistada 3).

A entrevistada complementa, trazendo para a discussão a representatividade:

> Raramente você vai pegar uma matéria, hoje, que tem uma foto genérica, de criança, de mulher, de homem, de pessoas bem-sucedidas, que tenha a pessoa negra, que seja uma pessoa negra. Você pode até botar várias pessoas e você coloca um negro só pra ter aquela coisa da representatividade, mas nunca você vê colocarem qualquer foto de negro ou qualquer negro pra ilustrar qualquer situação de sucesso ou, enfim, qualquer coisa corriqueira que não seja relacionada especificamente à questão racial, e é isso que eu acho que a gente precisa mudar e precisa começar por nós repórteres, jornalistas negros, que é buscar essas pessoas e esses profissionais pras nossas matérias como fontes pra que isso comece a mudar. Se eu vou falar com um advogado ou qualquer que seja a área, qualquer que seja o profissional, eu acho que eu preciso [me] preocupar, se for possível, claro em escolher uma pessoa negra, porque a gente tá precisando diluir isso, pra que isso se torne natural. Toda hora que eu ver um negro no jornal que não seja associado à questão de pobreza, essa questão racial mesmo, que a gente acaba criando vários temas, e que seja relacionada sempre a luta a questão de representatividade. É importante sim, a gente precisa fazer isso, mas a gente precisar começar a trazer a coisa pra rotina mesmo, aí é matéria disso, é um negro na capa, é um negro que está ilustrando, que tá sendo fonte, eu acho que a gente tem sim a representação dentro dos jornais, ainda tem esse estigma, esse estereótipo, essa coisa do negro sempre associado à pobreza ou a pautas só com esse foco de temas especiais relacionados à negritude (Entrevistada 3).

A discussão sobre representatividade tem sido apresentada pelos diversos segmentos do movimento negro. O foco costuma ser representatividade na mídia, mas a questão não está circunscrita à imagem e sim à possibilidade de o negro poder falar publicamente a partir da experiência pessoal.

Como a experiência de ser negro e negra atravessa a cobertura

Do olhar atento em relação à questão racial até a sugestão de pauta, passando pela abordagem sensível no cotidiano no jornalismo, a experiência dos jornalistas negros está impressa em sua produção jornalística. A questão relacionada à autoimagem é abordada por diversos entrevistados, desde os que, ao se apresentarem como jornalistas, enfrentaram estranhamentos por estarem fora do estereótipo ou do padrão da imagem que a sociedade espera ou constrói do profissional da comunicação. Os entrevistados ressaltam características físicas como forma de reafirmação e conscientização.

> Com a minha imagem. Como trabalho em televisão e há quatro anos uso meu cabelo natural, inclusive no vídeo, tenho percebido, ao longo desse período, um fortalecimento da representatividade. Já recebi muitas mensagens de meninas dizendo que passaram a usar o cabelo natural depois que me viram na TV. Também procuro, em minhas reportagens, dar voz a pessoas negras (Entrevistado 9).
>
> Ser negro reflete em meu trabalho como jornalista de diversas formas. Desde o momento da percepção de que talvez eu não tenha uma imagem do que é esperado para uma pessoa que trabalha com jornalismo, já escutei isso em diversas ocasiões: "Ah, mas você não parece jornalista". Então acredito que a imagem, talvez, do que é um jornalista ainda seja uma que também é específica, que não englobe as pessoas negras de maneira mais abrangente. E é difícil, é desassociada a questão racial por ser uma pessoa negra. Então as pautas, os debates que envolvem a questão racial acabam, no final das contas, chamando muita atenção, e a gente é que debruça mais sobre elas (Entrevistada 5).

Apesar do número reduzido de jornalistas negros e negras, muitos desses profissionais alcançaram notoriedade e reconhecimento nos respectivos campos de atuação, o que pode ser demonstrado pelos prêmios que muitos receberam. Outro indicativo é o número de seguidores que eles têm nas redes sociais.

Na televisão, as jornalistas negras colocam como determinante da autoidentificação como negras a aceitação do cabelo crespo. Temos casos, em mais de uma emissora de TV, em que as jornalistas que atuaram como repórteres e também assumiram, em alguns momentos, a função de apresentadoras, passaram pelo processo de transição capilar, com a retomada processual da textura natural dos cabelos depois de mudanças ocasionadas pelo uso de produtos químicos neles. Há algum tempo, não era usual às poucas jornalistas negras aparecer no vídeo com os cabelos de textura natural, como pontuou a entrevistada 2:

> [Eu era] obrigada a fazer escova e chapinha pra melhorar a imagem. Em uma situação de figurino me disseram que pra mim só cores opacas, bege, preto, cinza, porque branco não podia e nem cores fortes porque não ficavam bem (Entrevistada 2).

Para as profissionais de TV, a possibilidade de usar o cabelo com a textura natural é a de evidenciar uma das principais marcas raciais no Brasil: o cabelo crespo. Essa mudança é apontada como uma experiência do ser negra que transborda para a atuação profissional; não só nas narrativas construídas, mas de forma corpórea, no aspecto imagético, na maneira como elas se apresentam.

> Eu procuro colocar nas minhas matérias o olhar da negra que saiu da periferia, estudou em escola pública e venceu. Formou-se na faculdade a duras penas. O cabelo crespo natural é como [uma] forma de me impor como negra no contexto. Minhas roupas hoje têm cores fortes e eu [as] uso pra trabalhar (Entrevistada 2).

A experiência de ser negro e negra contribui para que determinados assuntos possam ser tratados nas mídias informativas. Os entrevistados destacam que a presença deles nas redações permite que os temas sejam vistos como relevantes, sejam apresentados, discutidos e assim ganhem valor de noticiabilidade.

> Eu acho que ser negro reflete no meu trabalho como jornalista sempre um olhar que talvez quem não é negro ou quem não é do que a gente considera de uma minoria, negros, gays, comunidade LGBT em geral, de que todos eles, a gente acaba tendo um olhar pra perceber onde estão os nossos pares, ou seja, a realidade dos negros me incomoda talvez muito mais do que a outras pessoas. Casos de racismo, por exemplo, chamam a minha atenção mais do que talvez a de outros grupos raciais brasileiros. Então, eu imagino que o meu olhar direcionado para esses temas acabe sendo um olhar um pouco mais... Eu não diria enviesado, mas um olhar, talvez, mais atento a perspectivas de pessoas negras na cobertura do noticiário, sejam elas personagens ou pessoas que estejam, evidentemente, reportando como nós, jornalistas. Eu acho que isso traz... É mais ou menos a ideia de que você sente na pele a dor do outro por saber exatamente que ele sofre uma discriminação pela cor da pele. Então você acaba se mobilizando um pouco mais (Entrevistado 4).
>
> Eu acho que ser negra no meu trabalho reflete [em] absolutamente tudo. E, mais que isso: ser negra, ser mulher. Enfim, é tanta coisa junta que faz com que a gente tenha outro olhar, um olhar mais respeitoso, um olhar mais sensível para essas questões que às vezes passam completamente despercebidas, e a gente sabe disso, nas redações. "Ah eu vou falar desse assunto", tipo, "Ah qual que é a importância disso?". A gente sabe a importância que a maior parte da população brasileira precisa dentro dos veículos de comunicação. Muitas questões foram completamente ignoradas por falta de sensibilidade, de conhecimento de causa (Entrevistada 8).

Os entrevistados apontam que pautaram matérias e reportagens que tratam das questões raciais. O entrevistado 10 pondera que, ao tratar de questões raciais, não se pode cair em armadilhas ao propor os enquadramentos. Há, por exemplo, que se apresentar denúncias, mas também aspectos positivos da questão racial. A entrevistada 9 cita quando os temas relacionados à questão racial costumam ser abordados pela cobertura da mídia:

> Quase sempre em datas comemorativas, como 13 de maio, Dia da Abolição da Escravatura, e 20 de novembro, Dia da Consciência Negra. Claro que é importante aproveitar as datas pra pautar assuntos relacionados às questões raciais, mas percebo que a cobertura jornalística fica muito restrita a isso. Em outros momentos quase não se fala sobre esses assuntos. Em 2018, idealizei e gravei uma série sobre os 130 anos da abolição da escravatura. Foram três reportagens especiais de aproximadamente 7 minutos cada, exibidas no *Bom Dia Minas* da Globo Minas. A série abordava três tempos: a escravidão, a transição e os dias de hoje. E a maior parte dos entrevistados, claro, era negra (Entrevistada 9).

Os entrevistados citaram temas que foram abordados em matérias: efemérides (13 de maio, Dia da Abolição da Escravatura; 20 de novembro, Dia da Consciência Negra; 130 anos da Abolição da Escravatura); representatividade (como a apresentação do *Jornal Nacional* por Maju Coutinho); denúncias de racismo; cotas raciais; racismo em relacionamentos amorosos; regularização de terras quilombolas; a vida nos quilombos; e feiras de artigos étnicos. Apenas dois dos dez jornalistas entrevistados não fizeram ou produziram matérias relacionadas com a questão racial.

Apontamentos sobre a atuação de jornalistas negros em Minas

Todos os jornalistas negros entrevistados consideraram relevante que as coberturas das mídias informativas estejam voltadas para as questões raciais. Trouxeram diferentes percepções sobre como o tema poderia ser abordado: 1) com atenção aos enquadramentos, de modo a evitar os estereótipos, tanto as imagens de pobreza e violência associadas ao negro, como limitar a cobertura à datas comemorativas em que o negro é apresentado de maneira folclorizada; 2) trazendo para as matérias e reportagens personagens e fontes negras, tendo cuidado especial com as imagens em foto e vídeo, de maneira a desconstruir percepções equivocadas sobre o negro. Não houve consenso sobre a criação de editorias e seções para tratar exclusivamente das questões raciais. É importante também demarcar que o próprio termo "questões raciais" funciona como guarda-chuva para tratar diferentes temas. De maneira recorrente é associado à denúncia de racismo, às cotas raciais e a temáticas afirmativas, como a aceitação e a valorização da beleza negra.

No entanto, há a reivindicação por parte dos entrevistados de que é necessário abrir o leque, tratando não só das contribuições dos negros em diversos campos do saber, como as artes, a literatura, o cinema, a gastronomia, as ciências, mas, sobretudo, buscando entender a contribuição epistemológica negra para esses diversos campos.

Intui-se, das entrevistas, que há esforço pessoal desses profissionais, em maior ou menor grau, para que as questões raciais ganhem caráter de noticiabilidade. A sugestão, a defesa e a elaboração das pautas resultam da proposição desses profissionais. A compreensão mais ou menos alargada do que são as "questões sociais" também determina os assuntos que serão pautados por esses profissionais.

Outro aspecto que parece relevante nas entrevistas é a percepção dos jornalistas negros de que a presença deles nesse campo profissional não é vista como "natural", o que faz com que a corporeidade desses profissionais seja disruptiva, ao mudar expectativas sobre quem pode exercer a função de dizer do mundo. Se, como França (1998) pontua, o jornalismo faz parte do dizer social, pudemos concluir que aos poucos o dizer negro se entrincheira nas mídias e contribui para tornar esse dizer social mais diverso. A experiência de jornalistas negros transborda para a cobertura e para as modulações da palavra "social".

Nesse aspecto, questões como tom da pele, textura do cabelo e até cores das roupas dizem desses sujeitos e das identidades negras. Na televisão, em que as narrativas são construídas de forma imagética, a presença de jornalistas negros no vídeo é elemento importante na quebra de estereótipos e paradigmas. A entrevistada 9 nos revelou que o fato de assumir o cabelo crespo, cacheado fez com fosse vítima de racismo nas redes sociais, o que a levou a registrar boletins de ocorrência contra os agressores.

Considerações finais

A escrita deste capítulo nasceu do desejo de duas jornalistas entenderem como ser negra interfere na produção de narrativas. Para além de nossa experiência, entendemos que é preciso ouvir jornalistas negros que estão nas redações das mídias informativas comerciais. Nosso primeiro passo foi buscar dados estatísticos sobre a presença negra nas redações, mas fomos surpreendidas com a inexistência desse tipo de levantamento. Dessa forma, a proposta nos apresentou o desafio metodológico de mapear esses profissionais.

Realizamos um levantamento inicial, não conclusivo, a partir dos profissionais que conhecíamos, e a partir daí solicitamos indicações para construir esse quadro. Essa tentativa, porém, esbarra na avaliação de quem é negro: tanto para quem aponta quanto para os próprios profissionais se autodefinirem como tais. Durante as entrevistas, muitos revelaram que o entendimento como jornalistas negros se deu enquanto atuavam como jornalistas. Ao entrar em contato com os profissionais para as entrevistas, percebemos que a atuação desses profissionais negros ainda é pouco tematizada na academia, nas redações e nas entidades representativas da categoria.

Do ponto de vista substantivo, a pesquisa indicou que há um esforço pessoal desses profissionais para que as questões raciais possam ser noticiadas, mas que isso ainda não foi incorporado ou devidamente levado para as mídias informativas como parte de uma linha editorial. A presença desses profissionais nas redações contribui para a desconstrução de estereótipos. No entanto, cada um dos jornalistas negros busca um caminho de formação para melhor compreender a questão racial. Há, inclusive, relatos de profissionais que iniciaram o mestrado para melhor compreensão da temática. Este capítulo não tem a pretensão de esgotar a discussão sobre a experiência de jornalistas negros e o modo como afetam a cobertura das mídias informativas. Ao contrário, procuramos apresentar alguns aspectos para que o debate possa ocorrer.

Referências

ANTUNES, E. *Videntes imprevidentes: temporalidade e modos de construção do sentido*. 2007. 321 f. Tese (Doutorado em Comunicação Social) – Faculdade de Comunicação, Programa de Pós-Graduação em Comunicação e Cultura Contemporâneas, Universidade Federal da Bahia, 2007.

BOSCO, F. *A vítima tem sempre razão? Lutas identitárias e o novo espaço público brasileiro*. São Paulo: Todavia, 2017.

BARBOSA, D. "Blequitude" se despede após 15 anos de publicação. *O Tempo*, Belo Horizonte, 28 de fev. de 2012. Disponível em: <https://bit.ly/2NKKpo5>. Acesso em: 15 de jun. de 2019.

CARVALHO, Carlos Alberto de. O que veio primeiro: o jornal ou o jornalismo?. In: LEAL, Bruno Souza; ANTUNES, Elton; VAZ, Paulo Bernardo. (Orgs.). *Para entender o jornalismo*. 1. ed. Belo Horizonte: Autêntica, 2014, v. 1, p. 121-130.

COTA, L. G. S.; VASCONCELOS, R. de C. A. F. de. Abolicionismos e imprensa na Corte e em Ouro Preto na última década da escravidão (1880-1888). *Temporalidades – Revista Discente do Programa de Pós-Graduação em História da UFMG*, v. 2, n. 1, jan./jul. 2010.

FRANÇA, V. V. *Jornalismo e vida social: a história amena de um jornal mineiro*. Belo Horizonte: Editora UFMG, 1998.

GOMES, W. *Transformações da política na era da comunicação de massa*. São Paulo: Paulus, 2014.

GUIMARÃES, C.; FRANÇA, V. V. (Orgs.). *Na mídia, na rua: narrativas do cotidiano*. Belo Horizonte: Autêntica, 2006.

JENKINS, H. *Cultura da convergência*. Tradução de Susana Alexandria. São Paulo: Aleph, 2008.

LEAL, B. S. *et al.* (Orgs.). *Para entender o jornalismo*. Belo Horizonte: Autêntica, 2014.

LOPES, R.; FERREIRA, S. V. Sociedade, literatura e jornalismo impresso: o posicionamento de Lima Barreto no início do século XX. In: ENCONTRO REGIONAL SUDESTE DE HISTÓRIA DA MÍDIA, 3., 2014, Rio de Janeiro. *Anais*... Rio de Janeiro: ECO/UFRJ, 2014.

MARTINS, E. [jul.2019]. Entrevista concedida a Márcia Maria Cruz. Belo Horizonte, 2019.

MOLINA, M. M. *História dos jornais no Brasil: da era colonial à Regência (1500-1840)*. São Paulo: Companhia das Letras, 2015.

PINTO, A. F. M. *De pele escura e tinta preta: a imprensa negra do século XIX (1833-1899)*. 2006. 197 f. Dissertação (Mestrado em História) – Instituto de Ciências Humanas, Departamento de História, Programa de Pós-Graduação em História, Universidade de Brasília, Brasília, 2006.

PINTO, A. F. M. *Fortes laços em linhas rotas: literatos negros, racismo e cidadania na segunda metade do século XIX*. 2014. 350 f. Tese (Doutorado em História) – Instituto de Filosofia e Ciências Humanas, Programa de Pós-Graduação em História, Universidade Estadual de Campinas, 2014.

PINTO, A. F. M. *Escritos de liberdade: literatos negros, racismo e cidadania no Brasil oitocentista*. Campinas: Editora Unicamp, 2018.

PREFEITURA DE BELO HORIZONTE; PONTIFÍCIA UNIVERSIDADE CATÓLICA DE MINAS GERAIS. *Memória do Jornalismo Mineiro: Aires da Mata Machado, Célius Aulicus, Edgar da Mata Machado, João Etienne Filho, José Mendonça*. Belo Horizonte: PBH; PUC-Minas, 1995.

RIBEIRO, D. O que é lugar de fala?. Belo Horizonte: Letramento: Justificando, 2017.

SANTOS, M.; BUENO, W. da C. *Jornalismo especializado no Brasil: teoria, prática e ensino*. São Bernardo do Campo: Universidade Metodista de São Paulo, 2015.

TAVARES, F. de M. B. Percursos entre o jornalismo e o jornalismo especializado. In: CONGRESSO BRASILEIRO DE CIÊNCIAS DA COMUNICAÇÃO DA REGIÃO SUL, 8., 2007, Passo Fundo. *Anais*... Passo Fundo: Intercom, 2007.

O amor tem cor? O uso do Facebook como estratégia de letramento racial e de reexistência

Rodrigo Ednilson de Jesus

Introdução

A popularização da internet, associada ao advento das redes sociais a partir de meados dos anos 2000, alterou de modo radical a maneira como as pessoas se comunicam. Se inicialmente as redes sociais eram utilizadas basicamente para conectar pessoas, atualmente elas também são usadas para informar, fechar negócios, fazer divulgação científica, impulsionar campanhas eleitorais etc. Além dos usos já mencionados, é importante destacar também o uso não tão virtuoso das redes sociais, a partir do que se convencionou chamar de *fake news*, que, no Brasil e no mundo, chegou a impactar, inclusive, resultados de eleições presidenciais (Phillips, 2018).

No contexto educacional, ao mesmo tempo que a popularização das redes sociais possibilitou um incremento positivo na capacidade comunicativa das pessoas, a utilização das redes sociais, sobretudo no contexto das salas de aula, muitas vezes coloca em xeque a capacidade didática de professores e professoras. Na condição de professor de jovens universitários, compreendo as redes sociais como uma realidade comunicativa impossível de ser ignorada e, exatamente por isso, sempre procurei incorporar as tecnologias às minhas práticas docentes, utilizando-as como meio de problematizar e desnaturalizar a realidade social, além de aproximar as teorias sociológicas da prática social.

Motivado por essa preocupação, criei e coloquei em prática no decorrer do primeiro semestre letivo de 2018 o exercício didático intitulado "O amor tem cor?", realizado durante a disciplina Estado, Sociedade e Produção da Desigualdade Racial, no âmbito da Formação Transversal em Relações Étnico-Raciais: História da África e Cultura Afro-Brasileira. A proposta da

Formação Transversal em Relações Raciais, como a chamamos carinhosamente, surgiu como uma possibilidade de letramento racial de estudantes de graduação da Universidade Federal de Minas Gerais (UFMG) que, durante seus percursos convencionais na universidade, não costumavam ter acesso a conteúdos e metodologias que abordassem as temáticas de relações raciais, de história da África e de cultura afro-brasileira. De acordo com a proposta elaborada pelo Programa Ações Afirmativas da UFMG e apresentada à Pró-Reitoria de Graduação (PROGRAD) da UFMG:

> A Formação Transversal em Relações Étnico-Raciais: História da África e Cultura Afro-Brasileira tem o propósito de tornar acessível aos estudantes de graduação uma temática que vem adquirindo crescente importância no meio acadêmico, e que já vem mobilizando um significativo esforço, nas dimensões da pesquisa e da extensão, por parte de docentes de diversos departamentos da UFMG. A discussão sobre a presença das matrizes africanas no repertório da cultura humana, a especial atenção sobre essa influência nos modos de ser, de sentir e de pensar na sociedade brasileira, juntamente com a recuperação dessas raízes na condição de referenciais para a interpretação e de fontes para o avanço do conhecimento em um grande número de campos do saber – são objetivos gerais desta Formação Transversal (UFMG, [s. d.], p. 1).

As disciplinas ofertadas no âmbito da Formação Transversal em Relações Étnico-Raciais: História da África e Cultura Afro-Brasileira tiveram início no ano de 2016 e já contemplaram mais de trezentos estudantes de diferentes cursos da UFMG. Atualmente, no segundo semestre de 2019, a UFMG conta com nove currículos transversais, que possuem as seguintes características: a) são formados por um conjunto de disciplinas que compõem um "minicurrículo", abordando uma temática específica; b) sua carga horária total é de pelo menos 360 horas/aula; c) suas disciplinas são registradas normalmente no histórico escolar. O estudante de graduação que concluir uma formação transversal terá direito a um certificado próprio dessa formação, que será emitido pela PROGRAD; d) são abertos a estudantes de todos os cursos de graduação da UFMG; e) podem ser utilizados para integralizar a carga horária de formação complementar aberta prevista para os cursos de graduação, a critério dos respectivos colegiados; e f) as disciplinas de uma formação transversal também podem ser cursadas de forma avulsa, para a integralização de créditos de formação livre.

No primeiro semestre de 2018, ministrei a disciplina Estado, Sociedade e Produção da Desigualdade Racial, ofertada em parceria com a Formação Transversal em Direitos Humanos. Essa é uma prática comum entre alguns currículos transversais, o que tem favorecido a ampliação do rol de estudantes, de diferentes cursos, matriculados nas disciplinas ofertadas. Graduandos(as) em Enfermagem, Letras, Ciências Sociais, Psicologia, Pedagogia, Arquitetura, Ciências Biológicas, Gestão Pública, Engenharia Civil acorreram à disciplina, interessados, sobretudo, em compreender o papel do Estado brasileiro na reprodução das desigualdades sociais. Ao longo do semestre, fomos construindo, em conjunto, a compreensão sobre o papel ativo que não apenas o Estado brasileiro, mas também os membros da sociedade brasileira desempenhavam na produção e reprodução dessas desigualdades. O exercício "O amor tem cor?", pensado como estratégia de letramento racial de reexistência, surgiu como forma de discutir o papel ativo dos sujeitos sociais, e da sociedade em geral, na manutenção de padrões racializados e altamente hierarquizados vigentes em nossa sociedade.

Alfabetização e letramento são conceitos centrais no processo de aquisição individual e no uso social de qualquer sistema linguístico (Soares, 2002). Se, por um lado, a alfabetização permite aos indivíduos codificar e decodificar a escrita e os números, por outro, o letramento possibilita que os indivíduos organizem discursos, interpretem e compreendam textos, "leiam o mundo" e, por meio da reexistência, ressignifiquem papéis e lugares sociais atribuídos por uma sociedade ainda marcada por desigualdades raciais e sociais (Souza, 2009). É exatamente nesse sentido que o conceito de letramento racial será utilizado no presente artigo: como meio de possibilitar aos sujeitos sociais uma apropriação crítica dos principais conceitos do campo das relações raciais no Brasil (como raça, racismo, mestiçagem, heteroidentificação racial, endogamia, segregação espacial etc.), tornando-os capazes de "ler o mundo" de modo racializado e, além disso, mobilizando-os a atuar no mundo de maneira antirracista.

É possível saber quem é negro e quem é branco no Brasil? Heteroidentificação racial posta em prática

Em filmes, livros e em conversas cotidianas é comum ouvir ou ler a afirmação de que não existem barreiras para o amor e que o amor tudo supera. No Brasil, em razão de nosso imaginário em torno da democracia racial, essa ideia sobre o amor recorrentemente se transforma na afirmação de que "O amor não tem cor!". Surgido ainda em meados do século XIX, mas tendo ganhado força ao longo da década de 1930, o ideário da democracia racial ao mesmo tempo que sustenta a inexistência de distinções raciais (somos todos mestiços), afirma que negros e brancos, reconhecidos em suas diferenças, vivem em relativa, ou perfeita, harmonia. De acordo com Gilberto Freyre (1933), autor pernambucano do início do século XX que teve papel fundamental no surgimento do mito da democracia racial brasileira:

> A força, ou antes a potencialidade da cultura brasileira parece-nos residir toda na riqueza de antagonismos equilibrados [...]. Não que no brasileiro subsistam como no anglo-americano duas metades inimigas: a branca e a preta; o ex-senhor e o ex-escravo. De modo nenhum. Somos duas metades confraternizantes que se vêm mutuamente enriquecendo de valores e experiências diversas; quando nos completarmos num todo, não será com o sacrifício de um elemento a outro (FREYRE, 1933, 376-377).

No trecho anterior, ao mesmo tempo que Freyre reconhece as diferenças culturais do povo brasileiro, já que se refere a duas metades confraternizantes, projeta um futuro próximo no qual nós estaríamos completos: na mesa, na rua e, sobretudo, na cama. Provocados por essa narrativa, lida por nós algumas semanas antes, realizamos o referido exercício para testar a hipótese das duas metades confraternizantes que, de modo indireto, está subjacente à afirmação de que "O amor não tem cor". Para orientar o trabalho da turma, o enunciado apresentado foi o seguinte:

> Trata-se de um exercício, via Facebook, sobre relações amorosas inter e intrarraciais.[1] É só ir no Messenger do Facebook e identificar os dez primeiros contatos on-line que estejam em um relacionamento amoroso (namoro, casamento, noivado etc.) e dos quais vocês conheçam o parceiro ou a parceira. Depois de identificar os dez casais, é só dizer quantos são relacionamentos inter-raciais (pessoas de grupos raciais distintos) e quantos são relacionamentos intrarraciais (pessoas do mesmo grupo racial). Obs. 1: Se você não sabe se a pessoa está em um relacionamento, ou não conhece o(a) parceiro(a), pule essa pessoa. Ou seja, não é preciso pesquisar o status do relacionamento na rede.

[1] Em alguns momentos ao longo deste artigo, utilizaremos o termo "endogâmico" como sinônimo de relacionamentos intrarraciais.

Obs. 2: Não precisa perguntar o pertencimento racial das pessoas. Você é quem indicar o pertencimento racial do casal.

Embora alguns dos estudantes matriculados na disciplina já tivessem realizado, fora de nossa disciplina, algumas leituras sobre procedimentos de heteroidentificação racial, é importante destacar que, até aquele momento, não havíamos debatido os critérios que norteavam esse procedimento, o que possibilitou que os estudantes recorressem a diferentes critérios para heteroidentificar os casais. Voltaremos a esse aspecto a seguir.

Dos 30 estudantes matriculados na disciplina, 28 estiveram presentes no dia do exercício, e, embora, a composição da turma fosse bastante heterogênea em termos raciais (com estudantes brancos e negros, pretos e pardos), nem os estudantes nem eu identificamos racialmente os estudantes presentes, o que nos impede de apresentar a tabela a seguir com cruzamentos por raça/cor.

Tabela 1 – Resultado do exercício "O amor tem cor?"

	Casais inter-raciais	Casais intrarraciais	Total
10 estudantes do sexo masculino	27 (27%)	73 (73%)	100 (100%)
18 estudantes do sexo feminino	36 (20%)	144 (80%)	180 (100%)
Total	63 (19%)	217 (81%)	280(100%)

À medida que os estudantes falavam, em voz alta, seus resultados individuais (sete casais intrarraciais e três inter-raciais; oito intra e dois inter; seis intra e quatro inter etc.), eu anotava os resultados no quadro, enquanto observava as expressões de estranhamento em seus rostos. Ao mesmo tempo que expressaram certa incredulidade com a tendência intrarracial dos resultados, já que a maioria parecia acreditar na efetividade do "amor cego à cor", ficaram bastante empolgados com as descobertas, que passaram a anotar, não apenas se os casais eram inter ou intrarraciais, mas quantos desses casais eram compostos por homens negros e mulheres brancas, quantos eram compostos por mulheres negras e homens brancos, homens negros e homens brancos, por mulheres brancas e mulheres negras etc. Alguns desses aspectos serão abordados mais adiante; mas vou optar por iniciar as análises pelos elementos que, a partir do meu ponto de vista, são mais evidentes.

O primeiro aspecto a ser destacado se refere à heteroidentificação racial realizada pelos estudantes. Em termos literais, heteroidentificação racial significa a atribuição, por terceiros, do pertencimento racial de uma pessoa. Nesse sentido, para definir se um casal identificado era inter-racial ou intrarracial, os estudantes precisaram definir o pertencimento de seus membros, identificando racialmente os casais. Exatamente por não terem recebido orientação prévia sobre a realização da heteroidentificação, posso afirmar que, ao atribuir pertencimentos raciais de modo quase "instintivo", os estudantes demonstraram sua (nossa) capacidade ordinária de associar características fenotípicas a um determinado grupo racial, de realizar heteroidentificações.

O debate em torno da heteroidentificação racial ressurgiu com bastante força nos últimos anos no contexto das denúncias de fraudes em cotas para ingresso no ensino superior ou em concursos públicos,[2] o que parece evidenciar a existência de um senso de incompatibilidade entre o modo como os candidatos ao ingresso na universidade ou nos órgãos públicos se enxergam (autodeclaração) e o modo como os denunciantes enxergam esses(as) candidatos (heteroidentificação). Considerando toda a polêmica em torno da política de cotas ao longo da década de 2000, sobretudo em torno da existência ou não das "raças", era de se esperar que a introdução de um procedimento de identificação racial, que não apenas reconhece a existência de raças, mas também que a atribuição racial pode ser feita por terceiros, em complementação às autodeclarações, suscitaria muitas controvérsias. Durante participação em um programa intitulado *UFMG Talks*, com a temática "Quem somos nós, os brasileiros?", um pesquisador da instituição, Sérgio Pena,[3] foi uma das vozes dessa controvérsia.

> Eu só queria voltar atrás, pois eu só respondi a primeira parte da pergunta. A segunda parte da pergunta são esses tribunais raciais, morfológicos, que foram criados. Isso do ponto de vista genético não faz o mínimo sentido, e do ponto de vista que a gente tem da história do Brasil... A única maneira de você dizer se o indivíduo é preto, branco ou pardo é a autodeclaração, que é o critério que o próprio IBGE usa. E não existe nenhuma maneira objetiva de você fazer isto.

---

[2] Para ler mais sobre: <https://bit.ly/2N69AAb>. Acesso em: 6 jul. 2019.

[3] Sérgio Pena, professor e pesquisador do Instituto de Ciências Biológicas (ICB) da UFMG, teve um papel de destaque na audiência pública sobre constitucionalidade das políticas de cotas realizadas pelo Supremo Tribunal Federal (STF) em 2010. Além de ser um dos oradores, seus argumentos estiveram na base de muitos posicionamentos contrários apresentados durante a audiência.

> Então, eu acho que o debate é de fatos e não precisa ser politizado. Mas por outro lado, não vamos fazer pseudociência com esses tribunais raciais que estão sendo montados aí pelo Brasil (Pena, 2019).

Com esse posicionamento, Sérgio Pena se manteve coerente com seus posicionamentos anteriores acerca da questão racial e da política de cotas no Brasil. Em artigo escrito em parceria com Maria Cátira Bortolini, Sérgio Pena argumenta que:

> Raças humanas não existem do ponto de vista genético ou biológico (Templeton, 1999). Apenas 5% da variação genômica humana ocorre entre as chamadas "raças". Ademais, somente 0,01% do genoma humano varia entre dois indivíduos. Em outras palavras, toda a discussão racial gravita em torno de 0,0005% do genoma humano! (Pena; Bortolini, 2004, p. 46).

Em outro momento da referida palestra, Sérgio Pena sugeriu substituir os "tribunais raciais" por "estudos de ancestralidade a partir do DNA", procurando manter o debate no campo da genética e fazendo crer que a concepção sociológica de raça não passaria de pseudociência. É preciso reiterar, uma vez mais, que todo o debate sobre relações raciais, racismo e, agora, heteroidentificação racial, no campo das ciências humanas, sustenta-se no conceito de raça social que, embora estabeleça diálogos com o conceito originado no campo biológico, guarda diferenças fundamentais. De acordo com Munanga (2004):

> Podemos observar que o conceito de raça, tal como o empregamos hoje, nada tem de biológico. É um conceito carregado de ideologia, pois como todas as ideologias, ele esconde uma coisa não proclamada: a relação de poder e de dominação. A raça, sempre apresentada como categoria biológica, isto é natural, é de fato uma categoria etno-semântica. De outro modo, o campo semântico do conceito de raça é determinado pela estrutura global da sociedade e pelas relações de poder que a governam. Os conceitos de negro, branco e mestiço não significam a mesma coisa nos Estados Unidos, no Brasil, na África do Sul, na Inglaterra etc. Por isso que o conteúdo dessas palavras é etno-semântico, político-ideológico e não biológico. Se na cabeça de um geneticista contemporâneo ou de um biólogo molecular a raça não existe, no imaginário e na representação coletivos de diversas populações contemporâneas existem ainda raças fictícias e outras construídas a partir das diferenças fenotípicas como a cor da pele e outros critérios morfológicos. É a partir dessas raças fictícias ou

"raças sociais" que se reproduzem e se mantêm os racismos populares (MUNANGA, 2004, p. 20).

Contraditoriamente, o próprio Sérgio Pena, no mesmo artigo já citado, parece reconhecer a efetividade cotidiana do conceito de raça, a despeito dos avanços da "ciência":

> Mesmo não tendo o conceito de raças pertinência biológica alguma, ele continua a ser utilizado, *qua* construção social e cultural, como um instrumento de exclusão e opressão. Independente dos clamores da genética moderna de que a cor do indivíduo é estabelecida por apenas um punhado de genes totalmente desprovidos de influência sobre a inteligência, talento artístico ou habilidades sociais, a pigmentação da pele ainda parece ser um elemento predominante da avaliação social de um indivíduo e talvez a principal fonte de preconceito (PENA; BORTOLINI, 2004, p. 46, grifo do original).

Sabendo ou não, Pena se aproxima do conceito de racismo de marca elaborado por Oracy Nogueira na década de 1950. Segundo Nogueira (1985), o "racismo à brasileira" se definiria por um racismo de marca: mais efetivo quanto mais marcadamente negro for o corpo do indivíduo. Em sua dissertação, defendida no ano de 1945 junto à Universidade de São Paulo (USP), Virginia Bicudo (2010) também havia identificado que a cor da pele, como símbolo mais evidente de pertencimento a grupos raciais, era constantemente alvo de avaliações positivas e negativas.

Segundo os estudantes que participaram do exercício, as marcas fenotípicas[4] evidentes nos corpos dos pares observados no Facebook foram os elementos definidores de seus julgamentos; aquilo que os permitiu identificar e distinguir os indivíduos, possibilitando a definição de quais casais estavam em uma relação intrarracial e quais estavam em uma relação inter-racial. Durante a realização do exercício, nenhum dos estudantes realizou testes de DNA ou avaliou as características fenotípicas dos antepassados do casal. As avaliações foram feitas a partir dos traços fenotípicos (cor da pele, textura do cabelo, formato do nariz etc.), utilizados "como símbolo mais evidente de pertencimento a grupos raciais".

[4] Quando nos referimos ao fenótipo nas discussões sobre relações raciais, estamos nos referindo às características observáveis de um indivíduo, como: cor da pele, tipo de cabelo, estrutura corporal etc. O fenótipo resulta da expressão dos genes do organismo, da influência de fatores ambientais e da possível interação entre os dois. O genótipo, por sua vez, são as informações hereditárias que uma pessoa herda e que estão contidas em seu genoma. A interação entre genótipo e fenótipo pode ser resumida da seguinte forma: genótipo + ambiente —› fenótipo.

Os opostos se atraem?
Conjugalidade, desejo e discriminação racial

O segundo aspecto que merece destaque, já que emergiu com força em nosso exercício, refere-se ao fato de que a maioria absoluta dos casais identificados (81%) estava envolvida em relações endogâmicas, ou seja, no interior do próprio grupo (Petruccelli, 2000). Embora convencidos do resultado, alguns dos estudantes presentes me perguntaram se nossa amostra era adequada para extrairmos conclusões pertinentes à população brasileira. Respondi que não, dado o tamanho reduzido da amostra e o fato de não se tratar de uma amostra probabilística, situação em que todos os casais brasileiros teriam a mesma chance de serem pesquisados. Argumentei, todavia, que o exercício realizado tinha o objetivo didático de fazê-los se aproximar da temática e, além do mais, poderíamos confrontar nossos achados com os dados do Censo Demográfico 2010 (IBGE, 2010), que chegava a conclusões muito parecidas com o nosso experimento. O gráfico a seguir, disponível no Censo Demográfico 2010: nupcialidade, fecundidade e migração é ilustrativo das semelhanças entre os resultados dos dados produzidos em sala e os resultados dos dados nacionais:

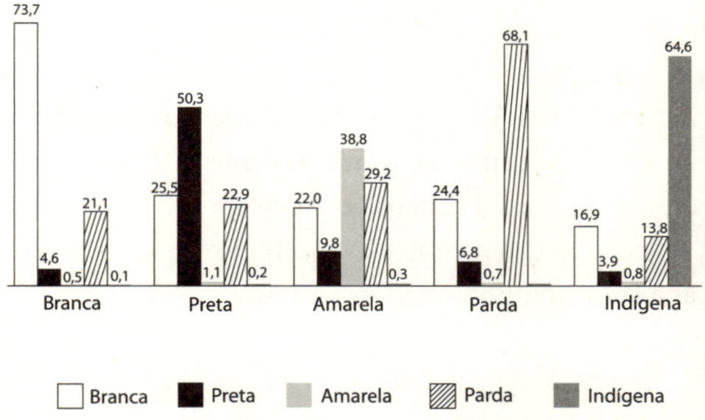

Gráfico 1 – Percentual das uniões de pessoas de 10 anos ou mais de idade, por cor ou raça do homem, segundo a cor ou raça da mulher – Brasil - 2000

Fonte: Extraído e adaptado do Censo Demográfico 2010 (IBGE, 2010).

De acordo com os dados do Censo Demográfico 2010, 73,7% dos homens autodeclarados brancos encontravam-se em uniões conjugais com mulheres autodeclaradas brancas, ao passo que 21,1% dos homens autodeclarados brancos encontravam-se em uniões conjugais com mulheres pardas e 4,6% com mulheres pretas. Entre os homens autodeclarados pardos, 68,1% encontravam-se unidos a mulheres autodeclaradas pardas, 6,8% encontravam-se unidos a mulheres autodeclaradas pretas e 24,4 encontravam-se unidos a mulheres autodeclaradas brancas. Por outro lado, 50,3% dos homens autodeclarados pretos, em relações conjugais, estavam unidos a mulheres autodeclaradas pretas, 22,1% estavam unidos a mulheres autodeclaradas pardas e 25,5% estavam unidos a mulheres autodeclaradas brancas. Se tomarmos o grupo de homens pretos e pardos como parte da população negra, veremos que 72,3% dos homens pretos estão unidos a mulheres negras, considerando pretas e pardas, e 74,9% dos homens pardos estão unidos a mulheres negras, também considerando pretas e pardas, o que aproxima esse índice de endogamia àquele observado entre homens brancos (73,7%).

Ao mesmo tempo que observamos que, em termos absolutos, os homens pretos são aqueles que mais se unem às mulheres pretas, podemos observar também que eles são os que, proporcionalmente, menos se unem a mulheres de seu grupo de cor; o que nos ajuda a entender, ao menos em parte, o fenômeno da solidão da mulher negra, que incide com mais força justamente sob as mulheres pretas (Pacheco, 2008).

Os dados organizados por Berquó (1988), e citados por Moutinho (2006), sobre nupcialidade e celibato podem nos ajudar a compreender um pouco mais as consequências dessa disputa assimétrica entre mulheres negras e brancas no que se refere à conjugalidade. Os dados apresentados na tabela a seguir evidenciam que, embora, a taxa de celibato dos homens negros seja a mais elevada se comparada com os outros grupos de cor – homens brancos e pardos –, a taxa de celibato entre as mulheres pretas é quase o dobro da taxa verificada entre mulheres pardas e brancas.

Tabela 2 – Taxas de nupcialidade e celibato por sexo e cor – 1980

Mulheres			Homens		
Cor	Idade ao casar	Celibato	Idade ao casar	Celibato	Diferença na idade ao casar
Branca	22,7	7,7	25,7	5,5	3,0
Parda	22,5	8,0	25,4	5,2	2,9
Preta	23,4	13,4	26,3	7,8	3,1

Fonte: Extraído e adaptado de Berquó (1988).

Segundo Berquó (1988, p. 79), embora as mulheres pretas e pardas estejam em grupos de cor nos quais se verifica um excedente de homens em relação a mulheres (1,016 homens pretos para cada mulher preta e 1,018 homens pardos para cada mulher parda), "nossa hipótese é de que o excedente de mulheres brancas na população deve levá-las a competir, com sucesso, com as pardas e as pretas, no mercado matrimonial".

Em seu livro, intitulado *Razão, "cor" e desejo*, Laura Moutinho (2004) se propõe a analisar as razões afetivas e sexuais que norteiam os relacionamentos afetivos-sexuais entre "negros" e "brancos" no Brasil, sejam esses relacionamentos formais ou não. Embora sinalize que boa parte dos estudos contemporâneos (como Berquó, 1988; Silva, 1987) apontam que, no atual processo de miscigenação no Brasil, a predominância observada seja a do par inter-racial homem negro e mulher branca, poucos estudos se propõe a compreender as razões afetivas e sexuais que movem os sujeitos a ingressarem e, por vezes, permanecerem nessas relações ainda consideradas tabus. Tendo realizado uma vasta revisão da produção literária brasileira do século XIX e XX, que abordou, direta e indiretamente, as relações inter-raciais, Moutinho (2004) conclui que:

> [...] a mulata aparece em toda a literatura analisada anteriormente associada ao erotismo; o homem negro que se encontra excluído do mundo dos prazeres na literatura que aborda o "mito de origem" da sociedade brasileira [...] aparece nas análises posteriores ora subsumido a uma lógica de gênero indeterminada, ora desejando uma mulher branca para adquirir status e compensar o desprestígio da cor negra" (Moutinho, 2004, p. 344).

Nas entrevistas realizadas pela autora em seu trabalho de campo, o homem negro não apenas aparece, mas figura em uma posição "sexual" superior à do homem branco. As adjetivações sexuais atribuídas aos homens negros, ora ressaltavam os apelos eróticos que a diferença fazia emergir, ora ressaltavam o erotismo associado à cor da pele.

> As metáforas estéticas, térmicas, viris, de proporção, desempenho e tamanhos, frequentemente evocadas nas falas dos entrevistados para diferenciar o homem negro do homem branco, evidenciam que se este último é superior (e ativo) no eixo normativo e cotidiano, no eixo do erotismo, aparece como inferior aos negros – desempenhando um papel passivo em variados momentos das entrevistas realizadas (Moutinho, 2004, p. 338).

Embora afirme que não tinha o objetivo de mostrar, com sua pesquisa, a existência e a dinâmica do racismo e da discriminação racial, ao longo do Capítulo 5, "Da 'cor' do desejo no mercado afetivo-sexual carioca", reservado às discussões derivadas de entrevistas com homens e mulheres que já tiveram, ao longo da vida, algum tipo de relacionamento inter-racial, Moutinho mostra a intricada trama existente entre desejo, afeto e racismo.

> As falas dos informantes e [as] experiências da antropóloga no campo remetem o leitor a um misto de situações cômicas, dilemas, experiências dolorosas e reverberação de ideias [*sic*] estereotipadas e racistas que nos fazem refletir sobre a predominância do racismo na intimidade sexual e amorosa. Isso ocorre embora Moutinho, desde o início do capítulo, afirme que sua intenção não é provar que existe preconceito, discriminação ou racismo no Brasil a partir da análise dos casos ali expostos. Percebe-se que a concordância, de antemão, com esta constatação é o ponto de partida da pesquisadora. Assim sendo, ali se encontra o caso da negra universitária que busca desenvolver estratégias para não ser confundida com prostitutas; do negro universitário e militante que se vê no dilema de se relacionar apenas com negras, ou de liberar sua atração e possibilidade de relacionamentos com garotas brancas, atitude que soaria como uma traição ao "movimento". Há ainda (dentre outros) o caso da mulher negra casada com um médico branco que nos encontros profissionais do marido se ausenta para não prejudicar a carreira do cônjuge, ou da garota branca que vê o homem negro e mestiço como sexualmente superior ao homem branco (Macedo, 2006).

No artigo intitulado "Cor e dor moral: sobre o racismo na ralé", Emerson Rocha (2009) mostra, tal como Moutinho (2004), a existência e a persistência do racismo no contexto das relações inter-raciais, ali mesmo onde o afeto também está presente. Rocha organiza seu argumento a partir da história de vida de Lídia, uma mulher negra, nascida de um relacionamento inter-racial entre sua mãe negra e seu pai branco. A partir das provocações do pesquisador, Lídia reflete sobre a "origem dessa inarticulada vergonha de ser negra sobre a qual ainda hoje ela tenta impor seu próprio senso de dignidade e autoestima" (Rocha, 2009). Em sua retrospectiva, Lídia relembra os tempos difíceis da escola, período em que se deu conta de que seus atributos de beleza não se enquadravam no padrão valorizado, o que lhe colocava em um lugar de pouco reconhecimento e valorização. Durante esse período escolar, Lídia travou uma luta constante com o próprio corpo e, sobretudo, com o cabelo crespo, amplificada pelas reprimendas do pai quando lhe encontrava com seu cabelo natural ou "para o alto".

> Na verdade, Lídia não queria falar sobre o racismo de seu pai, não queria falar que aquilo era racismo. Eram somente piadinhas e, no fundo, ele quase sempre abraçava as filhas como se elas não fossem, como se elas não fizessem, como ele dizia e diz, "coisas de preto". Eram somente alguns comentários sobre o cabelo, sobre a pele mais escurecida quando ela e seus irmãos passavam muito tempo sob o sol. Não era nada mais do que o uso exagerado do adjetivo "preto" para designar tudo aquilo que não tem a ver com a cor das pessoas: coisas como má educação, mau cheiro, falar errado, não estudar. Essas eram e são "coisas de preto". Lídia percebia que ao mesmo tempo em que aprendia a não querer ter má educação, a não querer ter mau cheiro, a não querer falar errado, aprendia também a não querer ser negra (Rocha, 2009, p. 360).

Os resultados encontrados por Rocha (2009) e Moutinho (2004) mostram, de modo complementar, como o racismo e o afeto podem coexistir, não sem conflitos, nas relações sociais e domésticas no contexto brasileiro, o que possibilita que tanto o amor romântico quanto o desejo sexual e o amor materno/paterno estejam atravessados pela discriminação racial. Trata-se, portanto, de uma sociedade que não apenas racializa todas as esferas da vida social, incluindo aquelas vistas como as mais sagradas e imaculadas, mas também hierarquiza as coisas e as pessoas a partir do pertencimento racial.

Considerações finais

A pergunta que parece emergir das constatações apresentadas aqui relativas ao caráter racializado de nossas relações sociais, observável em nossa capacidade cotidiana de heteroidentificar racialmente os outros, e da tendência endogâmica das relações conjugais na sociedade brasileira é: como é possível surgir uma nação mestiça (indiferente a cor/raça) de uma sociedade em que as relações sociais são racializadas e as relações conjugais são majoritariamente endogâmicas?

Parece-me que há aqui, portanto, uma aparente contradição, o que nos permite afirmar que a ideia de "nação mestiça" se configura como um mito fundador da nação brasileira, uma história que contamos sobre nós mesmos e, nas palavras de Fernando Henrique Cardoso (1993), gostamos de ouvir.

> O outro lado que me parece fazer com que [o livro] *Casa grande e senzala* permaneça é o da produção de um mito. O encanto do livro de Gilberto Freyre é que ele, ao mesmo tempo em que desvenda, oculta e mistifica. Mas Gilberto faz um mito que é o nosso mito. De alguma maneira

> propõe uma imagem que as pessoas gostariam que fosse verdadeira. Essa imagem, sendo mítica, deforma. O mito tem que ter sempre estrutura simples de oposições binárias. Quem leu Lévi-Strauss sabe disso. E tem de conter oposições claras. A estrutura de *Casa grande e senzala* é uma estrutura simples, a oposição é clara também. O "nós" que se forma é o "nós' que está baseado na casa grande e na senzala, nas raças formadoras, e se opõe aos outros, que não são assim. Não é o holandês quem vai plasmar o Brasil: não poderia; é o português, porque o português conseguiu essa amálgama com o negro que permitiu a individualidade da civilização brasileira, criando uma identidade redefinida miticamente por Gilberto Freyre. E criou uma identidade que fez com que o leitor, ao lê-la, não a rejeitasse. Não se trata de um espelho horroroso, para mostrar uma cara que nós não gostaríamos de ter. Será um espelho narcisista, como o próprio autor, aliás, sempre foi. Quem o mirar achará que nossa cara é bela e gostosa de ser vista (Cardoso, 1993, p. 25).

Se por um lado, o índice de 25% de relações endogâmicas não é capaz de forjar, concretamente, um povo mestiço, é preciso reconhecer que a identidade mestiça, "redefinida miticamente" por Gilberto Freyre, exerce uma notável força em nosso imaginário nacional, provavelmente pelo fato de que a afirmação "Em minha família há negros e brancos" seja relativamente comum em nosso meio. O problema é que, em geral, tal afirmação vem acompanhada de "Por isso, somos uma família mestiça", fazendo com que o enunciado completo se torne: "Em minha família há negros e brancos; por isso, somos todos mestiços". Tal enunciado, no entanto, deveria ser identificado como tão problemático quanto a fictícia afirmação: "Em minha família há pobres e ricos; por isto somos todos classe média". Neste último exemplo, o simples reconhecimento da existência de membros financeiramente distintos no seio da família seria suficiente para proceder uma equação matemática, somando as partes distintas e encontrando a média aritmética. Por isso, creio que o mais adequado seria afirmar: "Em minha família há negros e brancos; por isso, somos uma família multirracial". Reconhecer a característica multirracial e pluriétnica da nação brasileira não é, todavia, um simples exercício retórico ou de reflexão intelectual, já que implica o reconhecimento dos contraditórios e eficientes mecanismos de manutenção, a um só tempo, do

> orgulho da pretensa atmosfera harmônica vivenciada pelas três matrizes raciais fundantes da nação (Teoria da Democracia Racial), quanto no desejo inconfessável de tornar-se uma nação branca (Teoria do Branqueamento Racial) (Jesus, 2011a, p. 154).

Como procurei mostrar em minha tese de doutoramento em Educação (Jesus, 2011b), dedicada a discutir os posicionamentos públicos sobre políticas de reservas de vagas no ensino superior brasileiro para a população negra, boa parte dos argumentos contrários a essas políticas estava ancorada em argumentos genéticos sobre a inexistência de raças. No ano de 2017, convidado pela equipe da então vereadora de Belo Horizonte, Áurea Carolina, produzi um trabalho técnico sobre a situação de vulnerabilidade e violência letal contra jovens negros e pobres na cidade (Jesus, 2017). A impossibilidade de identificar o pertencimento racial dos jovens mais vulneráveis à violência letal na cidade, já que o Índice de Vulnerabilidade Juvenil à Violência de Belo Horizonte (IVH-BH)[5] não estava separado por raça/cor, nos impediu, a princípio, de compreender as dinâmicas locais que fazem com que os jovens negros e residentes nas periferias da cidade estivessem muito mais expostos à violência letal do que os jovens brancos. Tanto nos debates sobre reservas de vagas no ensino superior quanto na produção do indicador sobre vulnerabilidade juvenil em Belo Horizonte, os posicionamentos alinhados à máxima "Raça não existe", que ignoram nossa realidade racializada e trabalham a favor da continuidade das hierarquias raciais travestidas de "Somos todos iguais", devem ser justamente nomeados como racismo institucional (Almeida, 2010).

Por isso, penso que desnaturalizar a realidade social e racializar as relações vividas por nós seja tão importante. É preciso mostrar que, no Brasil, a pobreza tem cor. O analfabetismo, os homicídios de jovens, os estudantes universitários têm cor. Ah, e o amor também tem cor.

Foi pensando nessas verdades incômodas que defini que um objetivo complementar deste artigo era o de mostrar que o reconhecimento dos mecanismos utilizados para hierarquizar o mundo e as pessoas poderia ser colocado em prática utilizando métodos e instrumentos simples, incluindo aqueles utilizados, geralmente, com a finalidade de entretenimento. Trata-se, então, não apenas de um exercício racional de interpretação do mundo e da

---

[5] O Índice de Vulnerabilidade Juvenil à Violência de Belo Horizonte (IVJ-BH) mostra a situação dos jovens de Minas Gerais no que diz respeito à exclusão social e às situações de risco que eles têm mais chances de viver. O IVJ-BH seguiu a metodologia utilizada pelo IVJ-MG, replicando o modelo de análise fatorial adotado. A análise fatorial é uma técnica estatística sofisticada que busca, através da avaliação de um conjunto de variáveis, a identificação de dimensões de variabilidade comuns existentes em um conjunto de fenômenos com o intuito de definir a estrutura das inter-relações entre as variáveis em análise. Para saber mais, acessar, a partir de 3 de outubro de 2019: <https://bit.ly/2MWwmKD>. Acesso em: 13 abr. 2017.

sociedade brasileira, em particular. Trata-se de colocar em prática disputas por outros modos de contar histórias pouco contadas.

Ao considerarmos que todos nós, desde a mais tenra infância, fomos apresentados, por meio de um letramento (não racial), a uma sociedade harmoniosa e cega à cor, contar outras histórias é colocar em prática um letramento de reexistência, que, nas palavras de Ana Lúcia Silva Souza (2009), deve ser entendido como "uma reinvenção de práticas que os ativistas realizam, reportando-se às matrizes e aos rastros de uma história ainda pouco contada, nos quais os usos da linguagem comportam uma história de disputa" (Souza, 2009, p. 33).

Mas, em uma sociedade como a nossa, não basta ler o mundo de outra forma. É preciso agir no mundo! É preciso transformá-lo, já que, como nos adverte Angela Davis, em uma sociedade racista, não basta não ser racista; é preciso ser antirracista.

Referências

ALMEIDA, S. *O que é racismo estrutural?*. Belo Horizonte: Letramento: Justificando, 2018.

BERQUÓ, E. Demografia da desigualdade. *Novos Estudos CEBRAP*, São Paulo, n. 21, p. 74-85, jul. 1988.

BROWN, M. Capítulo 4, versículo 3. In: RACIONAIS MC's. *Sobrevivendo no inferno*. São Paulo: Cosa Nostra, 1997. CD.

CARDOSO, F. H. Livros que inventaram o Brasil. *Novos Estudos CEBRAP*, São Paulo, n. 37, nov. 1993.

FREYRE, G. *Casa grande e senzala*. Rio de Janeiro: Schmidt, 1993 [1933].

IBGE – Instituto Brasileiro de Geografia e Estatística. *Censo Demográfico 2010: nupcialidade, fecundidade e migração*. Rio de Janeiro: IBGE, 2012.

JESUS, R. E. de. Ações afirmativas, educação e relações étnico-raciais: lutas por redistribuição e por reconhecimento. *Paidéia – Revista do Curso de Pedagogia da Universidade FUMEC*, Belo Horizonte, v. 8, n. 11, p. 151-173, jul./dez. 2011a.

JESUS, R. E. de. *Ações afirmativas, educação e relações raciais: conservação, atualização ou reinvenção do Brasil?*. 2011b. 278 f. Tese (Doutorado em Educação) – Faculdade de Educação, Programa de Pós-Graduação em Conhecimento e Inclusão Social, Universidade Federal de Minas Gerais, Belo Horizonte, 2011b.

JESUS, R. E. de. Câmara Municipal de Belo Horizonte. *Relatório Parcial* da Comissão Especial de Estudo sobre o Homicídio de Jovens Negros e Pobres. Belo Horizonte, 2018. Relatório.

MOUTINHO, L. *Razão, "cor" e desejo*. São Paulo: Editora Unesp, 2004.

MOUTINHO, L. *Razão, "cor" e desejo*. São Paulo: Editora Unesp, 2004. Resenha de: MACEDO, M. *Cadernos de campo*, São Paulo, n. 14/15, p. 243-246, mar. 2006.

MUNANGA, K. Uma abordagem conceitual das noções de raça, racismo, identidade e etnia. In: BRANDÃO, A. A. P. (Org.). *Cadernos PENESB*, Niterói, n. 5, p.15-34, 2004.

NOGUEIRA, O. Preconceito racial de marca e preconceito racial de origem: sugestão de um quadro de referência para a interpretação do material sobre relações raciais no Brasil. In: NOGUEIRA, O. (Org.). *Tanto preto quanto branco: estudos de relações raciais*. São Paulo: T. A. Queiroz, 1985 [1954].

PACHECO, A. C. L. *"Branca para casar, mulata para f... e negra para trabalhar": escolhas afetivas e significados de solidão entre mulheres negras em Salvador, Bahia*. 2008. 324 f. Tese (Doutorado em Ciências Sociais) – Instituto de Filosofia e Ciências Humanas, Programa de Pós-Graduação em Ciências Sociais, Universidade Estadual de Campinas, Campinas, 2008.

PENA, S. D.; BORTOLINI, M. C. Pode a genética definir quem deve se beneficiar das cotas universitárias e demais ações afirmativas?. *Revista Estudos Avançados*, São Paulo, v. 18, n. 50, p. 31-50, abr. 2004.

PENA, S. Quem somos nós, os brasileiros? – Programa completo. In: TV UFMG. *UFMG Talks*, 13 jun. 2019. Disponível em: <https://www.youtube.com/watch?v=2hvq3OyABm0>. Acesso em: 26 jul. 2019.

PETRUCCELLI, J. L. Casamento e cor no Brasil atual: a reprodução das diferenças. In: ASSOCIAÇÃO NACIONAL DE PÓS-GRADUAÇÃO EM CIÊNCIAS SOCIAIS, 24,. 2000, Petrópolis. Comunicação em Grupo de Trabalho. Petrópolis: ANPOCS, 2000.

PHILLIPS, T. Bolsonaro Business Backers Accused of Illegal Whatsapp Fake News Campaign. *The Guardian*, 18 out. 2018. Disponível em: <https://bit.ly/2RXqdzD>. Acesso em: 31 jul. 2019.

ROCHA, E. Cor e dor moral: sobre o racismo na ralé. In: SOUZA, J. (Org.). *A ralé brasileira: quem é e como vive*. Belo Horizonte: Editora UFMG, 2009.

SILVA, N. do V. Distância social e casamento inter-racial no Brasil. *Estudos Afro-Asiáticos*, Rio de Janeiro, n. 14, p. 54-84, 1987.

SOARES, M. Novas práticas de leitura e escrita: letramento na cibercultura. *Educação e Sociedade*, Campinas, v. 23, n. 81, p. 143-160, 2002. Disponível em: <http://www.scielo.br/pdf/es/v23n81/13935>. Acesso em: 31 jul. 2019.

SOUZA, A. L. S. *Letramentos de reexistência: culturas e identidades no movimento hip-hop*. 2009. 206 f. Tese (Doutorado em Linguística Aplicada) – Instituto de Estudos da Linguagem, Universidade Estadual de Campinas, Campinas, 2009.

TOMÁS, M. C. *Interracial Marriage in Brazil: A Discussion About Local Marriage Market, Parents' Characteristics, and Household Chores*. 2012. 134 f. Tese (Doutorado em Filosofia) – Universidade da Califórnia, Programa de Pós-Graduação em Sociologia e Demografia, Berkeley, 2012.

UFMG – Universidade Federal de Minas Gerais. *Formação Transversal em Relações Étnico-Raciais: História da África e Cultura Afro-Brasileira*. [s. d.]. Disponível em: <https://bit.ly/1S6FhT8>. Acesso em: 31 jul. 2019

PARTE 3

Racismos midiatizados e possíveis resistências

"É a representação da miscigenação, parem de problematizar": o racismo na circulação midiática da campanha de natal Chester Perdigão

Pablo Moreno Fernandes

Introdução

Em novembro de 2018, a Perdigão, marca brasileira que comercializa produtos alimentícios, veiculou uma campanha publicitária do produto Chester Perdigão, por ocasião do natal. A campanha motivou uma discussão em torno de estereótipos da representação negra na publicidade brasileira. Nosso objetivo é compreender a circulação midiática de narrativas sobre o racismo a partir da publicidade. Para isso, tomamos como pontos de investigação: 1) a narrativa apresentada nos dois filmes publicitários; 2) as notícias que repercutiram a acusação em três portais jornalísticos brasileiros; 3) o vídeo produzido pelo *youtuber* André Moscoso abordando o assunto.

Com isso, tomamos como objetivos específicos: a) compreender a construção das cenas de consumo (Carrascoza, 2012) e as formas de representação de pessoas negras nos filmes em questão; b) analisar as zonas de contato (Fausto Neto; Sgorla, 2013) estabelecidas nos comentários dos dois filmes; c) observar a atuação dos *youtubers* na circulação midiática (Fausto Neto, 2010) a partir das estratégias de indução (Fausto Neto; Sgorla, 2013); d) verificar como o jornalismo atuou no processo de circulação.

Ancoramos nossa justificativa na argumentação de que, avançando na discussão sobre o racismo brasileiro na publicidade (Viana; Belmiro, 2019), podemos pensar em formas de representação mais plurais, levando os próprios publicitários a compreenderem a dimensão política e social de sua atividade (Canclini, 2008) em tempos de hiperconsumo (Lipovetsky, 2007). O racismo brasileiro tem um traço histórico muito forte em razão do processo de colonização português, que permitiu aqui um dos processos de escravidão mais duradouros do mundo (Nunes, 2006). Isso fez com que o racismo aqui se organizasse de forma estrutural (Almeida, 2018), institucional (López, 2012) e tridimensional (Campos, 2017).

Os meios de comunicação também são responsáveis pela perpetuação da subjugação do povo negro a um lugar de invisibilidade (Diogo, 2014). Nos telejornais brasileiros, há poucos âncoras negros. Quando negros são representados na mídia brasileira, aparecem em narrativas que os colocam em condição de estereótipo (Corrêa, 2006) de violência, pobreza, exclusão, hipersexualização (Leão *et al.*, 2017). Nas capas de revistas, ainda há poucos negros (Martins, 2017). E o mesmo se percebe na publicidade, ainda que se possa comemorar avanços pontuais, como os relatórios TODXS (Heads, 2018) sinalizam.

Há uma lei cujo objetivo é pautar a atuação do Estado na solução de dívidas históricas contra o povo negro, o Estatuto da Igualdade Racial, Lei nº 12.248 de 20 de julho de 2010, regulamentado pelo Decreto nº 8.136 de 5 de novembro de 2013. Acerca da inclusão dos negros nos meios de comunicação, o artigo 44 do capítulo VI determina que:

> Na produção de filmes e programas destinados à veiculação pelas emissoras de televisão e em salas cinematográficas, deverá ser adotada a prática de conferir oportunidades de emprego para atores, figurantes e técnicos negros, sendo vedada toda e qualquer discriminação de natureza política, ideológica, étnica ou artística (Brasil, 2010).

A publicidade, como importante instrumento para se compreender o espírito do tempo nas sociedades capitalistas, constrói imaginários. Os hábitos de consumo refletem as práticas culturais e a publicidade representa os desejos da sociedade, ao mesmo tempo que a desafia a adotar novos hábitos, participando de sua transformação. Sendo assim, esperava-se que um país com 53,9% de população negra (IBGE, 2011) abrisse espaço para essa população nos discursos de promoção do consumo, mas isso não ocorre. Isso, além de apagar uma parcela significativa de público consumidor, desrespeita o Estatuto da Igualdade Racial que determina, no artigo 45 do capítulo VI, que: "Aplica-se à produção de peças publicitárias destinadas à veiculação pelas emissoras de televisão e em salas cinematográficas o disposto no art. 44" (Brasil, 2010).

Com uma história construída no mito da democracia racial (Fernandes, 1965), a sociedade brasileira ignora as mazelas deixadas pela escravidão.

Desigualdades sociais, políticas, econômicas, falta de representatividade, estereotipagem e silenciamento colocam o povo negro como minoria, ainda que essa não seja a realidade. Discute-se muito pouco o racismo e, em virtude da miscigenação, utiliza-se a ideia de democracia racial para evitar problematizar a complexidade dele. A ideia da miscigenação, inclusive, dificulta que boa parte dos negros tenham consciência racial (Silva, 2001), reforçando o projeto hegemônico que mantém a estrutura de opressão.

O ponto de partida deste artigo consiste na leitura da cena de consumo dos dois filmes que integram a campanha "Chester Perdigão | Natal Família Oliveira"[1] e "Chester Perdigão | Natal Família Silva".[2]

Leitura da cena de consumo: Chester generoso

O primeiro filme publicitário foi ao ar em 26 de novembro de 2018, e conta com 30 segundos de duração. Ele tem início com a imagem de um grupo de pessoas em uma ceia natalina e um texto com os dizeres "Família Oliveira". A família que aparece é formada por oito pessoas (Quadro 1). Elas estão sentadas à mesa da sala de jantar e o Personagem 1 pergunta ao Personagem 2 o que é generosidade. O segundo responde que a forma mais gostosa de explicar é com o Chester Perdigão. Ele fala que o Chester é generoso porque serve para a família toda e afirma que dá para explicar com um gesto e diz: "Sabia que quando a gente comprou esse Chester, a Perdigão doou um igualzinho para uma família que precisa?". O Personagem 1 responde que aquilo é legal, e a imagem troca para outro ambiente em que outra família está sentada em uma mesa de jantar. Surge na tela o letreiro "Família Silva". O cenário aponta para uma casa de baixa renda e, ao contrário da família Oliveira, o jantar é na cozinha, não na sala de jantar. Na cozinha da família Silva também há oito pessoas (Quadro 2). A Personagem 1 carrega o Chester e fala o seguinte: "A sua generosidade vai transformar o nosso natal e o de milhares de famílias também". Ela abraça o Personagem 2, dá um beijo em seu rosto, enquanto uma locução masculina narra o texto: "No Natal, gostoso é comer junto. E comer junto é Perdigão". Aparece então a imagem de um Chester Perdigão acompanhada da frase narrada.

[1] Disponível em: <https://bit.ly/2P3mMYX>. Acesso em: 21 mar. 2019.

[2] Disponível em: <https://bit.ly/2NhK9ih>. Acesso em: 21 mar. 2019.

Quadro 1 – Personagens da Família Oliveira

Personagem 1	menino branco de camisa xadrez vermelha
Personagem 2	homem branco idoso de camisa branca
Personagem 3	homem branco de camisa verde azulado
Personagem 4	mulher negra de camisa preta de bolinhas brancas
Personagem 5	mulher negra de camisa marrom
Personagem 6	menino branco de jaqueta cinza
Personagem 7	homem branco de camisa azul marinho
Personagem 8	mulher branca idosa de roupa vermelho escuro

Quadro 2 – Personagens da Família Silva

Personagem 1	mulher negra de camisa verde
Personagem 2	menino negro de camisa verde listrada
Personagem 3	jovem (homem) branco de camisa verde
Personagem 4	jovem (mulher) negra de camisa vermelha
Personagem 5	menina branca de roupa floral
Personagem 6	menina negra de roupa verde
Personagem 7	homem negro idoso de camisa verde escuro
Personagem 8	menino negro de camisa xadrez azul

Também com 30 segundos de duração, "Chester Perdigão | Natal Família Silva" foi ao ar em 26 de novembro de 2018, após o filme apresentado anteriormente. Ele começa com o enquadramento de uma mesa de jantar em que duas mãos brancas colocam a ave em uma bandeja, com a inserção do letreiro "Família Silva". A imagem enquadra a família, apresentada no Quadro 2, à mesa, excetuando-se o Personagem 5. O Personagem 1 narra: "Quando a nossa família ganhou um Chester Perdigão, o presente não foi só uma ceia bonita. Foi também o sentimento de ter um natal especial, daqueles que a gente só imaginava. Agora essa sensação é real. Graças a você". Enquanto ela fala, a imagem a mostra servindo o Chester, interagindo com as pessoas. Ao longo dessas imagens, a Personagem 5 aparece à mesa. A imagem corta para um enquadramento superior de outra mesa de jantar, em que duas mãos brancas colocam um Chester sobre a mesa, com o letreiro "Família Oliveira" no meio da tela. Surge no quadro o Personagem 2

(Quadro 1), que diz: "Por isso aqui sempre tem Chester. Ele é generoso no sabor, no tamanho e, comprando um, a Perdigão doa outro para uma família que precisa". Enquanto ele fala, as imagens mostram uma mesa em que uma família formada pelas pessoas que constituem a família Oliveira no vídeo anterior (Quadro 1). Entra a mesma assinatura do vídeo anterior.

Observando a constituição da cena de consumo presente nos dois filmes, percebemos que na família Silva a mulher é protagonista. Ela é o único personagem com falas e é responsável por servir as pessoas à mesa. Como o início do filme demonstra, o Chester chega para a família por meio de mãos brancas, reforçando a ideia de assistencialismo com as pessoas negras. A figura masculina adulta (Personagem 7 do Quadro 2) tem papel de figuração, pois não aparece em primeiro plano. Pela distância da mulher, não aparenta ser seu marido, e sim seu pai. Pode-se interpretar que a mulher negra não esteja casada, criando os filhos sozinha. A avó também não está presente na composição familiar. O reforço do estereótipo está na sugestão de que famílias negras não se organizam em estruturas tradicionais. Outro estereótipo de gênero refere-se ao fato de a mulher acumular tarefas, como a matriarca da família e também quem cuida dos afazeres domésticos.

A maior parte das pessoas que aparece no jantar da família Silva é negra. É curiosa a presença de um único jovem branco (Quadro 2), visto que no enquadramento completo da família, quando a mulher narra que receberam a doação, a segunda menina branca não está presente. Esse homem branco, então, pode ser: filho da Personagem 1 com um homem branco (que não aparece), reforçando estereótipos sobre solidão da mulher negra e abandono parental por parte dos homens em relacionamentos inter-raciais; namorado de uma das filhas adolescentes, o que pode ser lido como sexualização precoce das jovens, outro estereótipo comumente associado às mulheres negras; pode também ser o namorado mais jovem do Personagem 1, não sendo pai das crianças em cena.

A família Oliveira é majoritariamente branca (na mesa de jantar aparecem duas mulheres negras em posição de figuração). Elas não interagem com outros personagens, e a narrativa também não dá pistas sobre seu papel na família. A estrutura familiar é patriarcal, já que o homem protagoniza a peça, sendo o único com falas, e as mulheres servem à mesa, sem participação ativa. A família Oliveira atende aos padrões de constituição familiar patriarcais, enquanto a família Silva foge a esse padrão, sendo apresentada de uma forma que pode ser lida como reforço a estereótipos de representação de famílias negras.

Discussões sobre o racismo na campanha: circulação

A perspectiva da circulação midiática cria uma zona de indeterminação entre emissão e recepção: "Trata-se da ordem interdiscursiva onde a circulação – como um 'terceiro' – se oferece como um novo lugar de produção, funcionamento e regulação de sentidos" (Fausto Neto, 2010, p. 60). Fausto Neto (2010) reconhece na circulação o estabelecimento de zonas de contato entre emissão e recepção, nas quais são colocadas em atrito as intenções comunicativas do emissor, o repertório cultural e simbólico dos receptores e a forma como a mensagem é interpretada diante desses elementos. O atrito entre essas instâncias remete ao modelo praxiológico (Queré, 1991), que aponta para a superação do paradigma informacional na compreensão da comunicação como um processo interacional, no qual a própria noção dos papéis realizados por emissor e receptor[3] deixa de ser estanque, sendo esses papéis afetados pela própria experiência. França (2008) coloca que a comunicação se desenvolve como as práticas reflexivas, nas quais indivíduos se afetam mutuamente, de acordo com a situação, por meio da linguagem. Assim, em um modelo interacional, o lugar dos papéis de emissão e recepção está em fluxo, em consonância com a perspectiva da circulação.

Fausto Neto e Sgorla (2013) explicam que, historicamente, o processo interacional determinava o estabelecimento de zonas de contato a partir do interesse do emissor, fortalecido por sua vocação mediadora em espaços como as seções "Carta ao leitor". Hoje, esse lugar evoluiu para as formas de participação por meio de comentários, circulação dos conteúdos por meio de compartilhamentos e outras formas de interação, em um modelo no qual os papéis de emissor e receptor são indeterminados.

E isso tem impactos de grandes proporções nas lógicas de consumo. Consumidores estreitam vínculos com as marcas, que passam a se preocupar cada vez mais com a opinião manifestada por eles nas plataformas de comunicação. Trindade e Perez (2014) apontam que as marcas passam a interagir com consumidores em uma perspectiva alinhada à matriz teórica da circulação midiática.

A complexidade da midiatização enfraquece a ação mediadora dos emissores, anteriormente detentores da hegemonia no processo comunicativo, em um contexto de comunicação massiva e linear que não se aplica

---

[3] O próprio uso dos termos "emissor" e "receptor" passa a ser questionado.

ao nosso caso. No contexto contemporâneo, emergem "não somente novas possibilidades de acesso aos meios, mas também de manejo de tecnologias de comunicação, por parte de atores sociais" (Fausto Neto; Sgorla, 2013, p. 4). Os autores apresentam uma análise da constituição de novas zonas de contato, descrevendo dois conceitos relevantes para o estudo da circulação: o de estratégias de indução e o de modo de existência.

As estratégias de indução correspondem a formas pelas quais os sujeitos que estão no papel de emissores convidam aqueles que ocupam o papel de receptores a participar do processo de circulação, envolvendo-os de alguma forma na mensagem, estabelecendo trocas entre eles. Sob uma perspectiva interacional, o lugar desses papéis está em fluxo, como perceberemos em nossa análise do objeto empírico, mais adiante. Apesar da transformação no processo comunicativo, nessa modalidade ainda se destaca a presença da ação reguladora da mediação, uma vez que a participação é submetida a critérios estabelecidos pelo próprio emissor (termos e condições, política de participação, filtros de mediação), seja uma emissora de TV, um blog, um *youtuber*, entre outros. Com isso, esse sujeito provoca modos de existência específicos às audiências, de acordo com a recepção estabelecida, conforme repertórios culturais que o conteúdo provoca, conforme a situação, entre outras variáveis.

Há que se considerar também a participação do sujeito na construção e na organização dos conteúdos em seu processo de circulação. Isso ocorre pelas possibilidades de interação por meio de avaliações de conteúdos (reações, sinalizações "Gostei" e "Não gostei"). Apresentamos na Tabela 1 esses números para os vídeos selecionados, para iniciarmos uma investigação em torno da circulação.

Tabela 1 – Estatísticas dos dois vídeos da campanha

	"Chester Perdigão | Natal Família Oliveira"	**"Chester Perdigão | Natal Família Silva"**
Visualizações	321.850	644.722
"Gostei"	1.100	10.000
"Não Gostei"	526	6.500

À época de nossa coleta,[4] "Chester Perdigão | Natal Família Oliveira" contava com número de reações "Gostei" um pouco mais de duas vezes

4 A coleta do material sobre a campanha foi realizada em 21 de março de 2019.

superior ao de "Não gostei". "Chester Perdigão | Natal Família Silva" contava com quase o dobro de visualizações, mas o número de reações "Não gostei" é proporcionalmente similar. Ainda assim, a partir das sinalizações, percebemos que o número de pessoas que não se incomodou com as representações ainda é bastante superior. Isso chama a atenção para a percepção da vigência do mito da democracia racial no Brasil e para a dificuldade em se reconhecer o racismo em suas nuances pelos modos de existência do receptor majoritário em interação com as peças. O imaginário sobre a sociedade brasileira miscigenada criou mitos de que não há racismo no Brasil, e, quando ele é denunciado, há fortes reações da branquitude para deslegitimar as denúncias. Por meio das sinalizações de reações, já se percebe a vigência do mito da democracia racial no Brasil, visto que a maior parte da audiência reagiu para desqualificar as críticas à campanha.

O número de visualizações a mais no segundo filme chamou nossa atenção por representar pouco mais que o dobro em relação ao primeiro, e, a partir disso, fomos investigar quais estratégias de indução podem ter proporcionado maior visibilidade. Para isso, verificamos as zonas de contato estabelecidas por meio dos comentários nas duas peças. Do conjunto de comentários, recortamos aqueles que chamamos de "originais", recorte que contempla aqueles que não são resposta a outros comentários. A partir desse levantamento, eles foram agrupados em três categorias: 1) os que identificaram racismo; 2) os que não identificaram racismo; e 3) os sobre outros assuntos.

"Chester Perdigão | Natal Família Oliveira" recebeu 355 comentários, sendo 169 deles correspondentes a comentários originais. Desse total, 18 perceberam uma abordagem racista, correspondendo a 10,65% do total. Entre eles, o principal argumento utilizado para apontar o racismo referia-se ao fato de a família branca ajudar a família negra. Percebe-se que o questionamento à publicidade, na lógica da circulação, justifica-se também por práticas de empoderamento (Berth, 2018), que mobilizaram pessoas negras a questionar representações estereotipantes na mídia.

Os comentários que afirmavam não reconhecer racismo totalizaram 104, um percentual de 63,41%. A maior parte classificava as críticas como "mimimi", em referência à expressão utilizada na internet para desqualificar falas sem apresentar um argumento consistente. A expressão teve origem na animação *Fudêncio e seus amigos*, da MTV.[5] Chamaram atenção também

---

[5] Ver mais em: PACHECO, P. De onde vem o "mimimi"? Criadores do "Fudêncio" criticam mau uso do termo. *Uol*, 6 out. 2017. Disponível em: <https://tvefamosos.uol.

os numerosos comentários que associam as crítica negativas a pessoas de esquerda, como se o combate ao racismo fosse (ou devesse ser) pauta dessa ideologia do espectro político.

Os comentários sobre outros assuntos somam um total de 47, correspondendo a 28,65% do total. Em sua maior parte, fazem elogios à ação social da promoção, e há comentários sobre assuntos aleatórios.

"Chester Perdigão | Natal Família Silva" recebeu mais de 3.000 comentários. Os comentários originais totalizam 1.585 e, desse número, recortamos os 744 primeiros, considerando a data da postagem. O recorte de comentários se deu até um comentário que nos apontou um momento de virada na circulação: quando uma usuária afirma que chegou à campanha graças ao vídeo do *youtuber* Moscoso. A partir disso, fizemos uma leitura dos comentários e os agrupamos, assim como na peça anterior, nas mesmas três categorias.

Na primeira categoria, 167 comentários se manifestam no mesmo tom que os do primeiro vídeo analisado. Os internautas apontam leituras que criticam a representação do sujeito branco como salvador, por meio de uma narrativa que coloca o negro em situação de ser assistido. Os comentários chamam isso de "síndrome de princesa Isabel", "síndrome de senhorita Morello",[6] Além disso, criticam a ausência de profissionais na agência de publicidade responsável pela criação que estivessem atentos à luta antirracista (negros ou não) para chamar a atenção para a representação estereotipada. Há também críticas ao fato de que na família Oliveira a fala principal é a de um homem, enquanto na família Silva, é a de uma mulher. Há comentários sobre o fato de muitas pessoas brancas não perceberem racismo, e alguns de pessoas que afirmam que vão parar de consumir os produtos da marca, sob perspectiva de boicote, uma dimensão política do consumo contemporâneo (Endres; Panagopoulos, 2017).

---

com.br/noticias/redacao/2017/10/06/de-onde-vem-o-mimimi-criadores-do-fudencio-criticam-mau-uso-do-termo.htm>. Acesso em: 1 mar. 2019.

6 "A personagem Srta. Morello (Jacqueline Mazarella) retrata uma pessoa branca que reconhece seus privilégios, mas de forma tão soberba que realmente se acha superior em tudo e acredita que todos os negros dependem de sua ajuda e assistência. Vê se em vários episódios a professora do protagonista da série Chris Rock (Tyler James Williams) com suas 'melhores intenções' tentando ajudar o personagem em sua história trágica que criou em sua mente". ROCHA, M. Eu, um garoto negro e a crise da Srta. Morello. *Geledés: Instituto da Mulher negra*. Disponível em: <https://bit.ly/34TN70r>. Acesso em: 11 nov. 2019

Na segunda categoria, identificamos 349 comentários. Além daqueles semelhantes aos percebidos no primeiro vídeo,[7] alguns afirmam que as pessoas negras se ofendem com facilidade e que hoje em dia tudo passa a ser racismo, o que demonstra que as discussões sobre as opressões raciais têm ganhado maior visibilidade. Há também alguns que fazem um paralelo com as políticas de cotas, alegando que negros as reivindicam em razão de dívida histórica, mas discordam da representação como pobres na mídia, fugindo à discussão sobre os impactos dessas representações na construção de imaginários. Um grande conjunto afirma que apontar o racismo trata-se de "lacração",[8] outro termo utilizado para desqualificar discussões sobre pautas de movimentos antirracistas, feministas, LGBTs e outros. Há críticas em relação às demandas por representatividade dos movimentos negros, pois a presença deles no comercial já seria uma forma de inclusão. Há comentários que se apoiam em trecho de uma fala atribuída ao ator Morgan Freeman, em que ele afirma que se parássemos de falar sobre o racismo, ele deixaria de existir.[9] Muitos destacam o fato de haver pessoas negras tanto no jantar da família Oliveira quanto no da família Silva. Outro conjunto é composto por pessoas que se afirmam negras e não percebem racismo na campanha, reproduzindo o discurso hegemônico de negação da discriminação racial. Há ainda comentários explicitamente racistas: alguns recomendam que as pessoas que se incomodam busquem trabalho capinando um lote ou lavando uma trouxa de roupas, deixando subentendidos lugares os quais se espera que os negros ocupem. Outros afirmam categoricamente não haver racismo no Brasil, que negros são doentes mentais por perceberem racismo. Por fim, há comentários que desqualificam as críticas às questões raciais, destacando que a ação social realizada pela marca é mais relevante.

Do volume de comentários analisados, 66,67% estabelecem uma zona de contato na qual as pessoas discutem o conteúdo do vídeo, manifestando opiniões tanto favoráveis quanto contrárias a ele. Esses modos de existência sinalizam a emergência de discussões sobre questões raciais no Brasil, apontando para o incômodo com o levantar das vozes de pessoas negras contra o racismo. A

---

[7] Entre os comentários que tecem críticas negativas, está o que serviu de inspiração para o título deste texto, que remete ao mito da democracia racial.

[8] Mais sobre o termo pode ser visto em: STEIN, T. Lacração/Lacrar. *Dicionário popular.* Disponível em <https://bit.ly/2NU4CXi>. Acesso em: 1 mar. 2019.

[9] Sobre o assunto, ver: LOPES, G. Morgan Freeman disse uma frase contra o Dia da Consciência Negra?. *E-Farsas*, 20 nov. 2017. Disponível em: <https://bit.ly/2BmNeCL>. Acesso em: 1 mar. 2017.

narrativa de desqualificação da luta antirracista é hegemônica, representando um percentual correspondente a 46,9%. As vozes que se levantaram contra a representação correspondem a 22,44% – menos, inclusive, que os comentários sobre outros assuntos: 30,64%. Ou seja, ainda que a consciência racial esteja em expansão e que problematizações dessa natureza contribuam para a emergência do debate, notamos que as vozes negras ainda não têm a devida força.

Dos 1.585 comentários, um total de 35 explicita que o que os levou a assistir à peça publicitária foram vídeos produzidos por *youtubers*. Desse total, 21 afirmam que vieram por indicação de link no canal do Moscoso; 8 por indicação de Artur Mamãe Falei; 4 a partir de Izzy Nobre; e 2 por indicação de Diego Rox. O fenômeno da indicação chamou nossa atenção como estratégia de indução que corrobora para a instituição de outras zonas de contato com públicos diversos. A partir da primeira menção a um *youtuber*, o Moscoso, os comentários passaram a ser, em ampla maioria, contrários àqueles que identificaram racismo. Sendo assim, analisaremos de que forma se dá a manifestação dos *youtubers* sobre a peça.

Com o título "Chester Perdigão, Natal Família Silva e o RAC|SMO",[10] o vídeo de Moscoso foi ao ar em 28 de novembro de 2018. O vídeo contava 132.956 visualizações à época desse levantamento e um total de 25.000 sinalizações "Gostei" e 449 "Não gostei". A partir do número de sinalizações "Gostei", pode-se inferir que a audiência do canal do *youtuber* é formada por pessoas que estão de acordo com suas opiniões. Antes de analisar o material, destacamos o fato de o título do vídeo trazer a palavra racismo grafada com uma barra vertical no lugar do "i". Isso pode ter sido feito para evitar que pessoas chegassem ao vídeo buscando pela palavra-chave, facilitando a construção de um modo de existência favorável à opinião colocada pelo *youtuber*. Pode ter sido também para que o conteúdo não fosse classificado como discurso de ódio pelo YouTube, violando as diretrizes da plataforma.[11]

O vídeo possui duração de 3min38s. O *youtuber* descreve a campanha, alega que as pessoas acusam a marca de racista e propõem boicote à Perdigão. Apesar disso, Moscoso assume postura ambígua em relação ao direito de as pessoas se indignarem, afirmando que a reclamação é legítima, mas condenando quem "vê problemas em tudo". Ele diz que uma empresa como a Perdigão não é

[10] Disponível em: <https://bit.ly/32fDU0t>. Acesso em: 1 maio 2019.

[11] Sobre isso, ver: POLÍTICAS de discurso de ódio. *Ajuda do YouTube*. Disponível em: <shorturl.at/huEQX >. Acesso em: 1 maio 2019.

racista e não faria isso tendo calculado o risco para gerar polêmica, não deixando muito explícito se acredita que isso possa ou não ser possível. Ele relata que mostrou o vídeo para três pessoas, e que uma delas, negra, não se incomodou com a representação. Chama atenção o momento em que *youtuber* muda o tom de voz como se fosse outra pessoa comentando "Mas Moscoso, você não pode falar de racismo porque você não sofre racismo", e ele mesmo responde, com seu tom de voz normal: "É, mas quando eu faço um vídeo detonando alguém que foi racista, aí eu posso falar", alegando sua legitimidade para comentar a campanha. Ele fala sobre questionamentos possíveis para a campanha, já que há outros grupos, como homossexuais, asiáticos e ruivas, não são representados nela – embora reconheça que a comparação é desproporcional, em virtude da gravidade do racismo, pede que as pessoas parem de se incomodar com tudo. Ele assume novamente uma postura ambígua no final, afirmando que as pessoas podem se incomodar com o que quiserem, repetindo que não viu nada de mais na campanha e convidando quem está assistindo a deixar seus comentários, aos 3'24" do vídeo, por meio de uma estratégia de indução (Fausto Neto; Sgorla, 2013) para estimular o debate.

Na descrição do vídeo, consta um link para "Chester Perdigão | Natal Família Silva", o que nos permite inferir que o alcance de público do *youtuber* aumentou o número de visualizações da peça. O vídeo recebeu 1.890 comentários. Do total, há poucos comentários de discussão, sendo 1.690 comentários originais. Somente 29 apontam ter percebido racismo, 1,71% do total. Identificamos poucos comentários sobre outros assuntos, um percentual abaixo de 1%. Dos demais comentários, um total de 1.647, correspondente a 97,3%, afirmam não identificar racismo. Chamam a atenção: a grande quantidade de pessoas que se declaram negras nessa categoria; as que afirmam que as denúncias consistem em vitimismo; quem atribui as denúncias à esquerda; além de muitos comentários que falam sobre a frase atribuída ao ator Morgan Freeman; ideias de miscigenação; abordagens que afirmam que "Tudo hoje é racismo". As críticas assemelham-se muito às que podem ser vistas na leitura dos comentários dos vídeos da campanha.

A observação dos comentários permitiu compreender a ação do *youtuber* no processo de circulação da peça, dado seu alcance e sua capacidade de mobilizar a ação de suas audiências, por meio de estratégias de indução que fortaleceram a repercussão do discurso hegemônico da branquitude, silenciando os questionamentos em torno do reforço de estereótipos racistas no vídeo linkado por ele.

Em tempos de redes sociais, a circulação transborda para uma série de lugares. Nesse caso, isso aconteceu com uma grande repercussão no Twitter, por meio da *hashtag* #PerdigaoRacista mobilizando a cobertura do caso pela imprensa. Em levantamento realizado no Google Notícias, identificamos cerca de 30 veículos que realizaram cobertura das acusações sobre a reprodução de estereótipos racistas na campanha. Dessas, selecionamos três para observar como o caso foi abordado.

A Jovem Pan (2018) foi o primeiro veículo a abordar o caso, publicando reportagem em 27 de novembro de 2018, às 16h20. O texto traz o título "Propaganda de marca de Chester é acusada de racismo na web; entenda", sem citar o nome da marca. A imagem que ilustra a matéria traz uma captura de tela do comercial "Chester Perdigão | Natal Família Silva". A legenda da foto diz: "Muitos consideraram o comercial um esteriótipo [*sic*]" (Jovem Pan, 2018). A reportagem apresenta três comentários no YouTube, sendo dois que identificaram o racismo e um que não o identificou. Partindo dos modos de existência da audiência que atua na circulação da campanha, a reportagem insere *tweets* de usuários da rede social. Quatro identificaram racismo na campanha, e três, não. As palavras-chave utilizadas para classificar o conteúdo foram: "comercial"; "internet"; "Natal"; "polêmica"; "propaganda"; "racismo"; "redes sociais"; e "web". O conteúdo não oferece possibilidade de participação do leitor por meio de comentários.

O HuffPost publicou uma reportagem no mesmo dia às 17h02. O texto possui assinatura da jornalista Luiza Belloni (2018) e, após sua publicação, foi atualizado às 18h48 da mesma data. O título é "Perdigão é acusada de reforçar estereótipo racista em nova campanha de Natal", fazendo menção ao nome da marca já na abertura do texto. No *lead*, o nome da marca é apresentado novamente, assim como o da companhia proprietária da marca, a BRF. A imagem que ilustra a reportagem também traz uma captura de tela de "Chester Perdigão | Natal Família Silva", sem legenda. O texto destaca o motivo da problematização e também busca manifestações de usuários do Twitter, apontando postagens de quatro usuários que identificaram racismo e, em contraponto, duas postagens que não. O texto se encerra apontando a posição da Perdigão sobre a polêmica, lamentando que tenha ofendido alguém, e apresenta trecho da nota distribuída à imprensa. Ao final, são apresentadas palavras-chave utilizadas para classificar o conteúdo: "comida"; "natal"; "Perdigão"; e "racismo". O HuffPost permite a inserção de comentários, identificando os autores por meio dos dados de seus perfis no Facebook. A reportagem recebeu cinco comentários de três usuários. Um que afirma não ter visto racismo na campanha, um que traz somente a expressão "oe" e três comentários da mesma usuária, que falam sobre o racismo na publicidade, sobre a sutileza do racismo no cotidiano no Brasil e recomendam atenção à diversidade.

O *UOL Economia* publicou reportagem às 20h15 do dia 27 de novembro de 2018, editada em 28 de novembro de 2018 às 19h55. De autoria de Renato Pezzotti (2018), o título cita o nome da marca e traz os dizeres "Campanha de Natal da Perdigão é acusada de racismo na web; empresa lamenta". No *lead*, além de nova menção ao nome da marca, aparece também o nome do projeto parceiro na doação das aves da ação promocional, até então não citado nem nos comerciais nem nas demais reportagens. Ao detalhar a narrativa, o texto aponta a acusação de racismo e foi o único a citar o nome da agência de publicidade responsável pela criação da campanha. A reportagem aponta a repercussão do assunto no Twitter e sua entrada nos *Trending Topics* (assuntos em destaque na rede social).

Assim como os demais veículos, o *UOL Economia* também apresenta *tweets* de dois usuários criticando a campanha e três criticando a problematização sobre o racismo. O texto se encerra com um trecho da nota da BRF se lamentando pelas ofensas aos consumidores, endossando que não foi essa a intenção da marca. Ao final, também são apresentadas duas palavras-chave, utilizadas para classificar a campanha: "mídia e marketing"; "notícias". Também há campo para inserção de comentários. No caso dessa zona de contato no UOL Notícias, diferentemente do HuffPost, os comentários podem ser feitos tanto a partir de perfil no Facebook quanto de modo anônimo. A reportagem recebeu 28 comentários, sendo 5 oriundos do Facebook. Os outros 23 comentários foram deixados de modo anônimo. Do total de participações, 3 concordam que a representação foi racista, ao passo que 25 comentários não identificaram racismo. Entre os que discordam, os argumentos também passam por tentativas de desqualificar o incômodo, pela leitura da miscigenação e por haver pessoas brancas nas duas famílias.

Considerações finais

A partir de nossa análise, percebemos a circulação midiática sobre o racismo, levantada a partir da crítica às duas peças publicitárias de natal do Chester Perdigão, quando esta entra em interação com o público. A corporação, em consonância com as práticas racistas históricas na formação cultural brasileira, reproduz esses estereótipos. Assim, promove uma representatividade que reforça o lugar destinado pelos grupos dominantes às pessoas negras nos meios de comunicação brasileiros: a margem. No entanto, em virtude dos processos de circulação, é questionada pela audiência, que, por meio de suas possibilidades de interação, estabelece zonas de contato que oportunizam modos de existência em que essas pessoas também tenham direito a voz. O assunto repercute de tal forma que mobiliza a imprensa a repercuti-lo, por meio de notícias. A reação da branquitude é quase imediata: tenta desqualificar o discurso, deslegitimando a exposição do racismo. Nesse processo, a circulação passa a contar com novas zonas de contato, constituídas por outros atores, como *youtubers* e sujeitos que passam a comentar, na tentativa de enfraquecer as acusações à marca. O que percebemos, ao final da análise, é que a hegemonia da branquitude se destaca numericamente, silenciando a discussão sobre o racismo, como historicamente costuma acontecer.

O racismo e a injúria racial manifestam-se de forma direta por meio de ofensas dirigidas a uma pessoa ou a um grupo, segundo a legislação brasileira. No caso analisado, as ofensas verbais postadas nos comentários dos vídeos no YouTube e nos portais de notícia dirigem-se aos negros como grupo: eles são taxados de doentes, vagabundos e desocupados por denunciarem o racismo. Ele aparece também de forma mais sutil na modalidade recreativa (Moreira, 2019) nos comentários que alegam que "Hoje em dia as pessoas se ofendem com facilidade e que não se pode dizer mais nada que isso é tomado como racismo", desqualificando a fala das pessoas negras na denúncia do racismo. Ele também é institucional, afastando as pessoas negras de lugares de privilégio. No caso analisado, podemos percebê-lo pela representação da família negra em situação de assistência por uma família branca.

Naturalmente, em um país desigual como o Brasil, raramente o racismo se manifesta individualmente. Ele aparece de forma interseccional, considerando-se sua combinação com opressões de gênero e classe (Crenshaw, 1991). E até nisso a campanha de Perdigão age, ao representar a mulher negra como alguém que ocupa diversos papéis sociais. Ao colocá-la em uma família cuja estrutura foge ao padrão considerado aceitável pela maioria, indicia em quais lugares a sociedade imagina essa pessoa.

Isso mostra que o racismo precisa ser legitimado por terceiros para existir. Esses terceiros, sejam autoridades policiais e jurídicas, sejam organizações (privadas e públicas, governamentais e não governamentais) ou até mesmo a sociedade civil, frequentemente negam a existência do racismo quando ele é denunciado, o que dificulta a luta antirracista no Brasil, em razão da persistência do mito da democracia racial e das ideias de miscigenação. No caso analisado, percebemos isso no grande volume de comentários que afirmam não haver racismo na representação da peça e até mesmo negam sua existência no país. O resultado é a desqualificação de quem o questiona. Isso ocorre até mesmo no julgamento realizado pelo Conselho Nacional de Autorregulamentação Publicitária (CONAR) sobre a peça, posterior ao momento de circulação analisado. As acusações foram arquivadas, pois o CONAR não identificou problemas nas representações (CONAR, 2019).

Quando analisamos a circulação midiática, percebemos as ambiguidades do racismo brasileiro (Gomes, 2005) e suas práticas de duplo vínculo (Sodré, 2018) em suas várias instâncias de enunciação. Isso ocorre no âmbito da emissão, na recepção e, especialmente, na circulação. Quando o *youtuber*, como parte da audiência privilegiada por exercer um modo de existência que lhe dá visibilidade, endossa a opinião hegemônica e convoca uma reação que pretende desqualificar os críticos às representações, reafirma a resistência das estruturas racistas.

A imprensa, diante da potência da circulação manifestada nos comentários, sinalizações, *hashtags* e visualizações, dá visibilidade à discussão, tentando – por meio de princípios que visam representar uma visão imparcial do processo – mostrar isenção, mas acaba fortalecendo grupos hegemônicos ao somar às vozes da audiência a fala do anunciante que se desculpa e retorna à ideia de cordialidade e de democracia racial. A nota oficial da Perdigão (Adnews, 2018), publicada na íntegra pela revista *Exame* em 29 de novembro de 2018 e distribuída aos veículos em 27 de novembro, como percebemos na reportagem do HuffPost, afirmava que:

> A Perdigão lamenta que a campanha publicitária de Natal tenha ofendido qualquer um de nossos consumidores. Nunca foi essa a nossa intenção. Falar de generosidade é, para nós, uma forma de união e agradecimento a todos os nossos consumidores, que há três anos colaboram para o Natal de mais de 6 milhões de pessoas, independente de cor, gênero, raça ou religião. É nisso que acreditamos (Adnews, 2018).

A marca lamenta o fato de consumidores terem se ofendido e se desculpa, reconhecendo legitimidade no argumento das pessoas que se incomodaram com a representação. No entanto, ao afirmar que consegue se comunicar com todos os públicos, em suas diversas pluralidades, tenta trazer uma proposta ponderada de solução para a crise de imagem, sem se desculpar com as pessoas ofendidas.

Mais do que representatividade, é preciso construir formas de representação que não estereotipem e que proponham modelos inspiradores para as pessoas negras. Essas pessoas precisam se reconhecer a partir do que é apresentado nos meios de comunicação, construindo novos imaginários sobre o que é ser negro no Brasil. Acreditamos que a emergência dessas vozes seja um caminho sem volta, e o questionamento ao racismo será cada vez mais constante. As vozes negras estão dispostas a enfrentar o racismo, embora ainda haja um longo caminho a se percorrer.

Referências

ADNEWS. Campanha de Natal da Perdigão considerada racista causa polêmica. *Exame*, 29 nov. 2018. Disponível em: <https://exame.abril.com.br/marketing/campanha-de-natal-da-perdigao-considerada-racista-causa-polemica/>. Acesso em: 3 abr. 2019.

ALMEIDA, S. *O que é racismo estrutural?*. Belo Horizonte: Letramento: Justificando, 2018.

BELLONI, L. Perdigão é acusada de reforçar estereótipo racista em nova campanha de Natal. *HuffPost*, 27 nov. 2018. Disponível em: <https://bit.ly/2qqTwBe>. Acesso em: 1 fev. 2019.

BERTH, J. *O que é empoderamento?*. Belo Horizonte: Letramento: Justificando, 2018.

BRASIL. *Estatuto da Igualdade Racial. Lei n. 12.288, de 20 de julho de 2010*. Brasília: Diário Oficial da União, 2010.

BRASIL. *Decreto n. 8.136, de 5 de novembro de 2013*. Institui o Sistema Nacional de Promoção da Igualdade Racial. Brasília: Diário Oficial da União, 2013.

CAMPOS, L. A. Racismo em três dimensões: uma abordagem realista-crítica. *Revista Brasileira de Ciências Sociais*, São Paulo, v. 32, n. 95, 2017.

CANCLINI, N. G. *Consumidores e cidadãos: conflitos multiculturais da globalização*. 8. ed. Rio de Janeiro: Editora UFRJ, 2008.

CARRASCOZA, J. A. A cena de consumo: um detalhe da estética publicitária. In: ROCHA, R. de M.; CASAQUI, V. *Estéticas midiáticas e narrativas do consumo*. Porto Alegre: Sulina, 2012.

CONAR – Conselho Nacional de Autorregulamentação Publicitária. Chester Perdigão – Natal Família Silva. São Paulo: CONAR, 2019. Disponível em: <http://conar.org.br/processos/detcaso.php?id=5113>. Acesso em: maio 2019.

CORRÊA, L. G. *De corpo presente: o negro na publicidade em revista*. 2006. 126 f. Dissertação (Mestrado em Comunicação Social) – Faculdade de Filosofia e Ciências Humanas, Programa de Pós-Graduação em Comunicação Social, Universidade Federal de Minas Gerais, Belo Horizonte, 2006.

CRENSHAW, K. Mapping the Margins: Intersectionality, Identity, Politics, and Violence Against Women of Color. *Stanford Law Review*, Stanford, v. 43, p. 1241-1299, jul. 1991.

DIOGO, R. *Mídia e racismo: ensaios*. Belo Horizonte: Mazza Edições, 2014.

ENDRES, K; PANAGOPOULOS, C. Boycotts, Buycotts, and Political Consumerism in America. *Research and Politics*, Nova York, v. 4, n. 4, out./dez. 2017. Disponível em: <https://bit.ly/2X3urZ9>. Acesso em: 30 jun. 2019.

FAUSTO NETO, A. As bordas da circulação. *Revista Alceu*, Rio de Janeiro, v. 10, n. 20, p. 55-69, jan./jun. 2010. Disponível em: < https://bit.ly/2CyU4Yy>. Acesso em: 11 fev. 2019.

FAUSTO NETO, A.; SGORLA, F. Zona em construção: acesso e mobilidade da recepção na ambiência jornalística. In: ENCONTRO ANUAL DA COMPÓS, 23., 2013, Salvador. *Anais...* Salvador: Compós, 2013.

FERNANDES, F. *A integração do negro na sociedade de classes*. São Paulo: Companhia Editora Nacional, 1965.

FRANÇA, V. Interações comunicativas: a matriz conceitual de G. H. Mead. In: PRIMO, A. *et al.* (Orgs.). *Comunicação e interações*. Porto Alegre: Sulina, 2008. p. 71-92.

GOMES, N. Alguns termos e conceitos presentes no debate sobre relações raciais no Brasil: uma breve discussão. In: BRASIL. Ministério da Educação – Secretaria de Educação Continuada (MEC/SECADI). *Educação anti-racista: caminhos abertos pela Lei Federal nº 10.639/03*. Brasília, MEC/SECADI, 2005. p. 39-62.

HEADS. TODXS: 6ª onda. São Paulo, 2018.

IBGE – Instituto Brasileiro de Geografia e Estatística. *Censo Demográfico 2010. Características da população e dos domicílios: resultados do universo*. Rio de Janeiro: IBGE, 2011. Disponível em: <https://censo2010.ibge.gov.br/resultados.html>. Acesso em: ago. 2018.

JOVEM PAN. Propaganda de marca de chester é acusada de racismo na web; entenda. 27 nov. 2018. Disponível em: <https://jovempan.uol.com.br/noticias/propaganda-de-marca-de-chester-e-acusada-de-racismo-na-web-entenda.html>. Acesso em: 1 fev. 2019.

LEÃO, N. *et al. Relatório das desigualdades: raça, gênero, classe*. n. 1. Rio de Janeiro: Grupo de Estudos Multidisciplinares de Ação Afirmativa (GEMA), 2017. 23 p.

LIPOVETSKY, G. *A felicidade paradoxal: ensaio sobre a sociedade de hiperconsumo*. Tradução de Maria Lucia Machado. São Paulo: Companhia das Letras, 2007.

LOPEZ, L. C. O conceito de racismo institucional: aplicações no campo da saúde. *Interface*, Botucatu, v. 16, n. 40, p. 121-134, jan./mar. 2012.

MARTINS, A. C. A representatividade étnica negra na revista Vogue Brasil: uma análise comparativa (2009-2012 e 2013-2016). In: CONGRESSO INTERNACIONAL DE HISTÓRIA DA UEM, 8., Maringá, 2017. *Anais...* Maringá: UEM, 2017.

MOREIRA, A. *Racismo recreativo*. São Paulo: Polén Livros, 2019.

NUNES, S. S. Racismo no Brasil: tentativas de disfarce de uma violência explícita. *Psicologia USP*, São Paulo, v. 17, n. 1, p. 89-98, mar. 2006.

PEZZOTTI, P. Campanha de Natal da Perdigão é acusada de racismo na web; empresa lamenta. *UOL Economia*, 27 nov. 2018. Disponível em: <https://economia.uol.com.br/noticias/redacao/2018/11/27/propaganda-perdigao-acusada-racismo.htm>. Acesso em: 4 nov. 2019.

QUÉRÉ, L. De um modelo epistemológico da comunicação a um modelo praxiológico. Tradução de Lúcia Lamounier Sena e Vera Lígia Westin. [Mimeo]. (Do original: QUÉRÉ, L. D'un modèle épistemologique de la communication à un modèle praxéologique. *Réseaux*, Paris, n. 46/47, mar./abr. 1991.)

SILVA, M. R. O anti-racismo no Brasil: considerações sobre o estatuto social baseado na consciência racial. *Revista Psicologia Política*, São Paulo, v. 1, n. 1, p. 37-65, jan./jun. 2001.

SODRÉ, M. Uma lógica perversa de lugar. *Revista ECO-Pós*, Rio de Janeiro, v. 21, n. 3, p. 9-16, 2018.

TRINDADE, E; PEREZ, C. Os rituais de consumo como dispositivos midiáticos para a construção de vínculo entre marcas e consumidores. *Revista Alceu*, Rio de Janeiro, v. 15, n. 29, p. 157-171, jul./dez. 2014.

VIANA, P. M. F.; BELMIRO, D. M. M. O racismo brasileiro ou... quando o protagonista não é branco: a narrativa publicitária em "Nesse Dia dos Pais, dê O Boticário". *Signos do Consumo*, São Paulo, v. 11, n. 1, p. 73-83, jan./jun. 2019.

Publicidade "tombamento": entre as tentativas de refletir e refratar a realidade racial brasileira na mídia

Francisco Leite
Angélica M. Souza

[...]
Causando um tombamento, oh
Também tô carregada de argumento, oh
Seu discurso não convence, só lamento, oh
Segura a onda, se não ficará ao relento, oh
[...]
Já que é pra tombar
Tombei
[...].
("Tombei", Karol Conka)

Introdução

Neste capítulo, estruturado por uma pesquisa exploratória, pautada por um levantamento bibliográfico, temos como objetivo principal apresentar e discutir as noções conceituais de "publicidade tombamento" (Souza *et al.*, 2018) e a dinâmica publicitária para tentar refletir e refratar a realidade social. Dessa forma, buscamos inscrever uma discussão sobre as ações de comunicação de marcas[1] que em suas materialidades midiáticas contemporâneas

---

1 Com base em Clotilde Perez (2015; 2016 etc.), podemos entender que as ações de comunicação de marcas podem ser consideradas como todas as materialidades publicitárias elaboradas, planejadas e comunicadas para criar vínculos de sentido entre pessoas e marcas. Orientados por esse entendimento, é preciso compreender

estão se apropriando das expressões sígnicas da chamada "geração tombamento", entendida como um movimento social contemporâneo brasileiro que se apoia na valorização da estética negra como ato político.

Nessa direção, nos esforçaremos para articular uma discussão teórica que viabilize compreender a proposta da "geração tombamento" como movimento social, os signos que configuram esse movimento, bem como as suas implicações na comunicação publicitária frente as suas fragilidades para refletir e refratar a realidade racial brasileira em seus discursos. É, portanto, justamente a partir desse ponto que iniciamos as reflexões deste capítulo.

O refletir e refratar publicitário

Para além de anunciar produtos, a publicidade contemporânea precisa ser compreendida frente aos seus esforços persuasivos para construir marcas. Com outros termos, o seu empenho é para "significar marcas" (Perez, 2004, p. 111). Em virtude disso, o objetivo primeiro e a finalidade das atividades publicitárias é construir "vínculos de sentido entre pessoas e marcas" (Perez, 2016, p. 1) nos espaços das interações sociais, atravessados e articulados pelos processos de referência inscritos pela midiatização.[2]

É pela materialidade midiática publicitária das ações de marcas que

> as organizações procuram estimular as pessoas, potenciais compradoras ou não, por meio de um inventário perceptual de imagens, sensações, sons, sabores, fragrâncias e rituais que possibilitem associações positivas com as marcas e com os produtos que oferecem à compra ou adesão (Perez, 2015, p. 4).

---

que a "publicidade é hoje um fenômeno que nos envolve por completo. Engana-se quem pensa que ela só existe nos meios convencionais como a televisão, nos jornais, nas revistas e nas rádios. Ela está na cenografia das cidades, nos muros e no mobiliário urbano, nas paredes das casas e edifícios, nos automóveis e ônibus, nas embalagens, nos cartazes, folhetos, adesivos, nos livros, nos rótulos, nas roupas, nos utensílios domésticos, nos sites, nas redes sociais..." (PEREZ, 2015, p. 9).

2 Para José Luiz Braga, "a midiatização se põe hoje como principal mediação de todos os processos sociais. Acredito que isso corrobora e desdobra a afirmação de Jesús Martín-Barbero [...] de ter passado de uma proposição sobre "mediações culturais da comunicação", para uma ênfase nas "mediações comunicativas da cultura". São os processos da midiatização que hoje delineiam e caracterizam, crescentemente, as mediações comunicativas da sociedade" (BRAGA, 2012, p. 51). Para uma discussão sobre o conceito de midiatização, sugere-se Janotti Jr. *et al.* (2012) e Gomes (2016).

Esses vínculos de sentido que a publicidade produz na sociedade, engendrados pelas "marcas e suas funções midiáticas"[3] (Trindade; Perez, 2016), devem ser observados, no entanto, para além dos objetivos econômicos,[4] tendo em vista que as expressões da publicidade alcançam e complicam concomitantemente outras instâncias, como a política, a social, a cultural e a subjetiva.

Nessa lógica, as potencialidades dessa narrativa de primazia mercadológica devem ser consideradas em todas as suas incidências, tendo em vista a estrutura basilar multifacetada que as caracteriza. Em razão disso, como bem pontua Everardo Rocha (2006), partindo de uma perspectiva interpretativa e antropológica:

> A publicidade deve, portanto, ser estudada [e compreendida] como narrativa *capaz de revelar valores* que indicam práticas sociais, *fomentam significados* que atribuímos às nossas vidas, *orientam formas pelas quais nos relacionamos* com as coisas e com outras pessoas. Assim, entender o que é dito nos anúncios, para além das vendas dos bens de consumo, é fundamental (Rocha, 2006, p. 16-17, grifo nosso).

Com efeito, nessa direção, é também relevante considerar e ressaltar o potencial da publicidade em tentar "refletir e refratar a realidade" social (Bakhtin, 1997; 2006; Trindade, 2001; 2012) em suas ações midiáticas para a produção de vínculos de sentidos e afetos entre marcas anunciantes, seus públicos-alvo e todos aqueles que interagem de alguma forma com a materialidade publicitária produzida.

Esses conceitos bakhtinianos de reflexão e refração, aplicados neste trabalho,

> referem-se à apropriação dos *signos da realidade pelas representações na publicidade* [...], marcando a relação dialógica que se estabelece entre as representações ficcionais e a realidade em que elas encontram inspiração" (Trindade, 2001, p. 13, grifo nosso).

---

[3] Eneus Trindade e Clotilde Perez orientam que "as marcas como objeto [...] [precisam ser] reconhecidas como mídias e sujeitos/ institucionais midiáticos. [...] [Dessa forma,] o consumo das marcas é um tipo de recepção e que o dispositivo marca, mesmo tendo um papel de sujeito institucional mediador, é também dispositivo sócio-técnico-discursivo comunicacional e que modula relações e modos de interação com receptores que também são consumidores de mídias e de mercadorias midiatizadas, a marca é mídia" (TRINDADE; PEREZ, 2016, p. 8).

[4] Everardo Rocha problematiza e agrega a esse pensamento ao indicar que "produtos e serviços são vendidos para quem pode comprar; os anúncios, entretanto, são *vendidos* indistintamente" (ROCHA, 2006, p. 16, grifo do original).

Nesse sentido, para Bakhtin (2006),

> tudo o que é ideológico é um signo. [...] E toda imagem artístico-simbólica ocasionada por um objeto físico particular já é um produto ideológico. Converte-se, assim, em signo o objeto físico, o qual, sem deixar de fazer parte da realidade material, passa a refletir e a refratar, numa certa medida, outra realidade (Bakhtin, 2006, p. 29).

O viés da refração deve ser entendido como uma distorção daquilo que está projetado pelo signo. Nessa discussão, Bakhtin (2006) também esclarece que,

> no domínio dos signos, isto é, na esfera ideológica, existem diferenças profundas, pois este domínio é, ao mesmo tempo, o da representação, do símbolo religioso, da fórmula científica e da forma jurídica, etc. *Cada campo de criatividade ideológica tem seu próprio modo de orientação para a realidade e refrata a realidade à sua própria maneira.* Cada campo dispõe de sua própria função no conjunto da vida social (Bakhtin, 2006, p. 31, grifo nosso).

Pensando a forma publicitária, Hermano Balbino dos Santos Neto e Ivan Santo Barbosa (2007) corroboram com esse entendimento ao pontuarem que:

> Bakhtin mostra que além do signo ser parte da realidade, ele reflete e refrata uma outra, ou a realidade representada. Isso assinala que o signo, na mesma medida que é um "fragmento material" [...] de uma realidade, ele cria uma imagem semelhante (reflete) e uma imagem alterada (refratada) desta realidade representada. O discurso publicitário e seus signos, portanto, refletem e refratam a realidade do consumo idealizado pela publicidade em relação ao mundo do consumo vivido (Neto; Barbosa, 2007, p. 6-7).

Com outros termos, Clotilde Perez (2015) indica que a publicidade "é 'coisa' que reflete e 'coisa' refletida. Ou seja, é um discurso que traz os valores da sociedade que a produz, ao mesmo tempo em que ressignifica essa mesma sociedade" (Perez, 2015, p. 2). Em oportunidade mais recente, a autora reforça esse pensamento ao explicitar que a comunicação publicitária, portanto, não só espelha a "sociedade, como seu duplo, no sentido de reforço da realidade social, mas na sua capacidade construtora desta mesma sociedade" (Perez, 2016, p. 2).

Dessa forma, com base nessa dinâmica considerada por Bakhtin e apropriada e assimilada pelos estudos dos meios e da produção mediática publicitária, é pertinente e profícuo para as discussões deste livro questionar, como em um exercício crítico: como a publicidade contemporânea está refletindo e refratando em suas materialidades midiáticas os signos da realidade racial da população brasileira? O Brasil se reconhece na sua publicidade?

Frente a esses questionamentos, considerando que a maioria da população do país é constituída por indivíduos que se autodeclaram negros, conforme o Censo Demográfico 2010, é embaraçoso reconhecer e ratificar que, ainda, os discursos publicitários não promovem de modo igualitário a representação das identidades raciais dos negros e das negras no Brasil, isto é, eles não oferecem "visibilidade"[5] (Mateus, 2014) e trânsitos qualificados a esses indivíduos em suas materialidades de comunicações de marcas, o que causa um acentuado desconforto e mal-estar social.

Com efeito, considerando essa problemática dissonante, lideranças da indústria publicitária, há um tempo considerável, vêm se posicionando para tentar explicar e justificar essa "dificuldade" ou "resistência" de anunciantes e profissionais publicitários de não refletirem e não refratarem, de modo igualitário e digno, as identidades raciais do Brasil em seus discursos criativos. Entre essas lideranças, destacamos o celebrado publicitário Nizan Guanaes, que, em entrevista à *Revista Raça Brasil*, frente a essa polêmica, explanou que

> a propaganda não retrata a igualdade porque essa igualdade não existe na nossa sociedade. E a propaganda acaba retratando essa desigualdade. A questão é que a publicidade está ligada a poder aquisitivo, e no Brasil há um enorme problema de distribuição de renda que atinge

---

[5] Esse conceito é utilizando neste trabalho em conformidade com o pensamento de Samuel Mateus (2014). Segundo esse autor, "empregaremos a palavra visibilidade num sentido perceptivo e sensorial como aquilo que é dado a ver e a ser observado (tornando-se visual), e, simultaneamente, como aquilo que adquire um conjunto de significados simbólicos relacionados com acontecimentos particulares (frequentemente publicamente reportados pelos *media*). Ao lidar com o sentido literal e o sentido metafórico da visibilidade não estamos tanto a reiterar a polissemia do termo, mas, sobretudo, estamos a sublinhar como um fenômeno social complexo possui dois aspectos relacionados entre si. Visualidade e Visibilidade constituem, pois, termos entrelaçados e inter-relacionados. A visibilidade é uma extensão da visualidade impregnada com o simbólico (BRIGHENTI, 2008, p. 4 *apud* MATEUS, 2014, p. 261). Os símbolos são relações específicas no campo das visibilidades que tornam justamente algo reconhecível, sendo difícil decompor nas representações, gestos e imagens onde termina ou começa o visual e o visível. Assumir a visibilidade é, pois, assumir o visual imbuído do simbólico. [...] É, por isso, imperativo analisar as articulações do visível (BRIGHENTI, 2008, p. 7 *apud* MATEUS, 2014, p. 261) e perceber quais são os regimes de visibilidade. Porque *quando algo se torna mais visível ou menos visível devemos interrogar-nos acerca das relações sociais que assim se estabelecem*" (MATEUS, 2014, p. 263, grifo nosso).

maciçamente os afrodescendentes. Essa é uma questão que tem um viés racial e um econômico (O Dono..., 2011, on-line).

Anteriormente, o publicitário Luis Grottera (A Mídia..., 2010, p. 68) já ponderava seu entendimento de que "a publicidade, por si só, não modifica nem distorce, apenas reflete" a realidade social. A comunicação publicitária, segundo ele,

> reproduz conceitos e pensamentos que estão na cabeça dos consumidores. Usa imagens e frases do cotidiano [...] para conquistar a simpatia das pessoas. A publicidade não cria novos padrões, não questiona e não critica. É preconceituosa por definição intelectual (A Mídia..., 2010, p. 68).

Dentro desse ponto de vista do apenas refletir a "realidade", Grottera (2010) ainda pontua e

> enumera os motivos para a pouca visibilidade dos negros na publicidade brasileira: uma cultura racial que cultua a miscigenação; o fato de apenas 6,3% da população - ou 11 milhões de pessoas - se autodeclararem negros no Brasil;[6] as características de consumo e hábitos de negros no país terem enorme similaridade com a média da população; ausência de *cases* de negócios diferenciados dirigidos ao mercado de consumo negro (A Mídia..., 2010, p. 69).

Tanto os motivos indicados por Grottera quanto os sugeridos por Guanaes vinculam-se às questões históricas acerca da desigualdade social, com ênfase no seu viés econômico, que assolam o Brasil e se acentuam quando consideramos a questão racial na realidade dos indivíduos negros - esses indivíduos que ainda hoje, 130 anos depois da abolição da escravatura, lutam

---

6 O Censo Demográfico 2010 foi o último divulgado pelo IBGE (em meados de 2011), e apresentou uma mudança significativa no quadro racial do Brasil, pois, pela primeira vez desde 1890, a população negra (composta por pretos e pardos) era revelada como maioria no país, correspondendo a 50,7%, isto é, a 97 milhões de indivíduos. Em síntese, os dados do Censo Demográfico 2010 expressaram a seguinte composição racial no Brasil: dos 191 milhões de brasileiros, 47,7% (91 milhões) se autodeclararam brancos, 15 milhões (7,8%) disseram ser pretos, 82 milhões (42,9%), pardos, 2 milhões (1%) amarelos e 817 mil (0,6%) indígenas. Já em 2017, a publicação da Pesquisa Nacional por Amostra de Domicílios (PNAD) 2016, também do IBGE, reforçou os dados revelados pelo Censo Demográfico 2010, indicando que os negros representam 54,9% da população de 205,5 milhões de habitantes. Esses dados estão disponíveis em: <https://bit.ly/2KGxSOS>. Acesso em: 26 abr. 2018.

cotidianamente contra as marcas deixadas pelo período escravista nas estruturas do país. Essas marcas denotam as expressões de racismo que tensionam e implicam as dinâmicas da nossa sociedade e, portanto, podemos sugerir que moldam os motivos apontados por Grottera e Guanaes sobre a pouca visibilidade dos negros na publicidade brasileira. O racismo, segundo Ella Shohat e Roberto Stam (2006), é um "discurso que se auto-reproduz e gera novas atitudes racistas", e as pedagogias para combatê-lo devem direcionar "atenção para as configurações de poder" (SHOHAT; STAM, 2006, p. 293).

No Brasil, o racismo historicamente se manifesta de modo estrutural, sistêmico, enraizado (SCHWARCZ, 1987; 2007; 2012; MUNANGA; GOMES, 2006; SODRÉ, 2015; LÓPEZ, 2012; CASHMORE, 2000 etc.). Entre as suas diversas expressões deletérias, é explícito percebê-lo através da baixa presença e, principalmente, da ausência de negras e negros em espaços de poder como em cargos políticos, na liderança de grandes empresas (MANEO; AMÂNCIO, 2015), nas universidades (VIEIRA, 2016), na mídia (ARAÚJO, 2000; CARRANÇA; BORGES, 2004 etc.), na comunicação publicitária (BATISTA; LEITE, 2011; MARTINS, 2009), em agências de publicidade, conforme levantamento realizado pelo Etnus (PENTEADO, 2017)[7] e em tantas outras estruturas sociais nas quais esses indivíduos, mesmo sendo mais da metade da população brasileira, ainda não se veem incluídos e representados adequadamente quando comparados à população não negra.

Nesse prisma, considerando os espaços publicitários, o pensamento de Bakhtin apoia as nossas reflexões para compreender a "dialética racial da presença/ausência" (SHOHAT; STAM, 2006, p. 318-330) dos signos das negras e dos negros brasileiros nos espaços e, especialmente, nas produções da publicidade brasileira. Para Bakhtin (2006), como já introduzido, "um signo não existe apenas como parte de uma realidade; ele também reflete e refrata uma outra. Ele pode distorcer essa realidade, ser-lhe fiel, ou apreendê-la de um ponto de vista específico, etc.". Nessa dinâmica, "todo signo está sujeito aos critérios de avaliação ideológica (isto é: se é verdadeiro, falso, correto, justificado, bom, etc.)" (BAKHTIN, 2006, p. 30).

Considerando essas possibilidades de mobilização dos signos e a conjuntura social brasileira introduzida até esse ponto, precisamos considerar que a

[7] Em 2015, uma pesquisa desenvolvida pelo Instituto Etnus, considerando as 50 maiores agências de publicidade do Brasil, indicou que "a cada mil funcionários, apenas 35 eram negros. A pesquisa mostrou ainda que afrodescendentes ocupam apenas 0,74% dos cargos de alta direção. Outro dado: negros ocupam apenas 4,7% dos cargos gerenciais, em levantamento feito em 500 das maiores empresas do Brasil" (PENTEADO, 2017, on-line).

publicidade, pelo ponto de vista específico de seus produtores e responsáveis, ou seja, de seus profissionais e anunciantes, reflete e refrata sim a realidade social do país em seus enquadramentos discursivos. Porém, nessa dinâmica de buscar inspirações no cotidiano social, o campo publicitário opta por compartilhar, tradicionalmente, em suas materialidades midiáticas, recortes representativos que desconsideram, abafam e reduzem, de modo geral, as vozes culturais dos negros e das negras, distorcendo, dessa forma, a realidade racial evidente do país. Por exemplo, na publicidade, geralmente cabe aos indivíduos não negros protagonizarem as representações do que é ser brasileiro e brasileira. Essa opção implica dificuldade no processo de o país se reconhecer em sua publicidade e criar vínculos com as marcas que promovem tais ações de mídia. Retornaremos a esse ponto *a posteriori*.

Justificar a pouca visibilidade e a baixa presença dos negros na publicidade com base em parâmetros econômicos não se sustenta frente aos conhecimentos difundidos no mercado e na sociedade sobre o potencial econômico e de consumo desses indivíduos. Por exemplo, a pesquisa de mercado "Qual é o pente que te penteia: o perfil do consumidor negro no Brasil", publicada em 1997, já fragilizava e desconstruía tais argumentos. Esse estudo foi desenvolvido pela agência de publicidade de Luis Grottera, a Grottera Comunicação Multidisciplinar, com a colaboração da *Revista Raça Brasil*.

O objetivo desse levantamento foi dar visibilidade ao potencial econômico e de consumo das negras e dos negros brasileiros, bem como alertar sobre a desatenção por parte de agências publicitárias e anunciantes em relação à inadequada representação das identidades, do cotidiano e dos hábitos de consumo desses indivíduos nos discursos da publicidade. Essa pesquisa foi pioneira em efetivamente incitar a sociedade brasileira a começar a discutir a relevância econômica do consumidor negro no mercado e pautar "a não atenção das empresas brasileiras" (Grottera, 1997, p. 2) para esse mercado consumidor, que já naquele período contestava não encontrar nas produções e signos publicitários os seus modos de viver e pensar, isto é, a falta de representação de sua imagem de modo igualitário na publicidade (e nos produtos midiáticos em geral). A pesquisa também salientou, na época, a expressiva perda de oportunidades de negócios de anunciantes e agências de publicidade por ignorarem e não considerarem a realidade latente do país em suas comunicações estratégicas para a sociedade.

> O trabalho realizado pela Grottera foi recebido com surpresa pelo mercado publicitário [...] e importantes veículos de mídia impressa

colocaram o tema em discussão. Mas o frisson que se formou em torno da publicação não foi suficiente para romper a situação de invisibilidade do negro na propaganda nacional. De acordo com o estudo Racismo anunciado: o negro e a publicidade no Brasil [2010], em 1995 apenas 7% dos anúncios veiculados tinham a presença de modelos negros, número que subiu para 10% no ano 2000 e 13% em 2005. Se de um lado esses números demonstram que houve algum aumento da presença de negros na publicidade, de outro o crescimento deve ser considerado tímido, principalmente levando em consideração todo o empenho do governo, das universidades e do movimento negro na luta antirracista. As conclusões do estudo indicaram, ainda, que as formas de representação do negro na propaganda também avançaram de maneira tênue. Grande parte dos anúncios recentes continua a restringir a imagem do modelo negro aos chamados estereótipos clássicos, tais como a empregada doméstica, o jogador de futebol e a criança carente (Martins, 2015, p. 45).

Atualmente, considerando a perspectiva racial e econômica em pauta, a população negra, formada pelos indivíduos que se autodeclaram pretos e pardos, representa mais de 54% dos brasileiros. Esses indivíduos, cerca de 110 milhões, de acordo com os dados da pesquisa realizada pelo Instituto Locomotiva, em 2017, constituem um mercado de consumo de bens e serviços de R$ 1,5 trilhão por ano. Essa pesquisa também ressalta a continuidade do profundo desencontro entre a publicidade e a sociedade negra brasileira, que apesar do seu poder de consumo ainda não se vê adequadamente representada e respeitada nos discursos publicitários brasileiros.

Segundo Renato Meirelles (*apud* Belo, 2017), presidente do Instituto Locomotiva, considerando a representação da diversidade da população em anúncios, para a pesquisa foram entrevistados 3 mil consumidores, entre homens e mulheres, de fevereiro a abril de 2017. Desses indivíduos, 67% (dois terços do total) não se identificam nos comerciais televisivos. Em vista disso, Meirelles (*apud* Belo, 2017) indica que em 2016, por exemplo,

> os anunciantes investiram R$ 130 bilhões em propaganda de TV [...], dois terços disso representam algo como R$ 87 bilhões. Para a equipe do Locomotiva, pelo menos uma parte desses recursos está sendo mal gasta por não acertar diretamente no alvo. Só não se sabe quanto.
>
> Confrontando seu próprio levantamento com a base de dados da Pesquisa Nacional de Amostra de Domicílios (Pnad) e da Pesquisa de Orçamento Familiar (POF), ambas do IBGE, [se constatou] que dos 155 milhões de brasileiros com poder de compra, nada menos que 103 milhões enxergam

> no intervalo comercial um Brasil muito diferente daquele em que estão acostumados a viver. "Isso era um *feeling* nosso, que aparecia nas pesquisas qualitativas, e a gente quis entender o porquê", explica Meirelles. [...] "Está muito claro que a principal razão para isso acontecer é que os brasileiros não se sentem representados na sua diversidade: social, étnica [racial], de costumes [...]" (Belo, 2017, p. 24).

A pesquisa do Instituto Locomotiva ainda aponta que essa falta de representação é mais profunda em relação a determinados grupos sociais, entre os quais se destacam os negros e as mulheres. Dois grupos quantitativamente majoritários na sociedade brasileira! Esse indicativo pode ser aprofundado quando se considera a interseccionalidade entre gênero e raça, isto é, quando se observa a representação da mulher negra nesse contexto. Essa discrepância também foi apontada na pesquisa "Representações das mulheres nas propagandas na TV", realizada pelo Instituto Data Popular e o Instituto Patrícia Galvão, em 2013.[8]

Para essa pesquisa, foram entrevistados 1.501 homens e mulheres, em 100 municípios de todas as regiões do Brasil, entre os dias 10 e 18 de maio de 2013. Entre os resultados destacam-se que 51% dos entrevistados gostariam de ver mais mulheres negras e 64% gostariam de mais mulheres de classe popular nos anúncios, bem como para 65% o padrão de beleza nos anúncios está muito distante da realidade das brasileiras e 60% consideram que as mulheres ficam frustradas quando não se veem neste padrão. Na percepção da sociedade, segundo os dados do levantamento, as mulheres representadas nos anúncios são em sua maioria jovens, brancas, magras e loiras, têm cabelos lisos e são de classe alta.

Para Mara Vidal (*apud* Araújo, 2013), vice-diretora executiva do Instituto Patrícia Galvão, os resultados dessa pesquisa indicam, por exemplo, que

> o mercado publicitário ainda não retrata a mulher negra [...]. Nós, mulheres negras, somos invisíveis para a mídia, que não enxerga que tomamos banho, usamos xampu, comemos margarina, fazemos serviços domésticos, e, em particular, somos pessoas com poder aquisitivo. [...] Então, nossos publicitários têm que entender que não adianta só dar à agência o nome África se não compreende que [essa maioria da] população consome, produz e conduz o desenvolvimento do país, seja no lugar do serviço doméstico ou num posto de alto comando (Araújo, 2013, on-line).

[8] Disponível em: <https://bit.ly/2qdlnFd>. Acesso em: 10 nov. 2019.

Como vimos, tendo como referência a pesquisa "Qual é o pente que te penteia: o perfil do consumidor negro no Brasil", de 1997, essa discussão sobre a não representação de negros e negras na publicidade não é novidade, porém continua sendo urgente superá-la. Nesse ponto, cabe resgatar o artigo de Marilene Felinto (1995), publicado no jornal *Folha de S.Paulo*, no qual a articulista já alertava que "propagandas de TV reiteram o racismo", tendo como base uma pesquisa realizada pelo Datafolha que indicava, já naquela época, a baixa representatividade e pouca visibilidade dos indivíduos negros na publicidade televisiva. Segundo os resultados dessa pesquisa, ao analisar

> durante 115 horas de programação das principais emissoras de sinal aberto de São Paulo, [o levantamento] mostr[ou] que a proporção de comerciais com participação de negros varia[va] entre 4,7% e 17,8%. Em uma população constituída de 60% de mestiços e negros, em termos absolutos, os números são alarmantes" (Felinto, 1995, on-line).

Nesse artigo, de 23 anos atrás, Marilene Felinto buscou ouvir alguns publicitários para tentar identificar os responsáveis por essa dissonância representativa entre a sociedade e sua publicidade, que ela incisivamente definiu como "crime flagrante" (Felinto, 1995, on-line). Entre os profissionais que emitiram suas opiniões sobre o tema, estavam Woody Gebara e Washington Olivetto.

> Os publicitários consultados foram unânimes em atribuir a culpa desse crime flagrante aos seus clientes, à "sociedade brasileira racista" e à "essência" da propaganda. "A propaganda reflete a sociedade", diz Woody Gebara, [...] da House Organ (agência interna) da C&A. A C&A foi a primeira marca a colocar no ar (desde 1990) uma campanha protagonizada por elenco negro, com o bailarino Sebastian. Para Washington Olivetto, da agência W/Brasil, "o Brasil se diz sem preconceito, mas carrega preconceito racial velado, fantasiado de preconceito econômico [...]" (Felinto, 1995, on-line).

Esse artigo da *Folha de S.Paulo* nos conduz a perceber que há certo padrão nos discursos das lideranças do campo profissional publicitário quando abordam essa temática. Os profissionais considerados utilizam-se do estabelecido entendimento da dinâmica do "refletir a realidade social" da publicidade para justificar e transferir para a sociedade, ou seja, para "terceiros-outros", a responsabilidade acerca da pouca visibilidade e da baixa presença das negras e dos negros brasileiros em suas materialidades midiáticas.

No entanto, nessa discussão, é também pertinente resgatar a contestação que Marilene Felinto (1995) inscreveu, em seu artigo, à sociedade e aos profissionais da publicidade, ao ponderar que, ao atribuir a responsabilidade e

> a culpa à sociedade, o publicitário se exime da parte que lhe cabe do racismo. Mas a desculpa é tão inaceitável quanto fraca. Se o poder econômico estivesse na mão de assassinos, a TV estaria cheia de bandidos, por mero reflexo do desejo da sociedade (Felinto, 1995, on-line).

Retornando ao cenário atual, como podemos perceber, há pouca alteração nos espaços publicitários e no seu *modus operandi* para a inclusão da diversidade racial, mesmo o campo publicitário – e a sociedade –, como vimos, possuindo conhecimentos com base em dados sociais e econômicos que demonstram o potencial de consumo e econômico dos indivíduos negros no Brasil.

No contexto hodierno, reconhecemos que há iniciativas e mudanças em curso para tentar reconfigurar esse cenário, porém elas ainda estão incipientes e lentas, o que é alarmante para uma publicidade que objetiva, com suas práticas de comunicação, responder aos objetivos estratégicos de promoção de vendas de seus anunciantes, construindo vínculos entre as marcas publicizadas e a sociedade. Porém, como esses vínculos estão sendo construídos se, por exemplo, a maioria da população brasileira não se reconhece na sua publicidade? Que realidade social a publicidade brasileira insiste em refletir e refratar em seus discursos? Por que o campo publicitário demonstra dificuldades (resistências?) para representar a maioria da sociedade que a interpela e a contesta por não se reconhecer no reflexo e refração de seus discursos midiáticos para o consumo?

Na direção de obter orientações de respostas para tais questionamentos, é pertinente considerarmos a recentemente fala de Washington Olivetto, em entrevista à *BBC Brasil*. Nessa entrevista, considerando esse processo moroso da publicidade brasileira em incluir efetivamente os negros e as negras em seus espaços, Olivetto (2017) observa que a publicidade

> durante um grande tempo desconheceu a presença do negro – temos tantos negros no país e poucos na publicidade. Nos últimos tempos, uma pressão dos movimentos sociais fez com que a publicidade participasse de determinadas causas. Isso pode ser feito de maneira oportuna ou oportunista, essa é a grande questão. [...] Sempre será assim. Em causas sociais, a maior parte delas contém um componente de oportunismo, infelizmente. [...] Hoje essa capacidade da

publicidade de aderir a causas está vivendo um momento modal. Está na moda, depois tem outra (OLIVETTO, 2017, on-line).

Diferentemente da percepção de Olivetto, preferimos não enquadrar a questão da pouca visibilidade dos negros e das negras brasileiras, bem como outras acerca dos grupos sociais oprimidos, sob a perspectiva efêmera e sazonal de "causas sociais em moda". Logo, essa questão não deve ser simplesmente interpelada pela bandeira de "causas sociais", mas sim pelo cenário explícito de dissonância presente em uma sociedade que não se identifica com sua publicidade e mídia. Não estamos falando puramente de "causas sociais", estamos sim nesse cenário de contestação, dando relevo à resistência e à deficiência do campo publicitário brasileiro de ainda não ofertar representatividade e visibilidade aos negros e às negras em seus discursos. Estamos falando de uma publicidade que ironicamente promove a "presença multicultural apagada" (SHOHAT; STAM, 2006, p. 315) e um exaustivo desconforto da maioria da população do país.

Esse lugar sígnico imposto à população negra brasileira na publicidade (e na mídia em geral) vem sendo contestado fortemente pela sociedade, que passa a avaliar, reivindicar e pressionar o campo midiático por mudanças, tendo o suporte das redes sociais e outras plataformas ofertadas pelas "tecnologias da internet" (GONZÁLEZ, 2008) para dar visibilidade e alcance a tais expressões. Essa atividade de contestação social frente a esses signos midiáticos é essencial, entre outros esforços, para combater a morosidade de reposicionamento daqueles que fazem a indústria publicitária do país.

É pela ação de contestar, em suas diversas formas, como por meio da organização de campanhas on-line, do boicote a marcas e produtos, do movimento Black Money[9] entre outras ações, que se tem a possibilidade expressiva de enfrentar, modificar e inscrever novas/outras percepções no *status quo* dos processos da produção publicitária e midiática do Brasil. Esse cenário denota a exigência da sociedade para a construção de diálogos com a sua mídia publicitária. Estamos considerando, portanto, nesse contexto, a possibilidade da resposta social à mídia, como nos aponta José Luiz Braga (2006).

---

[9] De acordo com Fernanda Ribeiro, com sua origem nos Estados Unidos, esse movimento pode ser entendido como um conjunto de "estratégias [...] para manter a circulação [de] dinheiro dentro da nossa comunidade e nos empoderar economicamente [...] Hoje trabalhamos com um modelo que eu chamo de *Black Money* à brasileira, que funciona baseado em dois fundamentos: 'Se não me vejo, não compro (sem boicotes pesados)' e 'Compro de afroempreendedores para fortalecer os seus negócios'" (RIBEIRO, 2016, on-line).

Frente a esse cenário, reativamente, a indústria publicitária vem movimentando os seus radares em busca de tendências que possam ser refletidas e refratadas em seus discursos, de modo a responder adequadamente às expectativas de representatividade midiática das negras e dos negros brasileiros. Nessa busca, observa-se que as expressões do movimento social e estético negro denominado "geração tombamento" vêm sendo apropriadas pela publicidade, visando equalizar as inquietações sociais ao inscrever em tais produções as dimensões da diversidade racial com luzes estéticas positivas. Mas, o que é a "geração tombamento"? Como e quais expressões desse movimento estão sendo apropriadas (refletidas e refratadas) pela comunicação publicitária? Poderiam tais expressões da "geração tombamento" serem subterfúgios, que inscreveriam "licença" para a presença e a circulação dos negros e das negras nas narrativas publicitárias, ilustrando a questão da postura "oportuna ou oportunista" da publicidade para a questão, como Olivetto nos alertou anteriormente? Os ensaios para respostas a essas questões são apresentados no próximo tópico.

A "geração tombamento"

Embora não exista um consenso acerca do marco formal que inaugurou a "geração tombamento" no Brasil, sabemos que o movimento passa a ser percebido e denominado como tal a partir da forte referência ao lançamento do *single* musical "Tombei", da cantora Karol Conka, em 2014, que alcançou popularidade em 2015 com a publicação do videoclipe da música nas plataformas digitais.

A expressão "tombamento" passa a ser utilizada para se referir aos jovens negros e negras, bem como a suas expressividades e comportamentos empoderados acerca do posicionamento de valorização da beleza e identidade negras a partir da estética. Esse fenômeno social se difunde e se posiciona enquanto reflexo de contestações do movimento negro brasileiro frente as suas demandas sociais, pouco ou mal atendidas, para a efetiva promoção da igualdade racial no país. Essas contestações, ainda em pauta, buscam combater um processo sócio-histórico de opressão, tomado pela diretriz de uma cultura dominante e hegemônica que tradicionalmente vem silenciando, desvalorizando (Fiorini, 2016, on-line) e mitigando os esforços, as contribuições (intelectuais, culturais etc.) da população negra brasileira. Nesse processo perverso, as características físicas e estéticas da população negra brasileira também foram, e são, alvos, pois para elas foram inscritos, como dispositivo de controle, os

> estereótipos da feiura, da subalternidade e da inferioridade racial e social, de acordo com a intensidade de suas marcas físicas, seu formato de rosto, suas nuanças cromáticas de pele e textura de cabelo, portanto de acordo com o seu grau de mestiçagem (Araújo, 2008, p. 983).

Nilma Lino Gomes (2002) também agrega ao entendimento desse cenário ao pontuar que:

> Durante séculos de escravidão, a perversidade do regime escravista materializou-se na forma como o corpo negro era visto e tratado. A diferença impressa nesse mesmo corpo pela cor da pele e pelos demais sinais diacríticos serviu como mais um argumento para justificar a colonização e encobrir intencionalidades econômicas e políticas. Foi a comparação dos sinais do corpo negro (como o nariz, a boca, a cor da pele e o tipo de cabelo) com os do branco europeu e colonizador que, naquele contexto, serviu de argumento para a formulação de um padrão de beleza e de fealdade que nos persegue até os dias atuais (Gomes, 2002, p. 42).

O movimento "geração tombamento" vem ganhando cada vez mais adeptos em decorrência de seu posicionamento político e social, bem como a despeito de suas variadas formas de manifestação, que se estabelecem desde o âmbito individual/pessoal (identidade) ao coletivo (sociedade). Nesse sentido, a "geração tombamento" edifica-se no Brasil a partir da efervescência de uma juventude urbana negra que passa a se mostrar e se posicionar política e ideologicamente por meio de sua estética e, mais do que isso, pela valorização dessa estética, que se põe como uma expressão sígnica de contestação para se reivindicar a valorização social, política, econômica, histórica e cultural, negligenciada aos negros e às negras, tradicionalmente, pela sociedade, e as suas instituições de poder, como a mídia.

Essa geração, inspirada em movimentos antecessores oriundos de diversas partes do mundo, como os *Afropunks* (Estados Unidos), os *Sapeurs* (República do Congo) e os *Fashion Rebels* (África do Sul), busca resgatar e dar visibilidade de forma qualificada à identidade negra brasileira, a partir de um modelo de estética autônomo e distante dos padrões que geralmente são impostos pela sociedade.

A valorização da estética negra na "geração tombamento" configura-se pela valorização do corpo, dos cabelos, do uso de cores diversas, da apreciação dos traços fenotípicos negros com o intuito de não só questionar o *status quo*, que, por sua vez, sempre inferiorizou a beleza negra ao reproduzir e reforçar o imaginário acerca das características físicas eurocêntricas (olhos e cabelos claros, cabelos lisos e loiros, nariz e boca finos, corpo alto e magro etc.) impostas como padrão, referência de "belo" (SILVA; BRAGA, 2015), mas também fortalecer o sentimento de autoestima, confiança da juventude negra acerca de sua identidade, sua história e ancestralidade (LACERDA, 2016, on-line).

Nessa direção, contrapondo a tão difundida imagem do que vem a ser o padrão de beleza, observamos no movimento "geração tombamento" a promoção intensiva da valorização estética da imagem do negro mediante discursos que, por exemplo, estimulam a diminuição do uso de procedimentos químicos para alisar os cabelos (crespos e cacheados), motivam o uso de acessórios, maquiagem, tinturas capilares coloridas e chamativas, bem como incentivam a juventude negra procurar por produtos direcionados para o cabelo "afro".

Em meio a esse cenário, percebemos que o cabelo possui um papel central e importantíssimo nesse processo de valorização estética, visto que "o uso do cabelo natural pode ser identificado como expressão libertária, assim como adquire uma conotação política [e de resistência] frente à sua doutrinação na sociedade" (DALTRO, 2016, p. 34).

Entretanto, além da ressignificação do uso do cabelo natural especialmente pelas mulheres negras da "geração tombamento", observamos outras manifestações significantes que também compõem a expressividade dessa "juventude tombamento", como o uso de tinturas capilares inusuais (nas cores azul, verde, rosa, roxo, entre outras), maquiagem bem chamativa, roupas e acessórios que trazem algum elemento que remete à cultura africana (estampas étnicas, presença de *adinkras* – conjuntos de símbolos africanos que representam ideias expressas em provérbios –, turbantes etc.) e o uso expressivo de cores quentes e vibrantes combinadas com roupas de modelagens "vintage" inspiradas nas décadas de 1980 e 1990. Essas peças, muitas vezes, são resgatadas de brechós ou feiras de troca. Por sua vez, os *looks* também costumam ser intercalados com peças esportivas de marcas globais, como Adidas, Nike, Puma, entre outras.

Além das expressões do movimento "geração tombamento" no âmbito individual/pessoal, a partir do posicionamento de seus membros, que fazem circular seus signos, observa-se também a forte presença de suas expressões nos espaços coletivos: mediante os discursos de influenciadores digitais (por exemplo, Magá Moura) nas redes sociais como Facebook, Instagram, YouTube;

no campo da música brasileira (Karol Conka, MC Soffia, Rico Dalasam, MC Carol, Tássia Reis, Liniker e os Caramelows, entre outros); e de eventos (como as festas Batekoo, Don't touch my hair, Afrobapho, entre outras) – que contribuíram e vêm contribuindo para a rápida disseminação, fortalecimento e representação das expressões desse movimento na sociedade.

As mídias digitais, em especial, desempenham um papel importante nesse processo, porque foi a partir da apropriação das "tecnologias da internet" (GONZÁLEZ, 2008) para a disseminação das demandas da juventude negra que as expressões do movimento "geração tombamento" vêm alcançando maior difusão social.

Figura 1 – Karol Conka e Mc Soffia
Fonte: Reprodução via Instagram (@mcsoffia) (2016).

Figura 2 – Magá Moura
Fonte: Reprodução via Instagram (@magavilhas/Todateen.com.br) (2018).

Segundo Eugene Oliveira Francklin (2017), foi com o advento das mídias sociais digitais que os ativistas sociais, principalmente os do movimento negro, conseguiram aumentar a visibilidade de suas pautas e, consequentemente, disseminar movimentos como o da "geração tombamento". Contudo, embora a "geração tombamento" tenha chamado a atenção em decorrência de sua abordagem estética e ampliado o debate acerca da necessidade de se ter uma maior e melhor representatividade da população negra nos espaços sociais, esse movimento também vem sendo alvo de críticas por parte de membros da própria militância negra que não identificam as suas demandas políticas e sociais adequadamente contempladas nas manifestações agendadas por esse movimento. Tais críticas apontam para a efetividade de transformação de temas ainda complexos e sensíveis à realidade do país que, dificilmente, seriam resolvidos partindo de debates, por exemplo, sobre a cor do cabelo e o tipo de roupa que essa juventude negra usa ou deixa de usar.

Esses olhares mais críticos por parte de segmentos do movimento negro girariam em torno da forma como a mensagem da "geração tombamento" está sendo passada e recebida socialmente. Nessa discussão, estão sendo considerados os riscos de esvaziamento de sentido das lutas dos negros e das negras e a possível banalização e desmerecimento da causa, o que poderia fragilizar e prejudicar a agenda do movimento negro e a percepção social de uma abordagem mais séria e adequada, necessária aos temas de suas contestações. Além disso, essas críticas apontam também para o risco de uma nova estereotipização[10] da população negra nos moldes dos interesses capitalistas. Em outras palavras, segundo Julia Masan (2016), abre-se margem para uma compreensão e tratamento simplista de pautas importantes, como consequência de um discurso que parte do senso comum de que os jovens estariam realizando "mudanças estruturais quando na verdade estão criando novos padrões comportamentais pautados em tênis de marca e batom azul" (Masan, 2016).

Outros especialistas ponderam que embora o tipo de abordagem estruturado em questões estéticas não seja suficiente para abarcar toda a complexidade que envolve as pautas levantadas pelo movimento negro, é importante que ele aconteça, pois está permitindo inscrever socialmente debates políticos a partir de expressões estéticas (Lins, 2016).

Podemos perceber que, embora haja opiniões contrastantes sobre a efetividade do posicionamento desse fenômeno "tombamento", são debates como esse, conforme Luana Daltro (2016), que possibilitam a ruptura de ideias pré-concebidas acerca do que é visto como padrão, como normal na sociedade, à medida que traz à tona temas que precisam ser problematizados e constar na agenda e pautas de discussões sociais, políticas e midiáticas do país.

Dessa forma, o crescente reconhecimento da "geração tombamento" e da manifestação de suas expressões sígnicas, não só pela juventude negra, mas também pela mídia e pela sociedade em geral mediante os expoentes artísticos desse movimento (principalmente, na imagem da *rapper* Karol Conka), vem produzindo forte agendamento (Mccombs; Shaw, 1972) e inscrição da temática "tombamento" nos debates sociais, em matérias jornalísticas e na

---

[10] Estereotipização significa o "processo de aplicar um julgamento estereotipado a um indivíduo de forma a apresentá-lo como portador de traços intercambiáveis com outros membros de uma mesma categoria" (PEREIRA, 2002, p. 46).

programação dos grandes veículos de comunicação, alcançando também o discurso publicitário.

Neste ponto, é pertinente resgatarmos a questão do refletir e refratar publicitário da realidade, inscrita na introdução deste capítulo, para pensarmos que historicamente a publicidade vem refletindo e refratando representações de uma realidade social estruturada fortemente por estereótipos tradicionais negativos acerca da imagem do negro e de outros grupos sociais oprimidos (como as mulheres, os homossexuais etc.). Na atualidade, contestada e pressionada social e economicamente, como já apontamos, essa mesma publicidade tem se movimentado, ainda que lentamente, para responder tais contestações. Entre esses movimentos, destacamos a apropriação oportuna e/ou oportunista (?) do uso das expressões do movimento "geração tombamento" nas suas materialidades.

Neste trabalho, devido aos seus limites de espaço, não conseguiremos avançar na discussão sobre as questões que envolvem as marcas anunciantes se posicionarem de modo oportunista e/ou oportuno ao se apropriarem (in)voluntariamente e superficialmente de temáticas como as da "geração tombamento" por modismo, sem efetivamente aplicar os discursos do movimento pela promoção da igualdade racial em suas práticas corporativas, como por meio da contratação de profissionais negros para os seus quadros de colaboradores, por exemplo. Essa questão requisita agendamento especial para ser focalizada em estudos futuros. Entretanto, nesse cenário, *grosso modo*, concordamos com Maíra Liguori (*apud* Seta, 2017), da consultoria Think Eva que, em entrevista ao portal *Exame*, discorre que

> é preciso criticar as marcas oportunistas, mas reconhecer que, de qualquer maneira, a comunicação tem potencial de transformar a forma que as pessoas veem o mundo e, assim, provocar transformação. "Quando uma mulher negra se vê numa campanha de beleza, vai se sentir bonita. Mas não adianta nada também ela se achar linda e não conseguir trabalho ou ser parada pela polícia, porque é negra. São muitas camadas". A comunicação é, pelo menos, um primeiro passo (Seta, 2017, on-line).

Com efeito, retornando às materialidades publicitárias, pontuamos que novas/outras estratégias oportunas estão sendo observadas nos espaços publicitários na tentativa de conseguir ofertar e promover narrativas que ressignifiquem positivamente, em quantidade e qualidade, a representatividade dos negros e das negras nas materialidades das comunicações para as marcas. Entre essas estratégias, ressaltamos a apropriação e aplicação das expressões da "geração tombamento" em ações de comunicação publicitária contraintuitiva.

A comunicação publicitária contraintuitiva (Leite, 2014; 2015, entre outros; Fry, 2002) deve ser entendida como uma proposta do campo profissional publicitário que, estrategicamente, faz uso, em suas narrativas, de "outros/novos" conteúdos acerca de estereótipos dirigidos às minorias sociais. Com outros termos, são utilizados nessas materialidades publicitárias "moderadores contraestereótipos" (Blair; Benaji, 1996; Blair *et al.*, 2001; Dasgupta; Greenwald, 2001), com o objetivo principal de inovar e promover as suas tentativas de apelo para o consumo mercadológico, "violando expectativas intuitivas" (Upal, 2007a; 2007b; Boyer, 1994; 2001) dos receptores acerca das narrativas tradicionalmente veiculadas pela mídia.

No entanto, é na densidade das margens do objetivo mercadológico - ao despertar a atenção dos receptores, dar visibilidade e proporcionar o contato social com narrativas mais positivas acerca de grupos estigmatizados - que a comunicação publicitária contraintuitiva pode também estimular diferenciadas leituras, direcionando, dessa forma, percepções para outras sensibilidades com relação à presença desses indivíduos na sociedade. Isso porque tais narrativas colaborariam cognitivamente para o deslocamento ou a atualização de conteúdos (crenças) negativos que governam os estereótipos tradicionais atribuídos aos membros das então denominadas, simbolicamente, "minorias", ao ofertar informações mais positivas sobre esses indivíduos, o que estimularia um processo individual e coletivo de empoderamento social. Nessa dinâmica, entretanto, é preciso considerar efeitos adversos como o "efeito de ricochete"[11] (Wegner, 1994; Leite; Batista, 2008; Leite, 2014), por exemplo.

A publicidade "tombamento"

Posto esse contexto, observamos que marcas anunciantes vêm diversificando as suas abordagens publicitárias ao compartilharem em suas narrativas histórias e personagens que se distanciam de estereótipos tradicionais. Nesse sentido, percebemos que determinadas expressões da "geração tombamento"

[11] Esse efeito apresenta-se quando, diante de uma motivação que proponha um "novo/outro" posicionamento (supressão/dissociação) do indivíduo para um pensamento estereotípico negativo, o indivíduo esteja, no momento dessa interação, sem recursos, sob pressão de tempo, distraído, e/ou sem motivação (inter)subjetiva para suprimir a mensagem negativa. Logo, é provável que a tentativa de inibir essas mensagens não apenas falhe, mas resulte no oposto proposto pela mensagem ("efeito ricochete").

estão sendo refletidas e refratadas nessas comunicações publicitárias, que também apresentam viés contraintuitivo.

Essa percepção fica saliente quando identificamos o uso recorrente de expressões que são "marcas registradas" do movimento "geração tombamento" em ações publicitárias brasileiras, principalmente, mas não exclusivamente, ações do setor de cosméticos, que passam a apresentar mulheres negras de diversos fenótipos (gordas, magras, altas, baixas), em posição de protagonismo, sempre com posturas altivas, firmes, transmitindo a ideia de que estão se sentindo seguras, confiantes, empoderadas. Essas mulheres representadas nessas comunicações, geralmente, estão bem produzidas, com roupas coloridas, acessórios chamativos, maquiagem marcante e cabelos naturais (crespos, cacheados, curtos, longos, coloridos etc.).

Frente a essas percepções, cabe, afinal, questionarmos: o que estamos compreendendo como publicidade "tombamento" (Souza *et al.*, 2018)? Anúncios com essa abordagem podem ser inicialmente compreendidos, *grosso modo*, como as "ações de comunicação de marca" (Perez, 2015) que utilizam, em suas materialidades criativas e midiáticas, os signos do movimento social "geração tombamento" em linha articuladora com a abordagem proposta pela "comunicação publicitária contraintuitiva" (Leite, 2014; 2015 etc.; Fry, 2002). Nessas produções publicitárias, portanto, os negros e as negras são posicionados como protagonistas dessas ações em contextos positivos que podem apoiar o deslocamento de conteúdos estereotípicos negativos tradicionalmente associados a esses indivíduos, tendo em vista as novas/outras informações inscritas a eles pelas ações publicitárias.

Nesse ponto, identificamos um provável caminho para exercitarmos a compreensão das implicações da dinâmica publicitária de, efetivamente, refletir e refratar a realidade social em seus enquadramentos, considerando, especialmente, a realidade diversa associada à existência, à presença majoritária dos negros e das negras na nossa sociedade. Na publicidade tombamento, com expressões contraintuitivas, o campo publicitário assume, reflete (imagens semelhantes) e refrata (imagens alteradas) as negras e os negros brasileiros em contextos de visibilidades positivos. Esses tipos de ações de marcas distanciam-se das tradicionais abordagens publicitárias que também, como vimos, refletem e refratam a realidade. No entanto, tais abordagens optam por espelhar e refranger dessa realidade o seu lado mais arcaico, que provavelmente se sustenta pelas dimensões de um racismo moderno (Santos *et al.*, 2006), sutil (Pettigrew; Meertens, 1995), característico da nossa sociedade, para apagar, silenciar e justificar estrategicamente a ausência e a baixa presença de indivíduos negros nos contextos das produções publicitárias e midiáticas.

Retornando às questões específicas das expressões da "geração tombamento" na publicidade, é interessante notar que, além da visibilidade que os signos desse movimento vêm alcançando em campanhas tradicionais, eles também estão sendo considerados em ações de marcas diferenciadas e "pervasivas" (Jenkins *et al.*, 2014). Nesse cenário, é possível identificar que anunciantes como a Red Bull,[12] a Farm, a Adidas, a Salon Line, entre outras, vêm promovendo ações expandidas de visibilidade de suas marcas, por exemplo, ao investirem estrategicamente em parcerias com influenciadores digitais da "geração tombamento" para realizar a ativação de seus produtos junto às audiências engajadas desses indivíduos na internet. Outra ação estratégica, a se destacar nesse contexto é a exposição de marcas em espaços referenciais e significativos de expressividade dessa geração, como a festa Batekoo[13] e manifestações políticas como a Marcha do Orgulho Crespo (Fig. 3).

Nesse quadro, os influenciadores digitais negros desempenham um papel importante nas estratégias de comunicação publicitária e relacionamento de marcas com os "jovens tombamento", visto que eles são contratados pelas agências ou anunciantes para atuarem como mediadores da marca com o público-alvo, buscando, dessa forma, construir vínculos, identificação e aproximação das marcas publicizadas com os jovens que fazem parte e/ou simpatizam com o movimento "geração tombamento".

Figura 3 – Anúncio da Salon Line
Fonte: Salon Line (2016).

---

[12] A marca Red Bull, já conhecida pelas inserções de sua marca em eventos esportivos, radicais e festivos, produziu recentemente, através da sua produtora Red Bull TV, um dos episódios da série *Inspire The Night*, a qual retrata "clubes, festas e pessoas que fomentam e difundem a cultura e o lifestyle da noite de forma criativa e original" (EQUIPE RED BULL, 2017 sobre a festa Batekoo).

[13] Mais informações sobre o movimento e a festa Batekoo estão disponíveis em: <shorturl.at/kvOY6≥. Acesso em: 24 set. 2019.

Para elucidar um pouco mais essa abordagem, neste ponto, iremos considerar como objeto de exemplificação dois anúncios tradicionais, que espelham as discussões elaboradas neste trabalho. A primeira é do anunciante Mercedes-Benz, do setor automotivo, e a segunda campanha é da anunciante Salon Line para a sua linha de produtos #TodeCacho.

A campanha "Grow Up" da Mercedes-Benz (Fig. 7), para anunciar quatro veículos compactos da marca no Brasil, é protagonizada pela cantora de rap Karol Conka, uma das principais representantes da "geração tombamento". Os anúncios, desenvolvidos especialmente para as redes sociais, utilizam uma abordagem de *storytelling*. Nas peças, a própria Karol, em narração *off*, compartilha sob luzes positivas alguns recortes dos desafios que enfrentou na vida até chegar ao estrelato. Os discursos sobre as suas experiências inscritos nos anúncios refletem mensagens de superação e estímulos ao empoderamento.

Figuras 4, 5 e 6 – Frames do anúncio "Grow Up"
Fonte: Mercedes-Benz/YouTube (2018).[14]

Já a campanha "Vem pra festa #TodeCacho", da Salon Line, traz um anúncio institucional que apresenta ao mercado a nova embaixadora da

[14] Disponível em: <https://bit.ly/2wYUF5S>. Acesso em: 18 mai. 2018.

marca, a cantora Ludmilla. O filme, intitulado "Festa das cacheadas" é composto, majoritariamente, por mulheres em um ambiente festivo, ao som da trilha sonora interpretada pela cantora e que faz menção a procedimentos capilares, ao mesmo tempo que incentiva a aceitação das madeixas como elas são, ao natural. Além da cantora, outras mulheres participam da campanha, como algumas influenciadoras digitais da marca nas redes sociais. No filme, elas são embaladas pela descontração do ambiente e pela musicalidade da canção performada por Ludmilla. Suas posturas e a mensagem transmitida pela música contribuem para reforçar uma ideia positiva acerca da valorização da estética e da identidade negra.

Figura 7 – Frames do filme da campanha "Vem pra festa #TodeCacho"
Fonte: Salon Line/YouTube (2017).[15]

No anúncio, como breve exercício, é possível observar refletida e refratada a presença de alguns conceitos abordados ao longo deste capítulo, como os signos da "geração tombamento" e as expressões da comunicação publicitária contraintuitiva. Esses conceitos podem ser identificados a partir

[15] Disponível em: <https://bit.ly/2x34wrw>. Acesso em: 18 mai. 2018.

da participação de mulheres negras como protagonistas, todas com estilos variados de cabelo (ora curtos, ora longos, crespos, cacheados, tingidos com variadas cores) e corpos, roupas coloridas e com brilho, muitos acessórios e todas bem maquiadas. Tais características demonstram a despreocupação do anúncio em atender ao padrão típico das campanhas das empresas de cosméticos, que frequentemente se utilizam de imagens e personagens que não espelham os anseios da maioria da população brasileira, como vimos *a priori*.

As expressões da "geração tombamento", por sua vez, podem ser percebidas explicitamente pelas características estéticas das protagonistas e figurantes dos anúncios, já mencionadas anteriormente, e também pelo comportamento que essas apresentam ao longo dos vídeos. É possível perceber a postura altiva, confiante, segura, descontraída com que as mulheres que participam do anúncio manuseiam os seus cabelos e se portam. Seus olhares firmes e expressões são capturados pelas câmeras, que os destacam conforme o conteúdo da mensagem é transmitido. Esses filmes provavelmente podem contribuir para promover e expressar o sentimento de empoderamento tão defendido pelos jovens da "geração tombamento", bem como por outros movimentos sociais, como o feminista negro, em especial.

Assim, os signos da "geração tombamento" refletidos nessas materialidades midiáticas podem, provavelmente, auxiliar as tentativas da publicidade para refratar o complexo processo de deslocar conteúdos negativos de estereótipos tradicionais, bem como atuar na construção de "outros/novos" conteúdos positivos, como indicam os estudos sobre a comunicação publicitária contraintuitiva, sobre a percepção do que é ser negro no Brasil, à medida que tais anúncios, a partir e em concomitância com seus fortes objetivos mercadológicos, agregam à agenda de valorização da identidade e empoderamento da população negra brasileira.

Referências

A MÍDIA e o futuro. *Revista Raça Brasil*, São Paulo, n. 147, set. 2010. p. 66-71.

ARAÚJO, L. Mulher negra é invisível na publicidade, aponta vice-diretora executiva do Instituto Patrícia Galvão. *Instituto Patrícia Galvão*, 23. set. 2013. Disponível em: <https://bit.ly/2rZ924t>. Acesso em: 15 abr. 2018.

ARAÚJO, J. Z. *A negação do Brasil: o negro na telenovela brasileira*. São Paulo: Editora Senac, 2000.

ARAÚJO, J. Z. O negro na dramaturgia, um caso exemplar de decadência do mito da democracia racial brasileira. *Revista Estudos Feministas*, Florianópolis, v. 16, n. 3, p. 979-985, set./dez., 2008.

BAKHTIN, M. Os gêneros do discurso. In: BAKHTIN, M. *Estética da criação verbal*. 2. ed. Tradução de Maria Ermentina Galvão G. Pereira. São Paulo: Martins Fontes, 1997.

BAKHTIN, M. *Marxismo e filosofia da linguagem: problemas fundamentais do método sociológico da linguagem*. Tradução de Michel Teixeira Wisnik e Carlos Henrique D. Chagas Cruz. 2. ed. São Paulo: Hucitec, 2006.

BATISTA, L. L.; LEITE, F. (Orgs.). *O negro nos espaços publicitários brasileiros: perspectivas contemporâneas em diálogo*. São Paulo: ECA-USP: CONE, 2011.

BELO, E. O outro retrato do povo brasileiro. *Valor Econômico*, 9. jun. 2017. Disponível em: <https://bit.ly/2kaG5yL>. Acesso em: 15 abr. 2018.

BLAIR, I. V.; BANAJI, M. R. Automatic Controlled Processes in Stereotyping Priming. *Journal of Personality and Social Psychology*, Washington, v. 70, n. 6, p. 1142-1163, 1996.

BLAIR, I. V. *et al.* Imagining Stereotypes Away: The Moderation of Implicit Stereotypes Through Mental Imagery. *Journal of Personality and Social Psychology*, Washington, v. 81, n. 5, p. 828-841, 2001.

BOYER, P. *The Naturalness of Religious Ideas: A Cognitive Theory of Religion*. Berkeley: University of California Press, 1994.

BOYER, P. *Religion Explained: The Evolutionary Origins of Religious Thought*. New York: Basic Books, 2001.

BRAGA, J. L. *A sociedade enfrenta sua mídia: dispositivos sociais de crítica midiática*. São Paulo: Paulus, 2006.

BRIGHENTI, A. M. Visual, Visible, Ethnographic. Etnografia e Riciera Qualitativa, n. 1, p. 4 e 7, 2008. In: MATEUS, S. Regimes de visibilidade na publicidade mediatizada. *MATRIZes*, São Paulo, v. 8, n. 2, p. 259-281, jul./dez. 2014. Disponível em: <https://bit.ly/2GA3uma>. Acesso em: 6 abr. 2018.

CARRANÇA, F.; BORGES, R. S. (Orgs.). *Espelho Infiel: o negro no jornalismo brasileiro*. São Paulo: Imprensa Oficial do Estado de São Paulo: Sindicato dos Jornalistas no Estado de São Paulo, 2004.

CASHMORE, E.; TROYNA, B. Relações raciais. In: CASHMORE, E. *Dicionário de relações étnicas e raciais*. Tradução de Dinah Kleve. 2. ed. São Paulo: Summus, 2000.

CONKA, K. Tombei. 2014. Disponível em: <https://www.letras.mus.br/karol-conka/tombei/>. Acesso em: 4 nov. 2019.

DALTRO, L. M. *Yes, we can: a transição capilar da mulher negra na mídia tradicional e nas redes sociais*. 2016. 148 f. Trabalho de Conclusão de Curso (Bacharelado em Biblioteconomia) – Faculdade de Biblioteconomia e Comunicação, Universidade Federal do Rio Grande do Sul, Porto Alegre, 2016.

DASGUPTA, N.; GREENWALD, A. G. On the Malleability of Automatic Attitudes: Combating Automatic Prejudice With Images of Admired and Disliked Individuals. *Journal of Personality and Social Psychology*, Washington, v. 81, n. 5, p. 800-814, nov. 2001.

EQUIPE RED BULL. Uma série que desvenda clubes, coletivos e festas ao redor do mundo. *Red Bull*, 18 maio 2017. Disponível em: <https://win.gs/2k8qxeS>. Acesso em: 20 abr. 2018.

FELINTO, M. Propagandas TV reiteram o racismo. *Folha de S.Paulo*, São Paulo, 21 out. 1995. Ilustrada. Disponível em: <https://bit.ly/2rYr079>. Acesso em: 16 abr. 2018.

FIORINI, Y. H. Já que é pra tombar: jovens da geração tombamento falam sobre representatividade. *Diário Catarinense*, São Paulo, 27 nov. 2016. Disponível em: <https://bit.ly/2Ix4RDU>. Acesso em: 19 abr. 2017.

FRANCKLIN, E. O. *"Aceitação afro": as mídias sociais digitais na revalorização e afirmação da identidade negra*. 2017. 145 f. Dissertação (Mestrado em Comunicação) – Faculdade de Comunicação, Programa de Pós-Graduação em Comunicação, Universidade Federal de Juiz de Fora, Juiz de Fora, 2017.

FRY, P. Estética e política: relações entre "raça", publicidade e produção da beleza no Brasil. In: GOLDENBERG, M. (Org.). *Nu e vestido: dez antropólogos revelam a cultura do corpo carioca*. Rio de Janeiro: Record, 2002. p. 303-325.

GOMES, N. L. Trajetórias escolares, corpo negro e cabelo crespo: reprodução de estereótipos ou ressignificação cultural?. *Revista Brasileira de Educação*, on-line, n. 21, p. 40-51, set./dez. 2002.

GOMES, P. G. Midiatização: um conceito, múltiplas vozes. *Revista Famecos*, Porto Alegre, v. 23, n. 2, maio/ago. 2016. Disponível em: <https://bit.ly/2rXtToO>. Acesso em: 15 abr. 2018.

GONZÁLEZ, J. A. Digitalizados por decreto. Cibercultur@: inclusão forçada na América Latina. *MATRIZes*, São Paulo, v. 2, n. 1, p. 113-138, jul./dez. 2008.

GROTTERA, L. Qual é o pente que te penteia? O perfil do consumidor negro no Brasil. São Paulo: Agência Grottera, 1997. (Relatório de pesquisa).

IBGE – Instituto Brasileiro de Geografia e Estatística. *Censo Demográfico 2010*. Disponível em: <https://bit.ly/1G0W9oi>. Acesso em: 19 maio 2018.

JANOTTI JR., J. *et al.* (Orgs.). *Mediação & midiatização*. Salvador; Brasília: EDUFBA: Compós, 2012. p. 31-52.

JENKINS, H. *et al. Cultura da conexão: criando valor e significado por meio da mídia propagável*. Tradução de Patrícia Arnaud. São Paulo: Editora ALEPH, 2014.

LACERDA, L. Geração tombamento: o "lacre" como empoderamento estético entre jovens negras urbanas. *Aldeia Nagô*, 3 ago. 2016. Disponível em: <https://bit.ly/2pXNvfA>. Acesso em: 18 abr. 2017.

LEITE, F.; BATISTA, L. L. A publicidade contraintuitiva e o efeito ricochete. *Galáxia*, São Paulo, n. 15, p. 155-166, jun. 2008.

LEITE, F. *Publicidade contraintuitiva: inovação no uso de estereótipos na comunicação*. Curitiba: Appris, 2014.

LEITE, F. V. *Experiências de interação de mulheres brasileiras com a publicidade contraintuitiva: um estudo em* Grounded Theory. 2015. 319 f. Tese (Doutorado em Ciências da Comunicação) – Programa de Pós-Graduação em Comunicação, Escola de Comunicações e Artes, Universidade de São Paulo, São Paulo, 2015.

LINS, L. Você faz parte da geração tombamento?. *Diário de Pernambuco*, Recife, 12 jun. 2016. Disponível em: <https://bit.ly/2IBjZV6>. Acesso em: 7 abr. 2017.

LÓPEZ, L. C. O conceito de racismo institucional: aplicações no campo da saúde. *Interface*, Botucatu, v. 16, n. 40, p. 121-134, jan./mar. 2012.

MANEO, A.; AMÂNCIO, T. Desigualdade no Brasil. *Folha de S.Paulo*, São Paulo, 8 jun. 2015. Disponível em: <https://bit.ly/1F3Wa9J>. Acesso em: 20 set. 2017.

MASAN, J. Os negros que a geração tombamento esqueceu. *CEERT*, on-line, 10 out. 2016. Disponível em: <https://bit.ly/2KD4x7k>. Acesso em: 19 abr. 2017.

MARTINS, C. A. de M. e. *Racismo anunciado: o negro no Brasil (1985-2005)*. 2009. 113 f. Dissertação (Mestrado em Ciências da Comunicação) - Escola de Comunicações e Artes, Universidade de São Paulo, São Paulo, 2009.

MARTINS, C. A. de M. e. O mercado consumidor brasileiro e o negro na publicidade. *GV Executivo*, São Paulo, v. 14. n. 1, p. 42-45, jan./jun. 2015. Disponível em: <https://bit.ly/2Lgx7wd>. Acesso em: 6 abr. 2018.

MATEUS, S. Regimes de visibilidade na publicidade mediatizada. *MATRIZes*, São Paulo, v. 8, n. 2, p. 259-281, jul./dez. 2014. Disponível em: <https://bit.ly/2GA3uma>. Acesso em: 6 abr. 2018.

MCCOMBS, M. E.; SHAW, D. L. The Agenda-Setting Function of Mass Media. *Public Opinion Quarterly*, Oxford, v. 36, n. 2, p. 176-187, Summer 1972.

MUNANGA, K.; GOMES, N. L. *O negro no Brasil de hoje*. 2. ed. São Paulo: Global, 2006.

NETO, H. B. S.; BARBOSA, I. S. Propaganda e Publicidade, Linguagem e Identidade, Consumo e Cidadania: articulação entre conceitos e suas significações. In: CONGRESSO BRASILEIRO DE CIÊNCIAS DA COMUNICAÇÃO, 30., set. 2007, Santos. *Anais*... Santos: Intercom, 2007. Disponível em: <https://bit.ly/2kq7LS3>. Acesso em: 9 abr. 2018.

O DONO da África: o publicitário Nizan Guanaes afirma que o negro na propaganda é sinônimo de sofisticação e luxo. *Revista Raça Brasil*, on-line, 2011. Disponível em: <https://bit.ly/2Xdxqyo>. Acesso em: 14 nov. 2019.

OLIVETTO, W. "Empoderamento feminino" é clichê constrangedor, diz Washington Olivetto. Entrevista concedida a Ingrid Fagundez. *BBC Brasil*, on-line, jul. 2017. Disponível em: <https://bbc.in/2uQsvHN>. Acesso em: 16 abr. 2018.

PENTEADO, C. Faltam profissionais negros na publicidade. *PROPMARK*, on-line, 14 ago. 2017. Disponível em: <https://bit.ly/2wqtM9N>. Acesso em: 11 mai. 2018.

PEREIRA, M. E. *Psicologia social dos estereótipos*. São Paulo: EPU, 2002.

PEREZ, C. *Signos da marca: expressividade e sensorialidade*. São Paulo: Thomson Learning, 2004.

PEREZ, C. Estéticas do consumo a partir do sistema publicitário. In: ENCONTRO NACIONAL COMPÓS, 24., 2015, Brasília. *Anais*... Brasília: Compós, 2015. Disponível em: <https://bit.ly/2wViF9X>. Acesso em: 10 abr. 2018.

PEREZ, C. Ecossistema publicitário: o crescimento sígnico da publicidade. In: CONGRESSO BRASILEIRO DE CIÊNCIAS DA COMUNICAÇÃO, 39., set. 2016, Santos. *Anais*... Santos: Intercom, 2016. Disponível em: <https://bit.ly/2IRHzfj>. Acesso em: 30 mar. 2018.

PETTIGREW, T. F.; MEERTENS, R. W. Subtle and Blatant Prejudice in Western Europe. *European Journal of Social Psychology*, Reino Unido, v. 35, n. 1, p. 57-75, jan./fev. 1995.

RIBEIRO, F. Precisamos falar sobre o "Black Money". *Mundo Negro*, on-line, 22 set. 2016. Disponível em: <https://bit.ly/2qU6unJ>. Acesso em: 14 mai. 2018.

ROCHA, E. *Representações do consumo: estudos sobre a narrativa publicitária*. Rio de Janeiro: Editora PUC-Rio: Mauad X, 2006.

SANTOS, W. S. *et al.* Escala de racismo moderno: adaptação ao contexto brasileiro. *Psicologia em Estudo*, Maringá, v. 11, n. 3, p. 637-645, set./dez. 2006.

SCHWARCZ, L. M. *Retrato em branco e negro: jornais, escravos e cidadãos em São Paulo no final do século XIX*. São Paulo: Companhia das Letras, 1987.

SCHWARCZ, L. M. Quase pretos, quase brancos. Entrevista concedida a Carlos Haag. *Revista Pesquisa FAPESP*, São Paulo, abr. 2007.

SCHWARCZ, L. M. *Nem preto, nem branco, muito pelo contrário: cor e raça na sociabilidade brasileira*. 1. ed. São Paulo: Claro Enigma, 2012.

SETA, I. Por que os preconceitos, afinal, perdem espaço na publicidade. *Exame*, on-line, 3 mai. 2017. Disponível em: <https://abr.ai/2LhjPQ7>. Acesso em: 14 abr. 2018.

SHOHAT, E.; STAM, R. *Crítica da imagem eurocêntrica: multiculturalismo e representação*. Tradução de Marcos Soares. São Paulo: Cosac Naify, 2006.

SILVA, P. C. S.; BRAGA, A. M. S. Transição capilar: o cabelo como instrumento de política e libertação através da identidade e suas influências. In: CONGRESSO DE CIÊNCIAS DA COMUNICAÇÃO, 20., jun. 2015, Uberlândia. *Anais*... Uberlândia: Intercom, 2015. Disponível em: <https://bit.ly/2GzR8dB>. Acesso em: 12 mar. 2017.

SODRÉ, M. *Claros e escuros: identidade, povo, mídia e cotas no Brasil*. 3. ed. Petrópolis: Vozes, 2015.

SOUZA, A. *et al.* Publicidade Tombamento: expressões da "geração tombamento" em anúncios contraintuitivos para o empoderamento de negras e negros brasileiros. *Tríade*, Sorocaba, v. 6, n. 11, p. 37-60, mai. 2018. Disponível em: <https://bit.ly/2LfNF7N>. Acesso em: 25 mai. 2018.

TRINDADE, E. Telenovelas e publicidade: o ritual de ver TV e alguns aspectos na relação ficção/realidade. In: CONGRESSO BRASILEIRO DE COMUNICAÇÃO, 24., set. 2001, Campo Grande. *Anais*... Campo Grande: Intercom, 2001. Disponível em: <https://bit.ly/2IwQjbD>. Acesso em: 6 abr. 2018.

TRINDADE, E. *Propaganda, identidade e discurso: brasilidades midiáticas*. Porto Alegre: Editora Sulina, 2012.

TRINDADE, E.; PEREZ, C. O lugar do sujeito consumidor entre mediações e midiatizações do consumo: uma perspectiva latino-americana. In: ENCONTRO ANUAL DA COMPÓS, 25., jun. 2016, Goiânia. *Anais*... Goiânia: Compós, 2016. Disponível em: <https://bit.ly/2kcsffA>. Acesso em: 15 abr. 2018.

UPAL, M. A. What is More Memorable Counterintuitive Concepts Interpreted Metaphorically or Literally?. In: ANNUAL MEETING OF THE COGNITIVE SCIENCE SOCIETY, 19., 2007, Mahwah. *Proceedings*... Mahwah: Lawrence Erlbaum, 2007a. p. 1581-1586.

UPAL, M. A. *et al.* Contextualizing Counterintuitiveness: How Context Affects Comprehension and Memorability of Counterintuitive Concepts. *Cognitive Science*, London, v. 31, n. 3, p. 415-439, 2007b.

VIEIRA, I. Percentual de negros em universidades dobra, mas é inferior ao de brancos. *EBC Agência Brasil*, Rio de Janeiro, dez. 2016. Disponível em: <https://bit.ly/2rWnyKQ>. Acesso em: 20 set. 2017.

WEGNER, D. M. Ironic Processes of Mental Control. *Psychological Review*, Nova Jersey, v. 101, n. 1, p. 34-52, 1994.

"Feminismo das preta": tensões, conflitos e negociações nas enunciações do rap

Lucianna Furtado
Elton Antunes

Introdução

Este ensaio aborda o rap como uma produção cultural articuladora da multilocalidade da diáspora negra, em sintonia com as reivindicações e discussões políticas dos movimentos negros. A partir das referências e contextos mobilizados pelas enunciações de *rappers* para a construção de um diálogo com um público específico, o texto discute o solo de Drik Barbosa no videoclipe de "Mandume" (EMICIDA *et al.* 2016), explorando brevemente algumas das conexões entre sua fala, certos elementos imagéticos e as pautas tematizadas pelo feminismo negro. De forma complementar, a reflexão contempla a questão da presença feminina nesse espaço musical fortemente protagonizado pelo masculino como norma, assim como as dinâmicas de tensão, conflito e negociação nesse contexto. Para tanto, são acionadas contribuições teóricas do feminismo negro sobre a potência política desse lugar social de marginalidade para as discussões interseccionais sobre as desigualdades.

A *rapper* Drik Barbosa, compositora e intérprete do primeiro solo apresentado em "Mandume", tomou como temática norteadora do trecho sua experiência como mulher negra, abordando a interação entre as opressões de raça e gênero na construção de sua performance. Ela vem construindo uma trajetória marcada pelo compromisso feminista e antirracista, elaborando a escrita de si por meio da música em estreita relação com suas experiências sociais de opressão e seu ativismo frente a essas estruturas. Além da carreira solo, em ascensão, Drik integra o coletivo feminino Rimas & Melodias, com produções musicais em sintonia com esse posicionamento ativista político.

Mesmo entre seus pares negros, já submetidos a uma leitura social ligada à alteridade atribuída às pessoas negras nos regimes de representação coloniais, a *rapper* parte de uma posição de alteridade dupla, demarcando imediatamente seu lugar como "o outro do outro", que reveste a fala das mulheres negras em decorrência da dominação do patriarcado e da branquitude.

Assim como nos movimentos feministas ocorrem, de maneira recorrente, certos modos de tornar central a experiência de mulheres brancas de classe média como paradigma universal da categoria de mulher, existe, nos movimentos negros, uma tendência a referenciar o homem negro como signo normativo e protagonista da negritude. Essa constituição, contestada pelas mulheres negras nas duas referidas frentes de confronto, está ancorada em uma abordagem isolada dos eixos de opressão socioestrutural, que combate apenas um deles enquanto reproduz as demais dimensões do poder normativo. Esse enfrentamento emerge também no espaço do rap, historicamente marcado tanto pela misoginia e objetificação feminina, lugar-comum na produção dos homens negros, quanto pelas lutas empreendidas pelas mulheres negras ao reivindicarem novos posicionamentos nesse espaço.

A diáspora negra e o rap

A noção de diáspora é fundamental para a compreensão da multilocalidade que alicerça as identidades culturais negras fora do continente africano. Originalmente referente à migração judaica em deslocamentos voluntários ou exílios forçados, o conceito de diáspora foi ampliado para designar as trajetórias de dispersão de vários grupos étnico-raciais distintos. Na visão de Avtar Brah (1996), é impossível homogeneizar a diversidade de diásporas, por serem constituídas em experiências distintas e estreitamente ligadas às condições sociais, econômicas, políticas e culturais de cada circunstância histórica. Para a autora, a noção de diáspora permite analisar a confluência de narrativas de um grupo étnico-racial em localidades distintas a partir da eleição de uma origem compartilhada, em processos individuais e coletivos de memória que articulam um domínio comum entre eles. Por meio das conexões de pontos distantes, a diáspora constrói campos de identificações e relações de pertencimento.

Na dinamicidade dos processos de identificação das experiências individuais e coletivas, Brah (1996) vê as identidades diaspóricas não como estáticas, predefinidas, mas construídas na materialidade da vida cotidiana e das narrativas socialmente elaboradas. As trajetórias e interações entre os sujeitos da diáspora são fundamentais nesse processo, articulando a experiência local, o ponto de origem e as conexões transnacionais. Kim Butler (2001) afirma como primordial a autoconsciência da diáspora sobre aspectos compartilhados da identidade coletiva, em relações de reconhecimento e pertencimento que os vincula à nação de origem e entre si. Na multiplicidade de experiências de dispersão, a autora destaca que cada diáspora constitui um *éthos* particular, a partir de seu acervo de mitos e memórias.

A construção sociocultural e os imaginários sobre a terra de origem são significativos na identidade diaspórica. Para Butler (2001), o elo com a terra natal não é, obrigatoriamente, o desejo de retorno, mas emerge na continuidade de saberes, no esforço de preservar tradições culturais, no próprio imaginário ancestral e nas conexões de pertencimento. As condições históricas do tráfico intercontinental de pessoas escravizadas determinaram a maior parte da dispersão africana, impossibilitando o rastreamento da origem específica no continente e inviabilizando migrações de retorno. Assim, as práticas decoloniais e ações de resistência dos sujeitos negros afrodescendentes e a recusa ao eurocentrismo normativo na escolha de referências afrocêntricas culturais, estéticas e intelectuais se configuram como alternativas consistentes à teleologia do retorno na elaboração e manutenção desse vínculo com a África.

As identidades das diásporas também são permeadas pelas relações de conflito, adaptação e assimilação onde se estabelecem. Segundo Butler (2001), como as pessoas negras escravizadas foram sequestradas de diversas nações africanas, sua heterogeneidade cultural poderia ter sido desfavorável à solidariedade. No entanto, as práticas racistas de exclusão, discriminação e violência, exercidas com base na identificação racial negra, aproximaram esses sujeitos de culturas distintas – não na aceitação passiva da homogeneização colonialista, mas em alianças de cooperação e resistência. Assim, Butler negrita o papel das identificações entre as comunidades na construção da consciência diaspórica e de redes de solidariedade.

Na concepção de Stuart Hall (1990), as identidades da diáspora são construções sociais continuamente produzidas e reproduzidas – não *apesar* da diferença, mas *por meio* dessa diferença, em processos de absorção, apropriação e hibridização. O autor delineia a diáspora negra nas Américas na articulação entre as três presenças históricas da colonização: a presença africana da origem, a europeia da dominação e a americana do território onde a identidade foi submetida à mestiçagem. Hall enfatiza que as interações entre essas presenças não foram simétricas, mas permeadas por relações de poder, dominação e resistência, em que a presença africana foi silenciada, enquanto a presença europeia foi autoproclamada como autoridade do direito de nomear, definir e administrar a construção de sentidos e hierarquias.

Na perspectiva de Hall (1990), a presença europeia não apenas colonizou os corpos e a força de trabalho, mas criou a superioridade branca para legitimar a dominação, colonizando também a cultura, o imaginário e as mentes negras, marcando a diáspora negra com o trauma colonial e seus ecos contemporâneos. Para o autor, as normas dominantes de representação são um aspecto significativo do poder cultural e material: esses regimes de representação não apenas criaram e consolidaram a imagem das pessoas negras como diferentes, confinadas ao lugar de "outro", como internalizaram essa noção de alteridade nos próprios sujeitos negros, para que vissem a si mesmos e a suas experiências circunscritos a essa ideia de "outro".

Guardadas as particularidades que complexificam as experiências da diáspora negra, tanto em aspectos individuais da subjetivação como na configuração de contextos locais, é possível apontar as dinâmicas de alteridade e racismo como estruturantes em suas identidades. Esses marcadores estão ligados a suas origens, aos conflitos da inserção local, às práticas de sobrevivência e resistência – formando conexões, dimensões compartilhadas. O terreno comum na diversidade de experiências permite a articulação de campos de identificação entre o individual e o coletivo, o local e o global, mobilizando a multilocalidade constitutiva das identidades dos sujeitos diaspóricos em sua estreita relação com o imaginário da terra de origem e com as comunidades de outros pontos de passagem, chegada e permanência da diáspora africana.

Considerando os efeitos do racismo sobre o acesso à educação formal, carreiras acadêmicas e profissões intelectuais, os sujeitos negros foram e são excluídos dos espaços hegemônicos de poder e conhecimento, bem como da norma epistemológica da branquitude eurocêntrica. No entanto, os ambientes escolares e acadêmicos tradicionais não são o único meio de construção do saber: as manifestações artísticas são canais de intelectualidade e memória coletiva da diáspora africana. A produção e transformação do conhecimento nas práticas culturais da sociabilidade da diáspora negra são alicerçados na oralidade, na música, na dança e nas artes visuais, em processos dinâmicos e dialógicos de desenvolvimento intelectual.

A filósofa Angela Davis (2017) aborda a arte progressista como forma de construção da consciência social, aprendizado sobre as desigualdades estruturais e o caráter social da subjetividade. A autora atribui à arte o potencial sensibilizador e catalisador de incitar à participação em movimentos sociais, interrogando e contestando a cultura dominante. Isto emergiu, por exemplo, na proximidade da música negra estadunidense com os movimentos radicais de emancipação, constituindo-a como uma dimensão significativa do Black Power. A historicidade da relação entre música negra e movimentos antirracistas, segundo Davis, está ligada às práticas de apagamento e de resistência empreendidas, respectivamente, pelos senhores brancos e pelas pessoas negras escravizadas. A função social da música na tradição africana passou despercebida pelas regras escravocratas de proibição, possibilitando que a linguagem musical escapasse à repressão: "Em consequência disso, o povo negro foi capaz de criar com sua música uma comunidade estética de resistência que, por sua vez, encorajou e nutriu uma comunidade política de luta ativa pela liberdade" (Davis, 2017, p. 167).

Considerando sua marginalização na produção cultural dominante, Hall (2003) destaca o desenvolvimento da cultura popular negra por meio da apropriação e rearticulação seletivas de elementos da cultura hegemônica, entremeadas às referências africanas. Para o autor, esse campo constitui novas formas de expressão, de ocupação dos espaços sociais, laços com a coletividade e resistência, articulando o imaginário da ancestralidade africana na reconstrução da memória. Hall identifica, na musicalidade e oralidade populares negras, uma rica produção de contranarrativas, emergindo outras formas de vida e outras tradições de representação.

As referências da diáspora a sua herança africana, na concepção de Hall (1990), não se limitam a um resgate do passado, mas envolve a reformulação criativa das histórias, mitos e memórias que compõem o imaginário ancestral. Para o autor, esses gestos conformam dinâmicas de transformação e recomposição do que a África se tornou nas Américas, continuamente renarrada por meio da política, da memória e do desejo na cultura popular em constante diálogo com esse imaginário, referenciando, compondo e atualizando seu repertório. Hall considera a referência e reconstrução contínua da África como aspecto primordial das identidades negras, como uma presença que não é apenas um ponto de origem, mas um vínculo que reconecta seus povos dispersados e fragmentados. Desse modo, as culturas populares da diáspora articulam interações entre as condições culturais e materiais de sua formação, entrelaçando o imaginário da África ancestral às conexões entre pontos distintos.

Nesse sentido, Butler (2001) destaca a reinterpretação artística das culturas ancestrais como forma de construção do vínculo emocional, cultural e intelectual com a África, permitindo sua sobrevivência entre gerações. Em sua visão, grande parte das experiências dessa diáspora não estão escritas, mas inscritas na materialidade da cultura, nas artes criativas e nas tradições de oralidade – enfatizando que o imaginário sobre a terra de origem pode ser mais significativo na construção dessas identidades do que a própria realidade do continente.

Desse modo, a multilocalidade constitutiva das identidades e culturas da diáspora negra interrelacionam as subjetividades individual e coletiva – não apenas na formação local ou nacional, mas na dimensão transnacional que conecta os sujeitos diaspóricos e, sem desconsiderar suas particularidades subjetivas e contextuais, permitem a construção de narrativas compartilhadas. Segundo Maria Eduarda Guimarães (2007), o movimento hip-hop e o rap articulam o local e o global em seus relatos da exclusão, utilizando os meios de comunicação, a indústria fonográfica e a internet como canais de reunificação dessas identidades. A autora destaca a construção narrativa performada no rap como fortemente entrelaçada a seu produtor e a seu território, formulando contradiscursos sobre si e suas experiências.

Enfatizando o hip-hop como um movimento sociocultural de construção coletiva, Ivan Messias (2015) associa o surgimento do rap à mestiçagem, mistura cultural e hibridismo das relações coloniais, "com elementos do lúdico no trágico residente na experiência dos povos pretos da América" (Messias, 2015, p. 33). O autor concebe o rap como uma linguagem integrativa da comunidade negra, cujo papel na formação política dos sujeitos reafirma o hip-hop como mecanismo de educação não formal. Messias afirma que a música negra se tornou um instrumento de luta das populações subalternizadas, tratando a estética musical, a melodia e a batida rítmica como dispositivos na convocação coletiva para o combate ao racismo. O autor destaca o racismo, a violência policial e o genocídio negro como temas predominantes, junto às lutas políticas, orgulho e amor à cultura negra, evidenciando o compromisso político do rap por meio da aproximação e do constante diálogo com as reivindicações dos movimentos negros. A partir do rap como expressão da diáspora negra, observamos essa conexão não como uma construção essencialista ou homogeneizante, mas como eixo articulador dos pontos de convergência das experiências do racismo e da resistência. A formação do rap está intimamente ligada à noção de diáspora, na medida em que esse gênero se originou nas hibridações, em dinâmicas de confronto, assimilação e negociação entre as diferentes culturas da composição histórica das Américas; entre as estruturas de poder que marcaram as relações coloniais e ainda reverberam nas interações raciais. A gramática da produção e do consumo do rap surgiu e se consolidou nas narrativas da exclusão racista e da resistência – tanto na abordagem predominante desses temas, em sua delimitação como objetos de análise centrais e definição como constitutivos do gênero, como na formulação de lugares de enunciação nitidamente demarcados, posicionando a construção das suas falas de si em um diálogo contínuo com esse lugar social. Nessa constituição, entremeiam-se às estruturas do rap as noções de desautorização discursiva, violência e dominação contra os sujeitos da diáspora africana, nas dimensões histórica e contemporânea, junto aos movimentos de resistência.

A consciência negra, apontada junto ao gênero musical do rap como um dos elementos da cultura hip-hop,[1] manifesta-se como uma compreensão do que significa ser descendente de africanos escravizados e trazer no próprio corpo a materialidade das marcas de cor, cabelo e traços negros que constituem a identificação racial dos sujeitos, em sociedades que, devido à continuidade da herança colonial, são fortemente racistas. Nesse sentido, tomamos as narrativas negras construídas no rap e no movimento hip-hop, ao tematizar experiências individuais e coletivas de racismo em consonância com movimentos negros locais e transnacionais, como uma gramática musical constitutiva das identidades e das políticas da diáspora negra (Santos, 2016). O rap, com sua sonoridade híbrida e seu diálogo com os movimentos negros locais e globais, com uma estética característica, que conforma corpos e formas imagéticas junto à tematização de narrativas da opressão racista, nas quais ecoam as dinâmicas da escravização, dominação e hierarquização racial das relações coloniais, apresenta-se como um potente eixo articulador das memórias e experiências da diáspora africana. Esse caráter é constituído pelas lógicas culturais que compreendem desde sua criação como dispositivo textual,

[1] Gomes e Pontarolo (2009) definem que o hip-hop se refere, mais amplamente, ao movimento cultural composto por esses cinco elementos: o gênero musical do rap; a coreografia *break dance*; o grafite; o DJ; e o conhecimento sobre a herança africana, também chamado de "consciência". A noção de gênero musical acionada aqui diz dos "modos de mediação entre as estratégias produtivas e o sistema de recepção, entre os modelos e os usos que os receptores fazem desses modelos através das estratégias de leitura dos produtos midiáticos", de certas formas de partilhar a experiência cultural e musical (JANOTTI JR.; SOARES, 2008, p. 96).

passando pelos processos sociais que organizam sua estreita relação com os movimentos sociais, até a atualidade das narrativas de exclusão e resistência.

Lugares de enunciação decoloniais

No contexto das relações coloniais de hierarquização racial e de suas reverberações contemporâneas, as estruturas de legitimidade discursiva e epistemológica atribuem às mulheres negras um papel de objeto a ser nomeado pela norma masculina branca e, portanto, destituído do poder de autodefinição e autodeterminação. Sendo seu lugar social marcado por essa alteridade dupla, os atos da fala ou escrita de si realizados por mulheres negras têm o potencial de atuar como uma brecha, rachadura, recusa a essa hierarquização e esse silenciamento, constituindo-se como sujeitos em uma perspectiva decolonial. A partir das enunciações e ações de sujeitos negros como capazes de rupturas e críticas ao colonialismo, Laura López (2015) defende que as políticas e poéticas da diáspora africana nas Américas articulam sua multilocalidade como interferência na unidade hegemônica branca ou mestiça da nação. Retomando a análise de Zilá Bernd (1978 *apud* López, 2015) dos discursos poéticos afro-latino-americanos e caribenhos de emancipação política e afirmação da negritude, a autora destaca que a poesia negra não se caracteriza apenas pela autoria negra, mas pelo gesto de se situar como tal por meio de uma dicção específica, dotada de *intenção* negra.

Trazendo a materialidade corporal como central no poder racializado, López (2015) destaca que as feministas negras construíram suas experiências corporificadas interrogando e expandindo as categorias normativas ocidentais de raça e gênero. Estando às margens dos movimentos negros e dos feministas, as mulheres negras desafiaram a abordagem isolada desses recortes de desigualdade, propondo pensar em opressões interligadas. Para López (2015), ao enfatizar a materialidade negra em seu fazer político, esses sujeitos evidenciam as dimensões coloniais e decoloniais de sua subjetivação, afirmando sua constituição como humanos diante das violências que os desumanizam. Em sociedades que apagam a estrutura racializada das relações sociais, o ato de se situar politicamente como negra é contestar os regimes hegemônicos de visibilidade e legitimidade discursiva, propondo novos pactos de sociedade. Tal gesto pode se tornar ainda mais potente se centralizarmos o lugar social de subalternidade nas enunciações de mulheres negras, como postula Alcione Alves (2017). Segundo o autor, essas narrativas realizam a definição de si mesmas como sujeitas, questionando os processos exógenos de reificação a que foram e são submetidas como consequência da colonização e das relações racializadas de poder – reiterando o posicionamento crítico frente à tradição de conhecimento que apaga sistematicamente a subjetivação e legitimidade discursiva das mulheres negras. Questionando a percepção normativa sobre sujeitos em posição de alteridade como não cognoscentes, como não dotados da capacidade de assimilar e construir conhecimento, Alves propõe abordar essa violência epistêmica como princípio metodológico e político na escrita de si das mulheres negras. Como defende o autor, é preciso considerar os processos históricos e sociais de naturalização da subalternidade, entremeados às identidades raciais, situando a enunciação negra feminina no centro da discussão sobre a violência contra a diáspora negra. Alves (2017) destaca que esse olhar não pretende atribuir papel messiânico às intelectuais negras, tampouco menosprezar outras formas de opressão, mas sim promover uma abordagem interseccional que contemple as especificidades da violência contra as mulheres negras e assinalar a legitimidade desse lugar de enunciação.

Com esse movimento de deslocamento enunciativo, nos aproximamos daquilo que reivindicava a teórica feminista negra e ativista bell hooks[2] (1990), ao abordar a subjetivação das pessoas negras – especialmente das mulheres negras –, por meio da fala e da escrita de si, como fundamental nas lutas políticas contra a dominação racista e sexista. Segundo a autora, esse gesto implica não apenas em uma perspectiva oposicional na formação das identidades e da consciência crítica desses sujeitos, como deve incluir também processos de potência criativa, resistência e construção de novas formas de existir a partir desse lugar, deslocado da margem para o centro. Desse modo, hooks vê a construção da subjetividade negra realizada por intelectuais, escritores e artistas negros como capaz de provocar, nos interlocutores, uma mudança nos paradigmas normativos. Como destaca a autora, ao converter o posicionamento historicamente consolidado como objeto para a constituição como sujeito, é preciso partir de um ponto de vista literário de marginalidade – não como significante apenas de opressão, mas de transformação, libertação e resistência nas práticas culturais contra-hegemônicas.

Assim, hooks (1990) não propõe uma noção essencialista de negritude: ao contrário, critica a ideia de uma identidade negra estática e unidimensional, associada às estratégias coloniais e imperialistas de definição identitária.

[2] A autora, chamada Gloria Watkins, adotou o nome de sua ancestral como pseudônimo e prefere que sua grafia seja feita em letras minúsculas, como forma de centralizar o destaque não em sua figura individual como escritora, mas no conteúdo de sua produção intelectual.

hooks repudia ideias preconcebidas de negritude "autêntica", cujo padrão ou estereótipo as pessoas negras devem seguir, enfatizando a diversidade de experiências negras que podem ser construídas nas falas e nas escritas de si por meio da ruptura com a hegemonia discursiva da branquitude. A autora negrita que essa crítica ao essencialismo não anula, no entanto, o reconhecimento das formas como as identidades negras são constituídas na experiência de exclusão estrutural e de resistência. Em sua concepção, as circunstâncias de marginalidade impostas a esses sujeitos por meio do racismo os posiciona em um lugar de enunciação com grande potencial crítico.

Em consonância com esse pensamento, a socióloga Patricia Hill Collins (2016) defende o ponto de vista de mulheres negras como um lugar social com potencial criativo para refletir sobre as estruturas de poder por meio de perspectivas que desafiam paradigmas sociológicos tradicionais. Para descrever as contribuições do pensamento feminista negro nesse sentido, a autora elabora a noção de *outsider within*: a forasteira de dentro, submetida a posições de marginalidade nos espaços sociais que ocupa e que, como consequência, observa as estruturas de poder de um ponto de vista externo, diferenciado e potencialmente contra-hegemônico. Collins destaca que a produção acadêmica de intelectuais negras a partir de seu ponto de vista de marginalidade tem se desenvolvido nas questões analíticas de raça, classe e gênero de modo a explorar a natureza interligada dessas formas de opressão.

A ideia de *outsider within* é fundamentada nos benefícios do status de estrangeiro apontados por Georg Simmel (1921 *apud* COLLINS, 2016): a combinação entre proximidade e afastamento, envolvimento e distanciamento; maior conforto das pessoas em se abrirem para quem consideram como "estranhos" do que diante de seus pares; e a habilidade do estrangeiro em identificar padrões e peculiaridades que passam despercebidos por sujeitos imersos na naturalização das normas sociais. Para Collins, a experiência marcada pela marginalidade e pela exclusão em, pelo menos, dois recortes de desigualdade, afeta significativamente a perspectiva analítica sobre as estruturas sociais, permitindo uma diferenciação mais explícita das distintas formas de desumanização articuladas em cada uma dessas modalidades. Tal fenômeno emergiria de três pontos-chave: a autodefinição e a autoavaliação como resistência contra a desumanização e a hierarquização das categorias dominantes; a tese da natureza interligada da opressão no pensamento feminista negro, cuja abordagem holística se ocupa dos elos e interações entre as estruturas de poder; e uma relação de oposição aos padrões socioculturais normativos, devido à consciência de sua posição na base da pirâmide social, redefinindo-os por meio da recusa, ativismo e criação de laços de solidariedade. A autora destaca que, enquanto os *insiders* tendem a seguir a visão de mundo, valores e comportamentos normativos dos espaços de poder, em conformidade com o padrão cultural, a experiência das *outsiders* tem sido focada no tensionamento, desafio e subversão desse sistema e de suas categorias de pertencimento e exclusão.

Um exemplo apontado por Collins (2016) é a própria invisibilização das mulheres negras, de sua participação histórica, seus registros e epistemologias, como algo que tende a passar despercebido pelos *insiders*, mas que se apresenta como anomalia para as *outsiders within*. Esses processos de apagamento têm sido pauta recorrente no pensamento feminista negro: "A resposta de pesquisadoras feministas negras tem sido [a] de colocar as vozes das mulheres negras no centro da análise, para estudar pessoas, e ao fazê-lo, para reafirmar a subjetividade e a intencionalidade humanas" (Collins, 2016, p. 121). Essa perspectiva privilegia a análise das autodefinições e autoavaliações das mulheres negras em suas falas e escritas de si, como pessoas subalternizadas pelas dinâmicas sociais de opressão e desigualdade, plenamente capazes de construir conhecimento crítico e com forte potencial contra-hegemônico.

Feminismo das preta

O videoclipe "Mandume", dos *rappers* Emicida, Drik Barbosa, Amiri, Rico Dalasam, Muzzike e Raphão Alaafin, aborda a construção de identidades de resistência, relatando experiências de exclusão junto à subjetivação em posicionamentos combativos e à organização coletiva para a transformação social, em oposição ao confinamento à subalternidade atribuído tradicionalmente às pessoas negras. A narrativa do videoclipe parte da raça como eixo central, em interação com os recortes de gênero, representação histórica e violência epistêmica, classe, sexualidade e religiosidade, em uma abordagem plural e interseccional da opressão contra as pessoas negras. O nome é uma referência ao rei Mandume ya Ndemufayo, líder da resistência contra as missões evangelizadoras e as invasões coloniais portuguesas e alemãs na região onde se constituiu Angola. Essa produção resgata a memória cultural da ancestralidade africana para reconstruir as formas como essa herança pode emergir na experiência dos sujeitos negros da diáspora, historicizando os movimentos de resistência às reverberações contemporâneas do sistema colonial na organização e significação das relações raciais.

No primeiro verso de seu solo, Drik Barbosa se apresenta como Tempestade, personagem da saga de quadrinhos e cinema *X-Men*. Além de ser a primeira personagem feminina negra de destaque no universo Marvel, Tempestade é filha de um americano negro e de uma princesa tribal da região do Quênia, de modo que esses laços familiares representam, na narrativa, a ligação ancestral dos filhos da diáspora com o continente africano. Nessa apresentação, Drik já demarca sua enunciação como mulher negra, ao mesmo tempo que constrói um campo de identificações entre mulheres negras na ficção da cultura pop.

Ainda em referência à produção ficcional pop e nerd, Drik Barbosa passa aos mangás e animes japoneses, questionando quem disse que mina não pode ser *sensei* – termo que designa um mestre, um título honorífico que atribui papel de autoridade e legitimidade para ensinar. Assim como em outros gêneros, os produtos culturais do segmento nerd também são dominados por regimes de autorização discursiva sob hierarquias de gênero e raça, com tendência a centralizar referências masculinas e brancas como norma. A fala da *rapper* dialoga, assim, com os movimentos feministas negros em seus questionamentos e contrapontos às formas de representação hegemônicas, interrogando quem definiu as normas hierárquicas que subalternizam as mulheres negras e impedem que elas ocupem posições de autoridade e poder, desqualificando suas formas de produção de conhecimento.

Na referência à Batalha do Santa Cruz, Drik Barbosa explicita sua trajetória no tradicional espaço de batalhas de rimas e rap de improviso em São Paulo, demarcando seu conhecimento e pertencimento à cena da cultura hip-hop. O Santa Cruz é visto como o principal ponto de encontro para a criação, desenvolvimento e troca de experiências entre *rappers*, por onde passaram grandes nomes do rap nacional. Junto à referência aos Racionais MC's, a rapper demonstra o respeito à história do gênero musical, aos espaços de produção cultural e de construção do conhecimento do contexto negro e periférico que definem o rap.

Imediatamente após as menções às ofensas, à luta intensa e à negação de sua presença, Drik Barbosa se nomeia como "voz da nega" e símbolo de resistência, explicitando a dimensão coletiva de sua atuação e de sua fala: nesse sentido, a *rapper* negrita que sua aproximação com os movimentos feministas negros não diz respeito apenas a sua subjetividade e ascensão individual, mas se coloca como representativa de toda uma coletividade de mulheres negras. A construção dessa identificação é possível graças à consciência da dimensão compartilhada de suas experiências, referente à materialidade social do entrecruzamento dos eixos de gênero e raça que as oprimem como indivíduos e como grupo social. A partir da consciência desse pertencimento junto à identificação de uma opressão compartilhada, são fortalecidos os laços comunitários que constituem a organização coletiva em movimentos de resistência, de caráter dialógico e dinâmico, em constante reconstrução e aprimoramento devido à própria multiplicidade de sua composição.

Em referência à objetificação dos corpos femininos, Drik Barbosa anuncia que, em "tempo de mulher fruta", ela se coloca como "menina veneno", não apenas tensionando criticamente essa tradicional forma de representação, mas formulando novas possibilidades de inserção nos espaços midiáticos. Esses regimes de objetificação são consolidados tanto na estética dos videoclipes de rap estadunidenses (Durham *et al.*, 2013), como na cultura brasileira, que, como destaca Lélia Gonzalez (1979), vende a "mulata" como um produto de exportação, um objeto a ser consumido pelos turistas estrangeiros e pelas classes dominantes nacionais, estabelecendo a servidão sexual como um dos lugares pretensamente naturais da mulher negra.

O figurino usado por Drik Barbosa, sua performance corporal e os ângulos de câmera – característicos, é bom que se diga, também no conjunto do clipe para os outros sujeitos que aparecem – reafirmam protagonismo e agência, rompendo com a tradição de reificação e exploração dos corpos das mulheres negras de forma fetichizada. Os corpos não se apresentam para um olhar voyeurista: Drik, as mulheres negras, os homens negros em geral olham desafiadores para a câmera, que está muitas vezes posicionada para um enquadramento em contra-*plongée*. Nesses contexto cultural e cenário musical cuja estética é predominantemente misógina, a *rapper* ajuda a subverter essa lógica e modaliza seu corpo de outra forma, sem se submeter aos modelos de objetificação. A narrativa visual que acompanha seu solo, com a constante das imagens de mulheres lutando boxe, reafirma essa configuração. Desse modo, Drik Barbosa demarca seu corpo negro e feminino como uma materialidade discursiva destinada a sua própria subjetivação, assim como à agência e à luta coletivas no feminismo negro, em oposição ao papel como objeto de consumo para o olhar masculino.

A crítica às formas de representação midiática no sistema racista se intensifica no verso seguinte, denunciando que o homicídio de Cláudia Silva Ferreira, arrastada por 350 metros por uma viatura da Polícia Militar no Rio de Janeiro em 2014, não recebe a mesma comoção e atenção que a vida das celebridades brancas. Logo em seguida, Drik Barbosa dá o ultimato: "Basta de Globeleza, firmeza? Mó faia", em sintonia com a reivindicação recorrente, que atingiu seu ápice no manifesto[3] das ativistas negras Djamila Ribeiro e Stephanie Ribeiro em 2016, pedindo o fim dessa forma de objetificação das mulheres negras. Essa tematização destaca, assim, a relação do rap com os movimentos sociais, em sintonia com as pautas mobilizadas por ativistas e pela coletividade de feministas negras – evidenciando, também, a estreita relação entre a construção de imagens nos regimes de representação racistas e a naturalização e legitimação discursiva da desumanização das pessoas negras. Há aí, cumpre destacar, um dissenso anunciado, que marca não apenas ir além de uma interseccionalidade vista como simples cruzamento das opressões de raça, classe e gênero, mas uma simultaneidade também explosiva e contraditória em cada um desses campos – existência conflituosa também com as mulheres, com os homens na cultura hip-hop e nos alinhamentos políticos de classe. A enunciação marca não apenas uma posição social interseccional, mas complexidades e contradições que marcam um sentido de verdadeira "encruzilhada" (Johnson, 2017). A *rapper* está posicionada então como pivô de sujeito coletivo enunciante que permite a emergência e a constituição de uma multiplicidade de sentidos em torno da condição "das preta" nas interações comunicativas possibilitadas na canção/clipe.

Nos versos em que canta "Feminismo das preta, bate forte, mó treta/ Tanto que hoje cês vão sair com medo de b*****!", Drik Barbosa reafirma, mais uma vez, a demarcação dos corpos das mulheres negras como materialidade discursiva de agência e de luta, que, por meio da união e organização coletiva, constituem uma força potente e capaz de movimentar estruturas. Essa construção se aproxima do pensamento da escritora Audre Lorde (1981) sobre o uso da raiva como resposta à violência racista. Abordando a raiva como fruto das desigualdades entre sujeitos e como orientada pela mudança

[3] Em seu manifesto "Nós, mulheres negras, queremos o fim da Globeleza", publicado na *Revista AzMina* e na *Folha de S.Paulo*, Djamila Ribeiro e Stephanie Ribeiro (2016) evidenciam como a exposição da Globeleza reitera a fetichização e a violência sexual contra mulheres negras, em diálogo com a historicidade dessas práticas no período colonial. As autoras argumentam que o confinamento aos papéis subalternos e exotificados, aliado à ausência de mulheres negras em posições de protagonismo e poder na televisão, perpetuam e naturalizam essas violências no imaginário cultural (RIBEIRO; RIBEIRO, 2016).

e pela transformação social como objetivos finais, a autora a descreve como uma raiva da exclusão, do privilégio intacto, dos estereótipos, entre outros mecanismos do sistema racista no contexto feminista centralizado em mulheres brancas de classe média. Lorde defende o uso criativo da raiva como uma reação apropriada contra o racismo, como força motriz para a identificação com a multiplicidade de categorias de poder e desigualdade que aflige a coletividade de mulheres, promovendo o reconhecimento de suas vivências diversas como outras faces de si mesmas – fortalecendo, assim, os laços de pertencimento e de organização coletiva contra as mais variadas formas de opressão.

Nesses versos, Drik anuncia que o feminismo das preta promete ensinar aos misóginos e racistas que as violentam a ter medo de seus corpos, por meio da organização política e do fortalecimento mútuo, conjunto. A *rapper* subverte, assim, a lógica que marca o corpo feminino negro e sua genitália como objetos a serem consumidos e violentados, reafirmando-o como materialidade de identificação e pertencimento a um grupo social que, por meio da união, desenvolve o poder de revidar, proteger-se, usar a força dessa coletividade em sua defesa. São desafios e tensões de uma postura situada à luz de uma luta feminista que não apenas se fortalece, mas também se renova em termos estéticos e epistemológicos com a vivência das mulheres negras no universo do hip-hop (Durham *et al.*, 2013). O que permite a construção desse campo de identificações e sua organização nesse movimento social é precisamente a vivência de experiências compartilhadas ancoradas na significação colonial dos corpos das mulheres negras, na combinação da opressão de gênero e de raça como marcadores da exclusão e da violência naturalizadas e previamente legitimadas. Ao declarar, no verso final de seu solo, "Se os outro é de tirar o chapéu, nóis é de arrancar a cabeça", Drik Barbosa reforça sua fala como representativa de uma coletividade de mulheres negras que se recusam à servidão dos papéis hegemônicos de gênero e de raça, recusam-se a permanecer silenciadas na base da pirâmide social, reafirmando a organização política dessa coletividade como fonte de força e poder para a transformação social.

Em seu solo, Drik Barbosa constrói, como é comum no rap, um processo de referencialização contextualmente rico e elaborado, em uma trilha narrativa que fala de um lugar de enunciação bem demarcado, em um movimento que identifica, também, um público específico, que ela convida para esse diálogo. A *rapper* explora uma série de quadros contextuais referentes ao histórico do rap no Brasil, negritando sua trajetória e reafirmando sua legitimidade nesse espaço, ao mesmo tempo que o tensiona por meio dos contrapontos do feminismo negro aos regimes de representação misóginos que marcam a tradição predominantemente masculina dos espaços midiáticos e dessa cena musical. Nesse sentido, sua fala enfatiza o rap como um espaço de combate ao racismo e reconstrução da memória negra, mas no qual emergem também contradições, conflitos e tensões da opressão sexista.

Para além do que é dito no refrão e nos solos, o videoclipe dá a ver pistas dos impactos desse conflito. As vestimentas de todas e todos, da grife Laboratório Fantasma, não marcam, de maneira encenada, papéis tradicionais de diferenciação de gênero. Essa configuração dialoga com a construção dessas identidades, de modo a destacar mais a performance das identidades raciais do que a encenação de gênero: o figurino e as cenas onde os sujeitos aparecem sentados juntos, como iguais, demonstram que a identificação de raça prevalece sobre a marcação de gênero na construção visual do videoclipe, em uma aproximação que sugere a união sob esse eixo ao invés de uma divisão em função do gênero.

Em profunda sintonia com as reivindicações históricas e contemporâneas dos movimentos feministas negros, sua fala emerge em diálogo – tenso, interpelador, contestador – constante com seu público, fortalecendo relações de reconhecimento e pertencimento nessa sistematização do terreno comum de suas vivências nas tramas da materialidade estrutural da violência de gênero e de raça. Ao construir pontes com esses contextos específicos, Drik Barbosa desenvolve um processo de referencialização que é próprio do rap, fundamentado na materialidade dessa realidade social, formulando enunciações dinâmicas, dialógicas e abertas à interação com outras vozes em circulação na cena musical e nos movimentos sociais. Nesse sentido, a produção musical do rap opera como um diamante, que consolida e solidifica esses discursos, refletindo um entorno muito mais amplo que a própria constituição individual da compositora para contemplar também a contextualização construída em suas referências.

Nesse processo de referencialização, a fala de Drik Barbosa é, novamente, como um epicentro, na medida em que ela não se expressa sozinha, mas ecoa vozes de outras mulheres negras em uma enunciação plural e coletiva. Ao evocar o feminismo negro nesse espaço, a *rapper* se posiciona ao lado dos homens negros ao mesmo tempo que os coloca contra a parede, interrogando a misoginia que os beneficia – de modo que essa enunciação cristaliza as vozes críticas das mulheres, endereçando-as à estrutura patriarcal e também às suas ramificações nos espaços negros. Nesse sentido, o feminismo negro tensiona o lugar dos homens nessa história, dialogando com a construção das masculinidades no videoclipe: eles são mostrados como sujeitos de afetos, emoções, contradições, vulnerabilidades; trazendo-os para outro lugar e abrindo brechas para outras masculinidades que não sejam as fundamentadas na agressividade, na truculência e em estigmas de violência que marcam as representações tradicionais do rap. A discussão racial, então, preside a forma como o videoclipe, a partir da Drik como representativa do feminismo negro, reorganiza a masculinidade dos homens negros – sendo emancipados por esse movimento que, propondo outras possibilidades de ser homem, permite que eles se vejam e se deem a ver de outras formas.

Considerações finais: *"Eu... quero é que eles se..."*

Embora a participação de Drik seja destacada em seu solo, sua enunciação feminista negra atravessa a narrativa do videoclipe para além dos momentos em que ela fala ou aparece, incluindo a forma de representação das outras mulheres e os modos como sua dicção reconfigura as masculinidades – de modo que essa enunciação a posiciona ao lado desses homens, mas também modifica a forma como eles se constroem tanto na forma como estão lado a lado nas imagens do clipe, quanto na condição de audiência que é mobilizada para o audiovisual. No entanto, o fato de a *rapper* ser a única mulher a enunciar um solo na música evidencia que a igualdade de gênero na sociedade e nos próprios espaços negros ainda persiste como um desafio, convocando a reflexão sobre algumas questões: só a mulher deve debater questões de gênero? É apenas esse o seu lugar nos movimentos negros? Mesmo com o impacto da tensão construída por essa dinâmica de parceria e contestação, ainda restam traços de misoginia e resquícios de certa normatividade do espaço desproporcional das vozes masculinas nesses movimentos.

De forma complementar, estrutura-se uma articulação entre a dimensão compartilhada da experiência individual de sua subjetivação como mulher negra e as experiências de violência e exclusão que afetam toda uma coletividade de mulheres negras. São formulados, assim, campos de identificação que se estendem para além do próprio contexto nacional e dialogam, mais amplamente, com uma diversidade de relatos de opressão construídos pelas mulheres negras na diáspora africana nas Américas, por meio de suas manifestações no rap e em outros espaços. O diálogo com essa multilocalidade é realizado, além da identificação com a coletividade a partir da vivência individual, pela convocação das formas de opressão racista e sexista tematizadas, ou seja, da objetificação, do confinamento à subalternidade, da exclusão dos espaços de poder, da invisibilização e do silenciamento, da deslegitimação epistêmica, do genocídio negro, entre outros mecanismos que constituem a natureza interligada da opressão.

Referências

ALVES, A. C. Violência epistêmica e enunciação de sujeitas negras em uma interpretação de Nancy Morejón. *Revista Língua & Literatura*, Itapajé, v. 19, n. 33, p. 165-191, jan./jun. 2017.

BRAH, A. *Cartographies of Diaspora: Contesting Identities*. London; New York: Routledge, 1996.

BUTLER, K. D. Defining Diaspora, Refining a Discourse. *Diaspora: A Journal of Transnational Studies*, Toronto, v. 10, n. 2, p. 189-219, 2001.

COLLINS, P. H. Aprendendo com a *outsider within*: a significação sociológica do pensamento feminista negro. *Revista Sociedade e Estado*, Brasília, v. 31, n. 1, p. 99-127, jan./abr. 2016.

DAVIS, A. *Mulheres, cultura e política*. São Paulo: Boitempo, 2017.

DURHAM, A. *et al.* The Stage Hip-Hop Feminism Built: A New Directions Essay. *Signs: Journal of Women in Culture and Society*, on-line, v. 38, n. 3, p. 721-737, 2013.

EMICIDA *et al.* Mandume. Direção de Gabi Jacob. 2016. (8min47s). Disponível em <https://youtu.be/mC_vrzqYfQc>. Acesso em: 21 jun. 2017.

GOMES, S. M.; PONTAROLO, F. O hip-hop como fonte documental para a construção do conhecimento da história e cultura afro-brasileiras. In: SIEPE – SEMANA DE INTEGRAÇÃO ENSINO, PESQUISA E EXTENSÃO, out. 2009, [s.l.]. *Anais*... [s.l.]: SIEPE, 2009. Disponível em: <https://goo.gl/EQEbph>. Acesso em: 2 out. 2017.

GONZALEZ, L. Cultura, etnicidade e trabalho: efeitos linguísticos e políticos da exploração da mulher. In: ANNUAL MEETING OF THE LATIN AMERICAN STUDIES ASSOCIATION, 8., abr. 1979, Pittsburg. *Anais*... Pittsburgh: Latin American Studies Association, 1979.

GUIMARÃES, M. E. A globalização e as novas identidades: o exemplo do rap. *Revista Perspectivas*, São Paulo, v. 31, p. 169-186, jan./jun. 2007.

HALL, S. Cultural Identity and Diaspora. In: RUTHERFORD, J. (Org.). *Identity: Community, Culture, Difference*. London: Lawrence & Wishart, 1990. p. 223-237.

HALL, S. Que "negro" é esse na cultura negra?. In: SOVIK, L. (Org.). *Da diáspora: identidades e mediações culturais*. Belo Horizonte: Editora UFMG, 2003. p. 335-349.

hooks, b. *Yearning: Race, Gender, and Cultural Politics*. Boston: South End Press, 1990.

JANOTTI JR, J.; SOARES, T. O videoclipe como extensão da canção: apontamentos para análise. *Galáxia*, São Paulo, n. 15, p. 91-108, jun. 2008.

JOHNSON, A. W. Resituating the Crossroads: Theoretical Innovations in Black Feminist Ethnography. *Souls*, [s. l.], v. 19, n. 4, p. 401-415, 2017.

LÓPEZ, L. C. O corpo colonial e as políticas e poéticas da diáspora para compreender as mobilizações afro-latino-americanas. *Horizontes Antropológicos*, Porto Alegre, v. 21, n. 43, p. 301-330, jan./jun. 2015.

LORDE, A. The Uses of Anger. *Women's Studies Quarterly*, Nova York, v. 9, n. 3, p. 7-10, Fall 1981.

MESSIAS, I. dos S. *Hip-hop, educação e poder: o rap como instrumento de educação.* Salvador: EDUFBA, 2015.

RIBEIRO, D.; RIBEIRO, S. Nós, mulheres negras, queremos o fim da Globeleza. *Revista AzMina*, 29 jan. 2016. Disponível em: <https://goo.gl/Xgh9Li>. Acesso em: 3 jun. 2018.

SANTOS, J. L. Hip-hop and the Reconfiguration of Blackness in Sao Paulo: The Influence of African American Political and Musical Movements in The Twentieth Century. *Social Identities*, London, v. 22, n. 2, p. 160-177, 2016.

"Quem tem um não tem nenhum": solidão e sub-representação de pessoas negras na mídia brasileira

Laura Guimarães Corrêa
Mayra Bernardes

Introdução

Estamos às vésperas de encerrar mais uma década do século XXI. E, também, de completar 131 anos desde a sanção da Lei Áurea, que aboliu juridicamente a escravidão no Brasil. Um acontecimento que está tão longe e tão perto, já que ainda sentimos na pele os efeitos do processo histórico de desumanização, escravização e dominação de negros e negras em nosso país, profundamente marcado pelo racismo.

Afirmar isso no espaço acadêmico, em que tanto já foi e será dito sobre as relações raciais no Brasil, parece chover no molhado. Entretanto, é necessário chover no molhado, reafirmando a existência do racismo, expondo suas raízes históricas e sua permanência na contemporaneidade, uma vez que muito mais tempo foi investido em tentativas de esconder as profundas feridas causadas pela combinação cruel entre racismo e colonização. O mito da democracia racial ainda vai muito bem, obrigado: em maio de 2019, o presidente da República afirmou que "racismo no Brasil é coisa rara". Enquanto isso, 66% das mulheres assassinadas no Brasil são negras, 77% dos jovens assassinados no Brasil são negros,[1] e tantas outras estatísticas contabilizadas pelo Instituto de Pesquisa Econômica Aplicada (Ipea) e outras instituições de pesquisa em ciências sociais demonstram exatamente o contrário.

O racismo nos mata fisicamente, mas, também, simbolicamente. Muniz Sodré (2018) afirma que o racismo, enquanto elemento estruturante das relações sociais brasileiras, tem como especificidade um *duplo vínculo*: é aceitação e, ao mesmo tempo, rejeição. No campo do simbólico, sobretudo

[1] Segundo dados do *Atlas da violência* (IPEA; FÓRUM..., 2019).

naquilo que concerne às interações entre sujeitos e entre os sujeitos e o mundo, os negros e negras vêm aparecendo e desaparecendo: na maior parte do tempo, estamos desaparecendo, uma vez que a lógica colonial racista tratou de associar ao negro e à negra tudo aquilo que é ruim e deve ser evitado, negado ou mesmo eliminado. E, ocasionalmente, estamos aparecendo, ora como reforço dessa lógica de rejeição da negritude, em que negros não possuem a competência e a aparência adequadas para estar nos espaços, ora como objeto de confirmação da benevolência ou da concessão dos brancos, que até podem aceitar alguns negros se assim lhes convier. Romper com essa dinâmica de (des)aparição ainda é uma ação do campo das exceções.

De acordo com o último censo do Instituto Brasileiro de Geografia e Estatística (IBGE, 2010), os negros – categoria que compreende pretos e pardos – representam 54,6% da população brasileira. E, mesmo que sejamos a maioria da população brasileira, a presença de pessoas negras ainda é rarefeita em posições de visibilidade e/ou poder, sobretudo quando esses espaços estão associados ao exercício da intelectualidade. Tal realidade vem sendo denunciada há décadas, no âmbito acadêmico e dos movimentos sociais, demonstrando que ainda há muito a ser feito para a diminuição, senão a erradicação, das desigualdades promovidas e mantidas pelo racismo estrutural.

Uma presença rarefeita

A exclusão de pessoas negras de anúncios publicitários e de outros produtos midiáticos, como a televisão, levou à criação, em 1984, do Centro de Informação e Documentação do Artista Negro (CIDAN), fundado pela atriz Zezé Motta. Em diversas oportunidades, a atriz e cantora contou das dificuldades que enfrentou para encontrar papéis minimamente adequados em telenovelas, cujos produtores e diretores ainda insistem em escalar artistas negros para papéis de empregados, bandidos ou sujeitos escravizados. Motta conta também sobre o racismo que impediu que o primeiro comercial estrelado por ela fosse ao ar. A atriz teve apenas mais duas oportunidades, em cinquenta anos de carreira, de estrelar comerciais.[2]

A publicidade tem sido um dos lugares privilegiados para investigarmos as representações de grupos sociais, as normas e os valores vigentes nas sociedades.

---

[2] Informação retirada do depoimento de Zezé Motta no episódio "Tá bom pra elas?" do canal Tá Bom Pra Você?, disponível em: <shorturl.at/mqJR2>. Acesso em: set. 2018.

Carlos Hasenbalg (1982) observou o negro em anúncios do início da década de 1980 e afirmou que estes tendem a reproduzir as manifestações de racismo presentes na cultura, uma vez que a publicidade "opera segundo a linha de menor resistência" (HASENBALG, 1982, p. 107). O autor percebeu que o lugar das pessoas negras nas peças publicitárias estudadas concentrava-se em dois polos: o do trabalhador desqualificado e o do *entertainer*. Hasenbalg também contabilizou a porcentagem dessa parte da população nos anúncios: exíguos 3%. Cerca de dez anos depois, uma porcentagem um pouco maior de pessoas negras, ainda que baixa, foi encontrada na pesquisa de Jacques D'Adesky (2002), com dados coletados na revista *Veja* em 1994: 6,4% de pessoas negras nos anúncios publicitários.

Uma das consequências dessa exclusão proposital das pessoas negras da mídia televisiva foi a inclusão de um parágrafo, no Estatuto da Igualdade Racial, projeto de lei sancionado em 2002, que determina que haja oportunidades de emprego para essa parcela da população em filmes, anúncios publicitários, peças e programas veiculados pelas emissoras de televisão ou apresentados em cinemas. Mesmo com essa determinação jurídica, em pesquisa de mestrado sobre o corpo negro nas imagens publicitárias (CORRÊA, 2006) foram encontradas pouquíssimas pessoas negras – apenas 8,1% do total – nos anúncios publicados na revista *Veja* em coleta realizada em 2004, em que foi utilizada a metodologia de D'Adesky (2002) como referência e por período semelhante.

Em análise qualitativa, observou-se ainda que, nesses anúncios publicitários, não havia pessoas negras em casa. Além disso, essas pessoas raramente foram mostradas em convívio familiar ou se divertindo com outras pessoas negras, numa configuração que tira ou esconde desse personagem sua história de pertencimento, mostrando-o com poucos laços afetivos e humanos. Na referida pesquisa (CORRÊA, 2006), os lugares nos quais as personagens negras figuravam foram observados: geralmente em espaços de trabalho pouco qualificados (como fábricas, obras, oficinas, galpões de reciclagem de lixo) ou de prática de esportes, confirmando os polos que Hasenbalg (1982) havia identificado.

Sete anos depois, como parte de uma reflexão sobre a publicidade do Dia da Consciência Negra (CORRÊA, 2011), foi realizado um levantamento quantitativo semelhante àqueles citados anteriormente e detectada uma porcentagem ainda menor: 6,9% de pessoas negras nos anúncios da revista *Veja*.

Chegando à década de 2020, podemos afirmar que o parágrafo no Estatuto da Igualdade Racial representou uma vitória, ainda que tímida, dos movimentos negros que denunciavam a dificuldade dos artistas negros de conseguir, por mais talentosos que fossem, oportunidades de trabalho em espaços de visibilidade dominados pela branquitude. Essa discussão veio ganhando espaço nas arenas públicas e, como consequência, nos últimos anos, temos visto mulheres e homens negros ocupando lugares que antes eram ocupados exclusivamente por pessoas brancas, como a bancada de telejornais, o protagonismo das novelas e de campanhas publicitárias de cosméticos.

O que nos chama a atenção, no cenário atual, é que a presença de homens e mulheres negras nos espaços de visibilidade, mesmo que tenha aumentado, revela-se ainda muito baixa quando comparada ao número de homens e mulheres brancas que ocupam os mesmos espaços.

Em 2017, o Coletivo Vaidapé realizou um levantamento para identificar o número de apresentadores negros nas principais emissoras do país, e o resultado não surpreendeu: os negros são apenas 3,7%, de um quadro de 272 apresentadores (Santana; Salles, 2017). Em 2018, após receber muitas críticas, a Rede Globo publicou uma nota em que justificava a ausência de atores negros no elenco da novela *Segundo Sol*, que se passava em Salvador, dizendo que as atrizes Taís Araújo e Camila Pitanga não puderam compor o elenco da novela, dando a ver, com isso, o número limitado de pessoas negras que compõem seus quadros. E, entre esse grupo, o pequeno número de atrizes negras – apenas duas – que a emissora considera adequadas para papéis importantes; um jogo de lugares marcados.

O fenômeno do Negro Único na mídia massiva

No verso que inicia a canção do compositor e cantor paraibano Jackson do Pandeiro – e que também dá título a este capítulo –, um homem fala malandramente que ter duas mulheres é melhor do que ter apenas uma: "Quem tem um não tem nenhum, dizia papai Mané/ Quem só tem uma nega, se ela for embora fica sem mulher". O cantor reproduz um provérbio de origem portuguesa (daí o Mané, de Manoel) que, completo, diz que "Quem tem um não tem nenhum, quem tem dois tem um". Além de confirmar uma tendência no universo masculino sexista brasileiro que valoriza a quantidade de parceiras que um homem pode "ter", o que mais dizem a canção e o provérbio? A frase sugere que o fato de se contar apenas com uma pessoa revela uma situação de fragilidade, de precariedade, de insegurança.

Se não fosse pela determinação frouxa, mas válida, do Estatuto da Igualdade Racial já citada anteriormente, talvez nem mesmo esses poucos e poucas conseguiriam ocupar os espaços de visibilidade. No entanto, nossa intenção é questionar os efeitos desse dispositivo legal na organização desses espaços, que acabam gerando o fenômeno conhecido como "o Negro Único", isto é, a única pessoa negra em meio a um mar de pessoas brancas, seja em campanhas publicitárias, capas de revistas, telenovelas, telejornais etc.

Quais os efeitos dessa posição solitária nas práticas e processos político-discursivos estabelecidos em torno da presença de negros nos espaços de visibilidade? A proposta para o capítulo é, a partir de material empírico e depoimentos de pessoas que estiveram no lugar do Negro Único, investigar esse fenômeno e seus múltiplos significados, explorando os conceitos de representação – e sub-representação – e seus usos analíticos para a compreensão de práticas e processos político-discursivos relacionados a raça e racismo, sobretudo no campo da comunicação midiática.

Em 2009, a organização do São Paulo Fashion Week, um dos principais eventos de moda do Brasil, virou notícia ao assinar, como resposta a um inquérito civil que denunciava a exclusão deliberada de pessoas negras das passarelas brasileiras, um Termo de Ajustamento de Conduta que previa a participação de ao menos 10% de modelos negros(as) nos desfiles do evento. Para a época, tal ação representava uma tentativa de reparação do problema enfrentado por modelos profissionais e, por isso, acabou servindo como exemplo de configuração *politicamente correta* dos espaços de visibilidade na mídia massiva, tornando-se um parâmetro representativo corrente e socialmente compartilhado.

Um bom exemplo empírico dessa organização do espaço delimitado para pessoas negras na mídia massiva são as fotos em grupo que estampam campanhas publicitárias e capas de revista. Em um levantamento simples, feito a partir das capas das principais revistas femininas do país, observamos a aparição e disposição de pessoas negras em capas estampadas com fotos em grupo (mais de três pessoas). Das nove revistas femininas pesquisadas,[3] encontramos apenas seis capas[4] dentro desse critério, sendo que, destas, apenas a edição de dezembro de 2017 da revista *Cláudia*, que possui uma capa em abas, mostrou mais que uma mulher negra no grupo destacado na capa da revista.

---

3 Foram observadas as capas das revistas *Cláudia*, *Marie Claire*, *Glamour*, *Vogue*, *Quem*, *Contigo*, *Elle*, *Cosmopolitan* e *Estilo*, entre janeiro de 2009 e setembro de 2019, nos repositórios digitais de edições de cada publicação.

4 Edições das revitas, na ordem em que aparecem na página a seguir: VOGUE BRASIL. São Paulo: Ed. Globo Condé Nast, n. 381, mai. 2010. CONTIGO. São Paulo: Ed. Caras, n. 2199, dez. 2017. GLAMOUR BRASIL. São Paulo: Ed. Globo, n. 61, abr. 2017. MARIE CLAIRE BRASIL. São Paulo: Ed. Globo, n. 325, abr. 2018. QUEM ACONTECE. São Paulo: Ed. Globo, n. 872, jun. 2017. CLAUDIA. São Paulo: Ed. Abril, n. 12, dez. 2017.

Fonte: Acervo digital das revistas/Reprodução.

Para além da distribuição numérica, que reafirma o lugar solitário das pessoas negras em espaços de visibilidade, é possível observarmos, também, que as atrizes Taís Araújo e Erika Januza aparecem duas vezes no recorte analisado. Isso demonstra a pouca variedade de figuras públicas negras que conseguem ser suficientemente reconhecidas para ocuparem esses espaços, já que a maioria das capas exaltam o sucesso profissional das mulheres, incorrendo na repetição sistemática das mesmas figuras nos mesmos espaços. Da mesma forma, observamos a distribuição unitária de homens e mulheres negras em outras mídias tradicionais, como, por exemplo, a televisão. No *Saia Justa* e no *Papo de Segunda*, programas televisivos no formato *talk show* e exibidos pelo GNT, temos, no grupo de comentaristas atuantes a partir de 2017, apenas uma mulher ou um homem negro em um time de quatro pessoas.[5]

[5] A saber: o rapper Emicida, que faz parte do elenco do *Papo de Segunda* desde 2018, a atriz Taís Araújo, que fez parte do elenco do *Saia Justa* em 2017, e a cantora Gaby Amarantos, que assumiu o lugar de Taís Araújo no programa.

Uma pessoa sozinha representa pouco e mal um determinado grupo. Sobre ela, como única, recaem todas as expectativas de representação. Como é única, a pessoa negra que aparece em meio a várias pessoas brancas, termina por ser A atriz, A apresentadora, A deputada, A autora, A professora negra, que passa a estar naquele lugar como representante de todas as pessoas negras. Assim, essa pessoa é, muitas vezes, convidada a falar em nome de negros(as), a dar a sua opinião sobre qualquer episódio de racismo, a explicar termos, conceitos, temas que supostamente interessariam apenas a pessoas negras – como se o racismo não fosse uma questão estrutural que envolve a todas as pessoas, com privilégios para algumas (as brancas) e desvantagens exatamente para as negras, aquelas que são constantemente convidadas a tratar do assunto.

Quando se elege ou se convida *uma* pessoa para estar em um determinado lugar e falar porque é uma pessoa negra, as outras características individuais, conhecimentos, trabalho, particularidades daquela pessoa tendem a ser apagados; afinal, ela está ali como grupo e não como pessoa. Se essa pessoa falha – e todos falhamos –, sua falta é atribuída a uma característica de grupo e não a algo que acontece a indivíduos. Nesse sentido, o autor Muniz Sodré, em *Claros e escuros* (2000), já apontava a importância de destacarmos a tendência ocidental em "desconhecer a individualidade de outros membros da espécie humana, tratando-os como coletividades ou grupos – etnias, raças, comunidades etc." (Sodré, 2000, p. 139).

O que vemos, na mídia massiva, é uma variedade enorme de pessoas brancas, em toda a sua diversidade: crianças, pessoas jovens, de meia idade, idosas, homens e mulheres, de diferentes orientações sexuais, especialistas nos mais diversos temas, convidadas a falar sobre praticamente todos os campos do saber, ligadas a diversas formas de entretenimento, representando os mais variados papéis. Como o padrão tido como universal é o da branquitude (Kilomba, 2012), essas pessoas não estão marcadas por um diferencial racial. O que geralmente as diferencia umas das outras são as suas especificidades, particularidades, idiossincrasias. Poder ser contado como um indivíduo e não como um expoente, um representante, um exemplo de determinado grupo social (e, principalmente, racial) é um privilégio branco.

A filósofa Djamila Ribeiro (2018) fala sobre a noção de alteridade ligada a grupos e indivíduos negros, em contraposição à ideia de que a branquitude seria o padrão universal e não marcado, isento de "identidade":

> Eu acho interessante quando as pessoas falam "identitárias" para pessoas negras, ou para mulheres ou pessoas gays, porque geralmente são

> homens brancos que falam, e eles também não percebem que branquitude e masculinidade também são identidades. Apontar a identidade do outro [...] mostra o quanto as pessoas brancas não estão acostumadas, historicamente, a se enxergar como pessoas brancas marcadas socialmente. Elas se enxergam como o universal (Ribeiro, 2018, on-line).

Nas representações midiáticas, a naturalização da presença preponderante e desproporcional de pessoas brancas esconde que esses lugares de visibilidade são negados e dificultados a pessoas de outros grupos raciais, principalmente pessoas negras. Quando confrontados com essa realidade, os responsáveis pela escolha dessas pessoas (empregadores, produtores de elenco, diretores etc.), principalmente para a televisão, costumam argumentar que os critérios para contratação não passam pela questão racial, e sim pela competência, experiência, beleza física, carisma, popularidade. Os modos de percepção e de atribuição dessas e outras qualidades podem ser altamente subjetivos e, ao mesmo tempo, fortemente marcados por representações sociais baseadas em estereótipos racistas que tendem a associar valores positivos – como sucesso, intelectualidade, beleza e poder – a pessoas brancas.

Assim como características positivas são atribuídas à branquitude, às pessoas negras são associadas ideias negativas, como feiura, sujeira, preguiça, violência, agressividade, entre outras. Joice Berth (2018), ao comentar a relevância da questão estética para o empoderamento de pessoas negras, defende que, ao entendermos os valores que circulam em torno da estética, sendo esta inerente à imagem, entendemos também "a forma com que padrões formados no cerne de uma sociedade plurirracial e patriarcal podem ser fatalmente excludentes e desestimuladores da autoestima de grupos historicamente oprimidos" (Berth, 2018, p. 91).

Cientes de que as questões de autoestima não podem ser resumidas à beleza, nos dedicamos a explorar também as capas da revista *Cult*, publicação mensal da Editora Bregantini que explora temáticas socialmente conectadas ao espaço da intelectualidade, como a filosofia, as artes e a sociologia. Nos últimos dez anos, foram publicadas 86 capas que estampavam o rosto de autores(as) e pensadores(as), e, desse total, apenas 4 traziam intelectuais negras: Sueli Carneiro, Angela Davis, Djamila Ribeiro e Marielle Franco.

Essa presença ainda menor de pessoas negras em espaços de visibilidade ligados à intelectualidade dá a ver aquilo que Sueli Carneiro (2005) chama de *dispositivo da racialidade*, que, assim como o dispositivo da sexualidade foucaultiano, engendrou (e engendra) as formas de demarcação de verdades sobre os sujeitos, sendo essas verdades frutos da produção de discursos. Para ela, por meio da raça "se evidencia o valor de cada agrupamento humano na sua diversidade étnica/racial, a medida de sua humanidade, a normalidade de cada qual" (Carneiro, 2005, p. 51) e, por isso, a ausência de pessoas negras em espaços de valorização da intelectualidade diz de sua condição de subalternidade.

Ainda de acordo com Carneiro (2005), a racialidade foi instituída como objeto das relações de poder e investiu-se sobre ela

> técnicas de saber e de procedimentos discursivos a serviço da colonização, domesticação, eugenia ou repressão. [...] A racialidade foi estudada em desfavor da racialidade negra e de não-brancos em geral (Carneiro, 2005, p. 61).

Deste modo, se há uma sub-representação de negros(as) nas mídias do entretenimento associados ao glamour do *star system* e que conferem prestígio aos indivíduos, como é o caso das capas de revista e dos *talk shows*, há uma super-representação desse grupo em outros espaços "menos nobres", que abordam o cotidiano dos centros urbanos brasileiros, como as páginas da editoria de Cidades dos jornais impressos, os programas policiais, os programas populares que tratam de problemas familiares, entre outros.

Negros(as) Únicos(as) na vida "real"

Em seu texto "Representações da branquitude na imaginação negra", bell hooks (2019) traz relatos pungentes sobre a curiosidade e o terror que ela (e outras pessoas negras) sentiam, quando crianças, em uma época em que associavam "a branquitude com o misterioso, o estranho, o terrível" (hooks, 2019, p. 296). Esses sentimentos não se dissiparam, e as práticas racistas tampouco se extinguiram. Num salto temporal, a autora relata situações desagradáveis e humilhantes pelas quais passou em viagens que fez a trabalho, quando esteve em lugares predominantemente brancos. Numa dessas ocasiões, a intelectual negra estava participando de evento no qual tinha papel de destaque. Ela conta:

> Preciso ser capaz de falar de como foi deixar a Itália depois de dar uma palestra sobre racismo e feminismo, organizada pelo parlamento, para depois ser mantida durante horas por oficiais brancos que não tinham que me responder quando eu questionava por que me faziam perguntas diferentes das que faziam para as pessoas brancas na minha frente. Pensando apenas que tinha que encarar esse interrogatório público, as pessoas ao redor me encarando, só porque a minha pele é negra,

fiquei assustada quando me perguntaram se eu falo árabe, quando me disseram que mulheres como eu recebem presentes de homens sem sequer saber o que esses presentes são [...]. Para viajar, devo sempre me mover em meio ao medo, confrontar o terror (HOOKS, 2019, p. 309-310).

O texto de hooks nos lembra situações constrangedoras pelas quais nós mesmas já passamos, mesmo que em menor grau, assim como outros relatos similares. Milton Santos (1996/1997), considerado um dos maiores pensadores da geografia no Brasil e no mundo, escreveu sobre o conceito de cidadania mutilada e sobre ser uma pessoa negra de destaque no Brasil: "Não importa a festa que me façam aqui ou ali, o cotidiano me indica que não sou cidadão neste país" (SANTOS, 1996/1997, p. 134). Ainda sobre a solidão e o caráter frágil do caso excepcional, o autor afirma que "[...] ser apontado como exceção, além de ser constrangedor para aquele que o é, constitui algo de momentâneo, impermanente, resultado de uma integração casual" (SANTOS, 1996/1997, p. 135).

Uma percepção similar sobre o lugar solidificado das pessoas negras no imaginário brasileiro pode ser lida em entrevista que a premiada autora Conceição Evaristo concedeu à *Revista Periferias*, na qual diz:

> [...] se eu sair dessa entrevista aqui e for ali, na Cinelândia, eu sou vulnerável como qualquer mulher negra. Aliás, isso também me foi perguntado na Ocupação Itaú. Eu estava na Ocupação e a repórter me perguntou como eu me sentia ali. Eu respondi: "Minha filha, eu saí daqui ontem para uma loja de departamento, o segurança me seguiu o tempo todo. Então, nada me retira do lugar do imaginário brasileiro sobre as mulheres negras, porque eu sei que, como mulher negra, a minha história coletiva é essa, é uma história que começa aqui no Brasil num processo de subalternização. É um imaginário que eles não quebraram até hoje (EVARISTO, 2018, on-line).

Evaristo deixa evidente que, apesar do destaque em seu trabalho, as manifestações de racismo mostram que o seu corpo negro é visto como deslocado e objeto de suspeita, como o de hooks. Também em relato sobre uma situação de viagem, a intelectual e professora da Universidade Federal do rio de Janeiro (UFRJ) Giovana Xavier (2019), em sua coluna na revista *Nexo*, trata da surpresa e da curiosidade com que as pessoas viam sua presença, de férias na Bahia, em lugares e situações nas quais geralmente só se veem pessoas brancas. Sendo ela e sua amiga as Negras Únicas, eram constantemente perguntadas sobre de onde vinham e o que faziam ali – questionamentos que não são feitos a pessoas brancas –, confirmando e lembrando a elas seu suposto caráter de *corpos estranhos* (ou *estranhados*) como turistas.

Heidi Mirza (2017), intelectual britânica de origem caribenha que veio a ser uma das primeiras (e poucas) professoras titulares "de cor" no Reino Unido, também fala sobre ser a Negra Única, considerando sua posição acadêmica, e a relaciona com a experiência já relatada por outras mulheres negras em lugares similares:

> Ser "uma em um milhão", um *token* exótico, um símbolo institucional, uma mentora e confidente, e uma "expert natural" em todas as coisas que têm a ver com "raça", é algo que muitas mulheres de cor pós-coloniais, negras e racializadas, recontam em suas carreiras na academia (AHMED, 2009; ESSED, 2000; HOOKS, 1994; MAYLOR, 2010; MIRZA, 1995; MOHANTY, 1993; RAZACK, 1998; SIMMONDS, 1997; SPIVAK, 1993; WANE, 2009; WILLIAMS, 1991) (MIRZA, 2017, p. 39, tradução nossa).

Ocupar esse lugar, ao mesmo tempo de exposição e de invisibilidade, traz consequências e efeitos coletivos (positivos e negativos) e também de ordem pessoal: "Ser um corpo feminino negro 'deslocado' em instituições brancas tem custos emocionais e psicológicos para a portadora dessa diferença" (MIRZA, 2017, p. 40, tradução nossa). A mulher negra traz a marca visível, no corpo, de não ser universal: nem homem, nem branco. Dessa forma, segundo o relato de Mirza, o caráter corporal está sempre e inevitavelmente presente no cotidiano dessas pessoas: "[...] é impossível 'escapar do corpo' e de suas construções e reconstruções enquanto negociamos diariamente, em instituições brancas, nossa situação social corporificada" (MIRZA, 2017, p. 40, tradução nossa).

A academia é certamente um dos espaços em que opressões interseccionais operam, e isso se torna evidente quando as pessoas falam de seus lugares e de suas experiências. Há pontos em comum quando a questão é colocada em outras áreas do saber, do criar, do fazer. A grafiteira e artista de rua Tainá Lima, que usa o nome artístico de Criola ao assinar suas obras, quando perguntada sobre o sucesso e o reconhecimento do seu trabalho, responde que é gratificante estar onde está, mas que esse é também um lugar solitário: "Sou a única negra do rolê",[6] completa.

Os casos e exemplos são muitos e, certamente, leitores(as) negros(as) terão alguma história para contar. A presença de pessoas negras em posições de destaque, além de rara e de difícil manutenção, ainda pode ser usada para reafirmar

[6] Fala proferida no debate "A ausência de negrxs na arte", que aconteceu na terceira edição do evento Cura – Circuito Urbano de Arte, em 15 de novembro de 2018, em Belo Horizonte.

o mito da democracia racial que, muitas vezes, nega a existência do racismo ao apontar pessoas negras de sucesso. Segundo Nilma Lino Gomes (2005):

> Se seguirmos a lógica desse mito, ou seja, de que todas as raças e/ou etnias existentes no Brasil estão em pé de igualdade sócio-racial e que tiveram as mesmas oportunidades desde o início da formação do Brasil, poderemos ser levados a pensar que as desiguais posições hierárquicas existentes entre elas devem-se a uma incapacidade inerente aos grupos raciais que estão em desvantagem, como os negros e os indígenas. Dessa forma, o mito da democracia racial atua como um campo fértil para a perpetuação de estereótipos sobre os negros, negando o racismo no Brasil, mas, simultaneamente, reforçando as discriminações e desigualdades raciais. *Enquanto discurso, o mito da democracia racial elege alguns negros "bem sucedidos" para reforçar sua lógica perversa* (Gomes, 2005, p. 37, grifo nosso).

Da representação à representatividade

Como apontamos em outra ocasião (Corrêa; Silveira, 2014), várias são as acepções para a ideia de representação, a depender da área de conhecimento e da abordagem adotada. Privilegiamos neste texto o entendimento de Stuart Hall (1997), para quem representar é também dar sentido ao mundo por meio da linguagem. O autor vê duas possibilidades interpretativas para o termo em questão: a) representar algo supõe um processo de "descrição, retrato ou imaginação"; b) representar significa ainda a "redução de uma complexidade", a síntese de uma ideia, um símbolo, isto é, uma "convenção socialmente compartilhada" (Hall, 1997, p. 123).

Apesar de funcionarem (ou não) a partir de seu caráter de convenção, de algo construído e consolidado socialmente, é importante não perder de vista que "as representações possuem, inevitavelmente, um caráter de indecidibilidade e de imprecisão, uma abertura para diferentes campos de sentido" (Hall, 1997, p. 124). Assim, o mundo simbólico é espaço de indeterminação, de instabilidades, de disputas de sentido, de negociações e de transformações. As representações se movem no tempo e no espaço, nas mais diversas dimensões: semânticas, políticas, individuais, coletivas. Por seu caráter mutável e provisório, conectado às práticas sociais dos sujeitos, as representações configuram-se em ações de (re) criação, a partir de significados já estabelecidos e compartilhados socialmente.

Nesse sentido, no cenário cultural contemporâneo, o potencial de (re) criação das representações tem sido acionado como prática de resistência e de empoderamento de pessoas negras, sobretudo as mulheres, que têm as próprias características fenotípicas como cabelo, o formato do nariz e a cor da pele, estigmatizadas e ridicularizadas desde a infância (Johnson; Bankhead, 2014). Observamos em pesquisa anterior (Bernardes, 2019) o aumento expressivo de mulheres negras com cabelos cacheados e crespos estrelando campanhas publicitárias de cosméticos para cabelo e maquiagem, desconstruindo a visão racista e hegemônica de que esse tipo de cabelo seria um problema a ser resolvido com alisamentos e com o embranquecimento das características fenotípicas do povo negro.

Essas representações afirmativas de pessoas negras, especialmente na dinâmica unitária, nos colocam na rota de um conceito que tem sido acionado frequentemente, tanto dentro quanto fora dos espaços acadêmicos, mas cuja definição ainda é escorregadia: representatividade. Enquanto o conceito de representação, mesmo com variações e divergências, ainda se firma na ideia de quem ou o quê está *no lugar de*, o termo "representatividade" tem servido para questionar *como* alguém ou algo está no lugar de um determinado grupo social. O próprio termo, ao se construir por derivação do substantivo "representação" e adição do sufixo "-idade", sugere a ideia de *condição de representação.*

Trazendo para a discussão proposta neste capítulo, podemos enquadrar o(a) Negro(a) Único(a) como uma condição de representação que cumpre um papel paradoxal: enquanto essa pessoa está *no lugar de* mais da metade da população brasileira, sua apresentação discursiva tensiona saberes e imagens da negritude, pois, enquanto única, dificilmente abarcará a diversidade de experiências e corpos negros que compõem a população brasileira.

Assim, é possível afirmar que a dinâmica de singularização da representação de pessoas negras contribui para a pasteurização do que popularmente se entende como negro ou negra, criando padrões representativos e, por vezes, perpetuando estereótipos racistas. Além disso, a repetição desse lugar unitário em espaços dominados pela branquitude contribui para a fixação de uma lógica perversa de lugar (Sodré, 2018) adoecedora e excludente, já que, na racionalidade neoliberal do individualismo e da competitividade, algumas pessoas negras se veem disputando o acesso e/ou a permanência naquele mesmo espaço reduzido e controlado. Entretanto, há também invenções que operam como reações a essa lógica perversa: caminhos de fortalecimento mútuo entre pessoas negras, que buscam estender e expandir esses lugares restritos por meio do compartilhamento de ideias e da construção de parcerias e coletivos.

Brechas e escapes

Se, nas mídias tradicionais, as décadas de luta por representação e representatividade de pessoas negras parecem ter levado à consolidação de uma cota frágil e diminuta em espaços de prestígio e visibilidade, transformações vêm acontecendo nas mídias on-line, onde múltiplas vozes e corpos negros conseguem emergir simultaneamente nas disputas discursivas contemporâneas, questionando e desestabilizando os lugares marcados e as construções de sentido e/ou estéticas eurocêntricas. Um dos principais espaços de resistência na atualidade é o YouTube, que ocupa a segunda posição no *ranking* das plataformas digitais mais acessadas no mundo e desponta como a preferida entre os brasileiros.[7]

Ao permitir que qualquer pessoa com acesso à internet, com os mais variados propósitos e munida de qualquer tipo de câmera, pudesse compartilhar seus vídeos com pessoas de várias partes do mundo, o YouTube pode ser considerado, de acordo com Burgess e Green (2009), como uma força a ser levada em consideração na contemporaneidade, tornando-se "útil para a compreensão das relações ainda em evolução entre as novas tecnologias de mídia, as indústrias criativas e as políticas da cultura popular" (Burgess; Green, 2009, p. 13, tradução nossa). Os autores defendem que o potencial democrático de participação cultural do YouTube é uma janela que dá a ver os tensionamentos políticos e econômicos que atravessam a sociedade. Ao convocar e dar visibilidade para diferentes discursos, valores e práticas culturais que não têm – ou não teriam – vez em outros espaços, o YouTube pode facilitar a emergência de reivindicações e pautas das chamadas "minorias" e de grupos sociais que, muitas vezes, ficam à margem das mídias tradicionais, como acontece com a população negra.

Um marco da ascensão negra no YouTube foi a divulgação das estatísticas de uso do YouTube e da Google no ano de 2017, que revelou que, pela primeira vez na história da plataforma de busca, o termo "cabelos cacheados" foi mais buscado do que o termo "cabelos lisos". O mesmo estudo apresentou, ainda, dados que comprovam que o conteúdo sobre cabelos crespos e cacheados, majoritariamente produzido por mulheres negras, é consumido por milhões de usuárias, atraindo o patrocínio de marcas e expandindo o alcance dessas produtoras e desses produtores de conteúdo para fora da plataforma digital.

---

7 Segundo o Global Digital Report publicado pela *We Are Social* em parceria com a plataforma de mídia *HootSuite*, em janeiro de 2019. Disponível em: <shorturl.at/eBDQT>. Acesso em: set. 2019.

Nesse sentido, cabe lembrar que a mídia tradicional (programas de televisão, revistas e jornais impressos, mercado editorial, portais de notícias, publicidade nos grandes veículos) tem o poder de conferir prestígio e reconhecimento social para aqueles atores sociais que utilizam com sucesso plataformas como YouTube e Instagram. Chamadas "influenciadores digitais", muitas dessas pessoas têm uma grande audiência e seguidores nas redes sociais on-line, mas podem ser desconhecidos de um público mais numeroso e pulverizado, como o da mídia *mainstream*. Assim, o sucesso de pessoas negras nessas plataformas, em sua diversidade, é digno de comemoração, embora não resolva o problema da sub-representação na grande mídia.

Considerações finais

O objetivo deste capítulo não foi o de reduzir a importância da conquista de lugares de visibilidade por um indivíduo. Entendemos que "quem tem um" tem um, sim. Ter um é importante, devemos reconhecimento às pessoas negras solitárias que não desistiram de ocupar espaços de visibilidade, muitas vezes, desconfortáveis, como pode ser visto nas falas que reproduzimos. Mas quem tem um pode ter dois, pode ter três, pode ter mais. E queremos mais. Longe de invalidar as lutas por representação, precisamos ampliar a representatividade das pessoas negras nesses espaços.

Além do argumento falacioso que atribui a ausência de pessoas negras na mídia *mainstream* a uma suposta falta de profissionais para desempenhar esses papéis, há ainda quem diga que, se os negros são mesmo minoritários nos lugares privilegiados de decisão, de riqueza material e de conhecimento, a mídia apenas reproduz essa realidade, mostrando a sociedade brasileira tal como ela é.

Entretanto, a ideia das representações midiáticas como espelho do mundo "real" deve ser discutida e questionada. Com Foucault, lembramos que as representações estão conectadas à produção do saber e trazem consequências diretas para as ideias de verdade e para a circulação do poder. Assim, há efeitos sociais e políticos advindos das escolhas quanto aos produtos comunicacionais que são elaborados, construídos para consumo de um público massivo em número, mas muito diverso na sua composição. É preciso insistir que a mídia *mainstream* deve ter um caráter responsável social e politicamente, não só formador como transformador, lembrando ainda que a mídia não constitui nem se comporta como um bloco monolítico, mas como um espaço de disputas, entre as quais as concernentes às questões raciais, que emergem com força e urgência.

Não sabemos até quando um corpo negro vai ser tolerado na mídia apenas enquanto único ou vai ser percebido com estranhamento nos espaços físicos e simbólicos de visibilidade, do poder e do saber. O que podemos afirmar é que as representações não são signos ou enunciados estáticos, que estão constantemente em movimento, em construção e em circulação nas interações sociais, sempre sujeitas a reconfigurações. Seguimos atentas às permanências, aos retrocessos e, principalmente, às importantes e árduas conquistas.

Referências

BERNARDES, M. *Esse boom é nosso? Discursos sobre a transição capilar na publicidade de cosméticos*. 2019. 136 f. Dissertação (Mestrado em Comunicação Social) – Escola de Ciências da Informação, Programa de Pós-Graduação em Comunicação Social, Universidade Federal de Minas Gerais, Belo Horizonte, 2019.

BERTH, J. *O que é empoderamento?*. Belo Horizonte: Letramento: Justificando, 2018.

BURGESS, J.; GREEN, J. *YouTube: Online Video and Participatory Culture*. Cambridge: Polity Press, 2009.

CARNEIRO, A. S. *A construção do outro como não-ser como fundamento do ser*. 2005. 339 f. Tese (Doutorado em Educação) – Faculdade de Educação, Programa de Pós-Graduação em Educação, Universidade de São Paulo, São Paulo, 2005.

CORRÊA, L. G. *De corpo presente: o negro na publicidade em revista*. 2006. 126 f. Dissertação (Mestrado em Comunicação Social) – Faculdade de Filosofia e Ciências Humanas, Programa de Pós-Graduação em Comunicação Social, Universidade Federal de Minas Gerais, Belo Horizonte, 2006.

CORRÊA, L. G. Reflexões sobre a publicidade de homenagem e o dia da Consciência Negra. In: BATISTA, L. L.; LEITE, F. (Orgs.). *O negro nos espaços publicitários brasileiros: perspectivas contemporâneas em diálogo*. São Paulo: ECA-USP: CONE, 2011. p. 197-207.

CORRÊA. L. G.; SILVEIRA, F. J. N. Representação. In: FRANÇA, V. V.; MARTINS, B. G.; MENDES, A. M. (Orgs.). *Grupo de Pesquisa em Imagem e Sociabilidade (GRIS): trajetória, conceitos e pesquisa em comunicação*. Belo Horizonte: PPGCOM-UFMG, 2014. p. 127-130.

D'ADESKY, J. *Pluralismo étnico e multiculturalismo: racismos e anti-racismos no Brasil*. Rio de Janeiro: Pallas, 2002.

DO PANDEIRO, J. Quem tem um não tem nenhum. [s. dl]. Disponível em: <https://www.letras.mus.br/jackson-do-pandeiro/1853831/>. Acesso em: 5 nov. 2019.

EVARISTO, C. Conceição Evaristo: imortalidade além de um título. Entrevista concedida a Ivana Dorali. *Revista Periferias*, v. 2, n. 2, 2018. Disponível em: <http://revistaperiferias.org/materia/conceicao-evaristo-imortalidade-alem-de-um-titulo/>. Acesso em: 8 jul. 2019.

GOMES, N. Alguns termos e conceitos presentes no debate sobre relações raciais no Brasil: uma breve discussão. In: BRASIL. Ministério da Educação – Secretaria de Educação Continuada (MEC/SECADI). *Educação anti-racista: caminhos abertos pela Lei Federal nº 10.639/03*. Brasília, MEC/SECADI, 2005. p. 39-62. Disponível em: <https://bit.ly/22imuJR>. Acesso em: 24 jun. 2019.

HALL, S. *Representation: Cultural Representations and Signifying Practices*. London: Sage: The Open University, 1997

HASENBALG, C. A. O negro na publicidade. In: GONZALEZ, L.; HASENBALG, C. A. *Lugar de negro*. Rio de Janeiro: Marco Zero, 1982a. p. 103-114.

hooks, b. Representações da branquitude na imaginação negra. In: hooks, b. *Olhares negros: raça e representação*. Tradução de Stephanie Borges. São Paulo: Editora Elefante, 2019.

IBGE – Instituto Brasileiro de Geografia e Estatística. *Censo Demográfico 2010*. Disponível em: <https://bit.ly/1G0W9oi>. Acesso em: 5 nov. 2019.

IPEA – Instituto de Pesquisa Econômica Aplicada; Fórum Brasileiro de Segurança Pública. *Atlas da violência*. 2019. Disponível em: <https://bit.ly/2IoUEe5>. Acesso em: set. 2019.

JOHNSON, T.; BANKHEAD, T. Hair It Is: Examining the Experiences of Black Women with Natural Hair. *Open Journal of Social Sciences*, on-line, v. 2, p. 86-100, 2014.

KILOMBA, G. *Plantation Memories: Episodes of Everyday Racism*. 2. ed. Münster: Unrast Verlag, 2010. Disponível em: <https://goo.gl/w3ZbQh>. Acesso em: set. 2018.

MIRZA, H. S. 'One in a million': A journey of a post-colonial woman of colour in the White academy". In: GABRIEL, D.; TATE, S. A. (Orgs.). *Inside the Ivory Tower: Narratives of Women of Colour Surviving and Thriving in British Academia*. London: UCL Institute of Education Press, 2017.

RIBEIRO, D. "Não tem problema maior hoje no Brasil do que discutir o racismo". Entrevista concedida a Luís Carlos Gomes do Sul. *Geledés*, 20 ago. 2018. Disponível em <https://www.geledes.org.br/djamila-ribeiro-nao-tem-problema-maior-hoje-no-brasil-do-que-discutir-o-racismo/>. Acesso em: 20 abr. 2019.

SANTANA, H.; SALLES, I. Por que os negros não apresentam programas de televisão. *Vaidapé*, on-line, 27 jun. 1017. Disponível em: <http://vaidape.com.br/2017/06/pesquisa-apresentadores-negros-na-televisao/>. Acesso em: set. 2019.

SANTOS, M. As cidadanias mutiladas. In: LERNER, J. (Org.). *O preconceito*. São Paulo: Secretaria da Justiça e da Defesa da Cidadania: Imprensa Oficial do Estado de São Paulo, 1996/1997. p. 133-144.

SODRÉ, M. Uma lógica perversa de lugar. *Revista ECO-Pós*, Rio de Janeiro, v. 21, n. 3, p. 9-16, 2018.

SODRÉ, M. *Claros e escuros: identidade, povo e mídia no Brasil*. 2. ed. Petrópolis: Vozes, 2000.

XAVIER, G. Turistas de Wakanda: mulheres negras de férias na Bahia. *Nexo*, 21 jan. 2019. Disponível em: <https://bit.ly/2VYQIqw>. Acesso em: 8 jul. 2019.

Sobre as autoras e os autores

Angélica M. Souza – Mestranda do Programa de Pós-Graduação em Ciências da Comunicação da Escola de Comunicações e Artes da Universidade de São Paulo (ECA-USP). É publicitária com experiência em negócios de impacto social com foco étnico-racial no mercado de trabalho pela consultoria de engajamento Santo Caos.

Claudia Bernard – Doutora em Serviço Social pela Middlesex University (Reino Unido). É professora Titular na Goldsmiths University of London (Reino Unido). Vinculada ao curso de Serviço Social, é coordenadora de pesquisa em pós-graduação no Departamento de Estudos Sociais, Terapêuticos e Comunitários na instituição. Integra a diretoria do South East London Teaching Partnership e do City of London/ Goldsmiths Knowledge Transfer Programme (Reino Unido).

Cristiano Rodrigues – Doutor em Sociologia pelo Instituto de Estudos Sociais e Políticos da Universidade do Estado do Rio de Janeiro (IESP-UERJ). É professor adjunto do Departamento de Ciência Política da Faculdade de Filosofia e Ciências Humanas da Universidade Federal de Minas Gerais (FAFICH-UFMG) onde atua como professor colaborador do Programa de Pós-Graduação em Ciência Política (PPGCP-UFMG). É coordenador da área temática de Raça, Etnicidade e Política da Associação Brasileira de Ciência Política (ABCP).

Edilene Lopes – Jornalista pelo Centro Universitário de Belo Horizonte (UniBH). Trabalha na Rádio Itatiaia, onde atua principalmente como repórter na área de política. Coordenou a comunicação da ONG Favela é Isso Aí e foi vice-presidente da ONG Oficina de Imagens. Foi eleita, em 2016, a melhor repórter de rádio do Brasil pela Revista Mulher Imprensa.

Elton Antunes – Doutor em Comunicação e Cultura Contemporânea pela Universidade Federal da Bahia (UFBA). É professor associado da Universidade Federal de Minas Gerais (UFMG), onde é pesquisador permanente do Programa de Pós-Graduação em Comunicação Social (PPGCOM-UFMG). Integra o Grupo de Pesquisa em Historicidades das Formas Comunicacionais (Ex-Press) e é pesquisador associado ao Núcleo de Estudos Tramas Comunicacionais: Narrativa e Experiência (Tramas), ambos da UFMG.

Francisco Leite - Doutor em Ciências da Comunicação pela Escola de Comunicações e Artes da Universidade de São Paulo (ECA-USP), com estágio de doutoramento na Università Degli Studi di Trento e na Università di Bologna (Itália). É pós-doutorando, com bolsa da Fundação de Amparo à Pesquisa do Estado de São Paulo (FAPESP), na ECA-USP. Atua como pesquisador do Centro de Comunicação e Ciências Cognitivas (Lab4C/ECA-USP) pelo Conselho Nacional de Desenvolvimento Científico e Tecnológico (CNPq) .

Laura Guimarães Corrêa - Doutora em Comunicação Social pela Universidade Federal de Minas Gerais (UFMG), com estágio pós-doutoral na London School of Economics and Political Science (Reino Unido). É professora associada da UFMG, pesquisadora permanente do Programa de Pós-Graduação em Comunicação Social (PPGCOM-UFMG) vinculada à linha Processos Comunicativos e Práticas Sociais. Lidera o Grupo de Pesquisa em Comunicação, Raça e Gênero (Coragem) junto à mesma instituição.

Lucianna Furtado - Doutoranda do Programa de Pós-Graduação em Comunicação Social da Universidade Federal de Minas Gerais (PPGCOM-UFMG), é mestre pela mesma instituição e integrante do Grupo de Pesquisa em Comunicação, Raça e Gênero (Coragem). É bolsista da Coordenação de Aperfeiçoamento de Pessoal de Nível Superior (Capes).

Márcia Maria Cruz - Doutora em Ciência Política pelo Programa de Pós-Graduação em Ciência Política da Universidade Federal de Minas Gerais (PPGCP-UFMG) e mestre em Comunicação Social pelo Programa de Pós-Graduação em Comunicação Social (PPGCOM-UFMG) pela mesma instituição É repórter do jornal *Estado de Minas* desde 2008. É autora do livro *Morro do Papagaio*, da coleção BH - A cidade de cada um.

Maria Aparecida Moura - Doutora em Comunicação e Semiótica pela Pontifícia Universidade Católica de São Paulo (PUC-SP), possui pós-doutorado em Semiótica Cognitiva e Novas Mídias pela Maison des Sciences de L'Homme (França). Professora titular da Universidade Federal de Minas Gerais (UFMG), atua nos programas de pós-graduação em Comunicação Social (PPGCOM-UFMG) e em Ciência da Informação (PPGCI-UFMG) da instituição. É pesquisadora e documentarista das culturas digitais e tradicionais. Integrante do Grupo de Pesquisa em Comunicação, Raça e Gênero (Coragem).

Mayra Bernardes - Mestre em Comunicação Social pela Universidade Federal de Minas Gerais (UFMG). É bacharel em Comunicação Social, com habilitação em Jornalismo, pela mesma instituição, onde integra o Grupo de

Pesquisa em Comunicação, Raça e Gênero (Coragem) e o Grupo de Pesquisa em Imagem e Sociabilidade (GRIS).

Pablo Moreno Fernandes – Doutor em Ciências da Comunicação pela Escola de Comunicações e Artes da Universidade de São Paulo (ECA-USP). É professor adjunto no Departamento de Comunicação Social da Universidade Federal de Minas Gerais (UFMG), onde é vice-líder do Grupo de Pesquisa em Comunicação, Raça e Gênero (Coragem). Integra também o Grupo de Estudos Semióticos em Comunicação, Cultura e Consumo (GESC3) da USP.

Rodrigo Ednilson de Jesus – Doutor em Educação pela Universidade Federal de Minas Gerais (UFMG). É professor adjunto da Faculdade de Educação (FAE-UFMG) da mesma instituição, estando vinculado ao Departamento de Administração Escolar. Atualmente, realiza estágio pós-doutoral no Centro de Estudos Sociais da Universidade de Coimbra (Portugal).

Rosane Borges – Doutora em Ciências da Comunicação pela Escola de Comunicações e Artes da Universidade de São Paulo (ECA-USP). É professora pesquisadora do Centro Multidisciplinar de Pesquisas em Criações Colaborativas e Linguagens Digitais (Colabor) pela mesma instituição. Atua como articulista da revista *Carta Capital Digital* e do site Jornalistas Livres. Co-organizadora de *Espelho infiel: o negro no jornalismo brasileiro* (2004), é autora do perfil biográfico *Sueli Carneiro* (2009), de *Mídia e racismo* (2012) e de *Esboços de um tempo presente* (2016). É conselheira de honra do Conselho Internacional Reinventando a Educação (CORE).

Shakuntala Banaji – Doutora em Mídia e Comunicação pelo Institute of Education, University of London (Reino Unido). É professora associada do curso de Mídia e Comunicação e coordenadora do Programa de Mestrado em Mídia, Comunicação e Desenvolvimento na London School of Economics and Political Science (Reino Unido). Sua produção acadêmica reúne trabalhos sobre cinema, juventude, gênero, relações étnico-raciais e participação cívica on-line.

Viviane Gonçalves Freitas – Doutora em Ciência Política pela Universidade de Brasília (UnB) com pós-doutorado em Ciência Política pela Universidade Federal de Minas Gerais (UFMG). É professora substituta no Departamento de Ciência Política da mesma instituição e pesquisadora da Rede de Pesquisas em Feminismos e Política e do Grupo de Pesquisa em Democracia e Justiça (Margem) (DCP/UFMG). É autora de *Feminismos na imprensa alternativa brasileira: quadro décadas de lutas por direitos* (2018), organizadora de *Intelectuais negras: vozes que ressoam* (2019) e co-organizadora de *Feminismos em rede* (2019).

Este livro foi composto com tipografia Minion Pro e impresso
em papel Off-White 80 g/m² na Formato Artes Gráficas.